【제2판】

인간행동과 사회환경

【제2판】

인간행동과 사회환경

강기정 · 김혜숙 · 박경애 · 이서영 · 최덕경

KNOWLEDGE COMMUNITY 공동체

머리말

인간은 생리적, 심리적, 사회적, 문화적 및 영적 존재인 동시에 안정성을 추구하는 매우 복합적인 존재이기 때문에 인간의 행동을 이해하기란 쉽지 않다. 사회복지실천가는 '인간'을 대상으로, 인간을 둘러싼 사회환경을 대상으로 사회복지를 실천하는 독특성과 전문성이 요구된다. 즉, 1+1=2일수도 또는 1+1=3 혹은 다른 수일 수 있다는 다양성이 요구되는 것이 사회복지이다. 따라서 '생태체계의 환경 안에서의 인간'을 바라보며, 전문적인 지식과 기술, 그리고 열정이 무엇보다 중요하다.

최근 너무나도 많은 사회복지실천가에 대한 도전이 있다. 1년에 1만여 명 이상의 사회복지실천가가 배출되고 있다. 많은 사람의 관심과 도전에 무조건 즐거워하기에는 사회복지실천가의 전문성을 필요로 하는 입장에서는 우려되는 것이 솔직한 심정이다. 나는 무엇 때문에 사회복지실천가가 되려 하는가? 나의 강점은 무엇인가? 나의 비전은 무엇인가? 등을 설계해야 한다.

'인간행동과 사회환경'은 사회복지 교육과정의 기초필수과목이며, 사회복지실천가 국가고시의 기초과목으로 지정하고 있다. '환경 속의 인간'이 사회복지실천가의 패러다임이 되어야 한다. 즉, 사회복지실천가는 인간의 변화에 초점을 두기 때문에 인간을 둘러싼 사회환경의 맥락과 그 안에서 인간을 이해할 필요성이 있는 것이다. 이러한 관점에서 사회복지실천을 위한 구체적인 기술과 지식을 통해 전문가로서 역량을 증진할 수 있을 것이다.

이 책은 사회복지를 공부하고 있는 학생들과 현장의 실천가들이 쉽게 읽게 되고 전문적인 지식을 이해하게 되는 양자의 승-승을 목적으로 기획되었다.

저자들은 이 책이 예비 사회복지실천가와 현장의 사회복지종사자에게 사회복지실천의 기본적 시각을 이해하며, 다양한 실천 개입의 기본 틀을 제시하는데 도움이 되기를 바란다.

이 책은 '인간행동과 사회환경'의 교과목 목적과 현장의 요구를 고려하여 총 3부, 15장으로 구성되어 있다. 1부에서는 인간행동과 사회환경, 2부는 인간행동에 관한 주요 이론, 3부는 인간발달과 사회복지실천으로 구성되었다.

구체적인 내용에 있어서는 1장 인간행동, 발달, 사회환경과 사회복지, 2장 정신역동이론, 3장 인지행동이론, 4장 인본주의 이론, 5장 사회체계이론, 6장 생태체계이론, 7장 사회환경의 수준 : 미시체계, 8장 사회환경의 수준 : 중간체계, 9장 사회환경의 수준 : 거시체계, 10~15장 인간의 성장과 발달 : 태아기, 영유아기, 학령전기, 아동기, 청소년기, 청년기, 장년기, 노년기에 대해 살펴보았다.

이번 개정작업을 위해 저자들이 강의하면서 축적한 피드백을 토대로 독자가 이해하기 쉽도록 어려운 용어들을 재정리하면서 간략하게 설명하였다. 이번 인간행동과 사회환경의 발간을 도와주신 공동체 출판사의 김동훈 대표님과 공동체 가족 여러분께 감사드린다.

2015년 8월

저자 일동

차례

제 1 부 인간행동과 사회환경

제 2 부 인간행동에 관한 주요 이론

01
PART

인간행동과 사회환경

제1장 인간행동, 발달, 사회환경과 사회복지

Chapter 01

인간행동, 발달, 사회환경과 사회복지

학습목표

1. 인간행동을 둘러싼 다양한 관점을 이해한다.
2. 인간발달을 둘러싼 다양한 관점을 이해한다.
3. 사회환경을 둘러싼 다양한 관점을 이해한다.
4. 인간행동, 발달 및 사회환경 간에 어떠한 관계가 있는지를 이해한다.
5. 인간행동, 발달 및 사회환경 간의 관계를 이해하고 통합적 관점의 필요성을 이해한다.

생각할 과제

1. 내 자신이나 다른 사람의 행동을 이해하기 어려웠던 상황이나 사례를 적어봅시다.
2. 내 자신이나 다른 사람을 이해하기 어려웠던 이유는 무엇이었는지 생각해 봅시다.
3. 내 자신이나 다른 사람을 이해하기 어려웠던 사례에서 미처 고려하지 못했던 상황이 있었는지 기술해 봅시다.
4. 동일한 상황에서 다른 사람과 오해가 있었던 상황을 생각해 보고, 나의 생각과 다른 사람 간의 생각의 차이는 무엇이었는지 논의해 봅시다.

인간은 생리적, 심리적, 사회적, 문화적 및 영적 존재인 동시에 안정성을 추구하는 매우 복합적인 존재이기 때문에 인간의 행동을 이해하기란 쉽지 않다. 어떤 사람은 "왜" 다른 사람과 구별되는 특정한 방식으로 행동하는지, 인간의 행동은 유전인자나 기질과 같은 개인적인 요인에 의해서 결정되는지, 혹은 가족이나 집단, 지역사회, 문화와 같은 환경적 요인에 의해서 결정되는지 등에 관하여 이미 오랜 시간에 걸쳐 다양한 학문에서 인간행동에 대한 탐구를 지속해 왔다.

사회복지실천에서도 인간행동에 영향을 미치는 제반 요인들에 대한 이해는 필수적이라고 할 수 있다. 인간은 환경과의 끊임없는 상호작용 속에서 상호 간에 영향을 주고받는 '환경 속의 인간(person in environment)'이라는 관점을 지향하기 때문이다. 사회복지는 인간의 삶의 질을 향상시키고, 사회적인 기능수행능력을 향상시키고자 하는 궁극적인 목적을 달성하기 위하여 사회복지 전문적 지식과 기술을 활용하게 된다. 사회복지실천가는 사회복지의 궁극적인 목적을 달성하도록 돕는 인간봉사전문직(human service professional)의 하나로서 사회복지 실천과정에서 인간행동과 더불어 개인과 그를 둘러싼 환경들 간의 상호작용에 관심을 기울여야 한다. 인간행동 및 발달, 개인을 둘러싼 사회환경 그리고 이들 간의 상호작용에 관한 지식은 사회복지실천의 기술을 형성하는 데 필수적이라고 할 수 있다. 즉, 사회복지실천가들은 인간행동의 원리를 설명해 주는 다양한 이론들에 대한 포괄적인 학습과 인간발달에 대한 이해 및 인간을 둘러싼 사회환경에 대한 이해를 학습하는 것이 필요하다.

이와 관련하여 제1장에서는 인간행동 및 발달과 사회환경을 둘러싼 관점에 대하여 살펴보고, 이들이 사회복지실천과 어떠한 관계가 있는가를 간략하게 살펴보았다.

1. 인간행동, 발달, 사회환경을 보는 관점

인간은 신체적, 심리적, 정서적 및 사회적 요인들이 분리되어 있지 않고 통합되어 있는 전체로서의 인간(whole person)으로 이해하여야 한다. 인간행동은 밖으로 드러나는 관찰 가능한 신체적 행동 이외에도 사고, 감정, 무의식 등 인지적·정서적 요소 및 상황적 맥락 등이 포함되어 있다. 이러한 인간의 행동은 한 가지 요인에 의하여 결정되지 않으며 복잡한 체계 내에서 다양한 요인들에 의해 특정한 행동이 유발되므로 인간행동에 대한 신체심리사회적 상호작용(biopsychosocial interaction)을 고려해야 한다. 구체적으로 신체적 발달이나 문제, 인지적 발달과 감정 등의 심리적 과정, 가족과 지지적 체계 및 문화 등 사회적 영향이 개인에게서 특정한 행동이 일어날 가능성을 증가시킨다(Ashford, Lecroy &

Lortie, 2001 : 14). 인간과 환경 간의 관계를 토대로 사회복지전문직에서는 양자를 분리된 실체이기보다는 하나의 통합된 총체로 이해하여 인간과 환경 간의 상호작용에 초점을 두는 환경 속의 인간(person in environment) 또는 상황 속의 인간(person in situation)의 관점을 유지하고 있다. 즉, 사회복지전문직에서는 인간과 환경 간의 상호작용 영역에 초점을 두어 양자 간의 상호교환을 통해 어떤 일이 일어나는가에 관심을 둔다. 사회복지실천의 초점 영역은 다름 아닌 인간과 환경 간의 상호작용인 것이다.

이러한 맥락에서 사회복지실천가는 개인의 전체적 기능을 파악하기 위하여 관련된 모든 차원과 연관시켜 개인의 삶과 경험을 파악하는 것이 필요하다.

1) 인간행동에 대한 관점

인간의 행동은 성격의 영향을 받는다. 성격은 인간행동을 결정하는 주요 요인으로서, 각 개인마다 독특하며 일정한 방식으로 행동하게 하는 안정성을 갖는다. 그 사람의 성격을 이해한다는 것은 어느 정도는 그 사람이 왜 다른 사람과는 다르게, 다른 사람과 구별되는 방식으로 행동하는지를 이해하게 해줄 뿐만 아니라 행동에 변화를 줄 수 있는 방법까지를 시사해 준다고 할 수 있다. 사회복지실천가는 인간이 어떠한 방식으로 행동하는지, 그 원인이 무엇인지, 앞으로 어떻게 행동할 것인지를 예측하고 이를 바람직한 방향으로 변화시키기 위해서 성격에 관한 다양한 관점을 이해할 필요가 있다.

성격에 관한 정의는 여러 학자에 의하여 다양한 방식으로 논의되어 왔다. 특히 올포트(1961)는 성격을 개인의 특유한 행동과 사고를 결정하고 그 개인에 내재하는 심리신체적 체계들의 역동적 조직으로 포괄적인 정의를 하고 있으며, 카버와 쉐어(2000)도 올포트와 마찬가지로 성격을 개인의 행동, 사고, 감정의 독특한 양상을 창조하는 개인 내부의 심리신체적 체계의 역동적 조직으로 정의하였다. 이들 정의에 나타난 바와 같이, 성격은 개인의 독특한 성질을 의미하는 것으로 그만큼 인간의 사고나 행동 및 감정이 개인마다 고유한 특성을 갖고 있음을 알 수 있다. 무엇보다 사회복지실천과정에서는 각 개인의 성격에 나타나 있는 고유한 양식(pattern)에 관심을 기울여야 한다. 이는 성격을 구성하는 내용에 따라 동일한 상황에 처한 사람들일지라도 서로 다른 방식으로 대처하고 반응할 수 있다는 것을 의미한다. 이를 통하여 사회복지실천가는 각 개인이 직면하게 되는 행동상의 문제의 근원이 무엇이며, 행동을 어떻게 수정할 수 있는지에 대한 일련의 통찰력을 얻을 수 있다. 성격의 또 다른 속성은 상황이 변하고 시간이 지났음에도 불구하고 어느 정도 동일한 방식으로 행동하는 일관성과 안정성이 있다는 것이다.

이렇듯 성격은 개인의 사고, 감정 및 행동을 결정하는 역동적인 정신기제라고 할 수 있으며, 이를 규명하고자 많은 이론가들에 의해 다양한 이론들이 등장하였다. 성격을 중심으로 인간행동을 규명하고자 하는 이론들은 상호보완적으로 인간의 행동에 대한 포괄적인 이해를 증진시키는 데 많은 도움이 된다. 여기에서는 정신역동이론, 인지행동이론 그리고 인본주의 이론 등을 중심으로 간략하게 검토하였다.

정신역동이론의 범주에는 대체로 프로이트의 정신분석이론, 에릭슨의 심리사회이론, 아들러의 개인심리학 그리고 융의 분석심리학 등이 포함된다.

프로이트(Freud)는 인간의 행동은 무의식에 의한 것으로 성적 충동과 공격적인 충동에 의해 이루어지는데, 5세까지의 아동기 초기 경험, 모자관계, 방어기제 등이 인간행동에 결정적인 영향을 미치는 것으로 보았다. 에릭슨(Erikson)은 인간행동의 근원은 무의식이 아니라 자아에 의한 것이며, 인간은 일생 동안 여러 단계의 심리사회적 위기를 경험하는데 그 위기의 결과로 성격이 발달하며 모든 개인적 · 사회적 위기가 인간을 성장으로 이끄는 요소라고 보아 가족상황 속에서 개인과 그 부모의 관계뿐 아니라 그 가족이 위치한 역사적 · 문화적 상황 속의 사회적 관계에 관심을 두었다. 아들러는 인간을 전체적인 관점에서 통일되고 자아일치된 성격구조인 생활양식을 가지고 있으며, 이러한 생활양식이 인간행동의 기반이 된다고 하였다. 또한 인간의 행동은 개인이 자신을 어떻게 주관적으로 지각하느냐에 따라 결정된다고 보아 경험 그 자체보다는 경험에 대한 개인의 지각과 해석이 인간행동에 영향을 미친다고 하였다. 융은 인간구조와 정신역동을 설명하면서 프로이트의 성욕 및 정신생물학적 결정론을 거부하고 의식이 무의식을 감독하고 지도하는 것으로 보았으며, 정신은 의식과 무의식을 총칭하는 개념으로 의식과 무의식의 세계가 융화되어 발달할 수 있도록 허용되어야 한다는 관점이다. 이를 위해서는 개인적·문화적 원형이 갖는 힘의 상호작용을 고려할 필요가 있음을 강조하였다.

인지행동이론의 범주에는 스키너의 행동주의 학습이론, 반두라의 사회학습이론, 피아제의 인지발달이론, 벡의 인지이론 그리고 콜버그의 도덕성 발달이론 등이 포함된다.

스키너의 행동주의 학습이론은 그 당시 지배적 이론이었던 프로이트의 정신분석이론에 반대되는 관점으로 인간의 행동은 보상과 처벌이라는 결과에 의해 유지된다고 보아 인간행동이 법칙적으로 결정되고, 예측 가능하며, 통제될 수 있다고 하였다. 또한 그는 인간의 인지적 기능은 전혀 고려하지 않았으며 무의식, 자아, 내면적 동기 등으로 인간행동을 설명하는 것을 거부하고 인간이 내적인 창조적인 힘에 의해 행동하는 것이 아니라 외적 자극에 의해 동기화된다고 보았다. 반두라의 사회학습이론에 의하면, 인간의 행동은 다른 사람의 행동을 관찰하고 모방한 결과이며, 외부자극이 대부분의 인간행동을 통제한다는 스키너의 기본 가정이 인간 스스로 계기를 만들고 자기강화를 가능하게 하는 인지능력을 고려하지 않고 있다는 것을 비판하였다. 피아제의 인지발달이론은 인간이 외부세계를 이해하고 파악하는 바탕인 인지구조가 형성되는 과정을 설명하였다. 그는 생물학적 능력에 바탕을 둔 인간의 인지적 성숙과정인 인식을 통해 자신의 경험을 조직하고 의미를 부여함으로써 말한 것을 해석하고, 문제를 해결하며, 정보를 종합하고, 복잡한 과제를 분석하는 것으로 보았다. 벡의 인지이론은 개인이 자기 자신과 외부세계에 대해 갖는 지각이 정서적 문제와 행동적 문제를 유발한다고 보았다. 그는 인간이 환경적 요소를 어떻게 지각하는지에 초점을 두고 잘못된 인지적 왜곡을 변화시킴으로써 문제가 되는 정서와 행동을 통제할 수 있다고 하였다. 콜버그는 인간의 행동은 도덕적 딜레마에 영향을 받는데, 도덕적 딜레마를 해결하는 데에는 옳고 틀린 내용보다는 사고의 틀이나 추리양상의 인지발달 수준에 따라 도덕성 발달단계가 결정될 수 있다고 보았으며, 남성의 도덕성 발달이 여성보다는 상위수준에 있음을 주장하였다.

인본주의 이론의 범주에는 일반적으로 로저스의 현상학적 성격이론과 매슬로우의 욕구단계이론 등이 포함된다. 로저스는 인간행동이 프로이트가 주장한 무의적인 어떤 힘에 의해 결정되는 것이 아니라 오히려 인간이 자신을 둘러싼 세계를 어떻게 지각하느냐에 달려 있다고 보았다. 그는 인간이 통합된 유기체로서 행동하기 때문에 인간을 이해하는 데 있어서 문제의 역사보다 '지금 여기에(here and now)'를 강조해야 하고 전체론적인 관점에서 접근해야 하며 인간의 의식과 자기인식이 성격을 설명한다고 하였다. 매슬로우의 욕구단계이론에 의하면, 인간은 삶에 의미와 만족을 주는 일련의 선천적 욕구에 의하여 동기화되며(Maslow, 1970), 이 욕구는 강도와 중요성에 따라 일종의 계층적 단계로 배열된다. 그는 인간이 자기실현을 추구하는 통합된 전체로서 간주되어야 하며, 유전적 토대 위에서 자기실현은 환경에 의해 영향을 받는다는 것을 강조하였다.

위와 같이 인간행동의 원리를 설명하는 이론이 다양한 것은 어느 한 이론만으로는 인간행동을 충분히 이해하기 어렵다는 것을 의미한다. 사회복지실천현장에서 다양한 클라이언트를 대면하게 되는 사회복지실천가가 클라이언트를 온전히 이해할 수 있도록 하기 위해서는 인간행동을 설명하는 주요 관점들을 포괄적으로 학습하는 것이 필요하다. 이에 대한 구체적인 논의는 제2부에서 다룰 것인데, 제2장의 정신역동적 관점으로는 프로이트의 정신분석이론, 에릭슨의 심리사회이론, 아들러의 개인심리학 그리고 융의 분석심리학 등을 살펴볼 것이다. 제3장의 인지행동적 관점으로는 스키너의 행동주의 학습이론, 반두라의 사회학습이론, 피아제의 인지발달이론, 그리고 콜버그의 도덕성 발달이론 등을, 제4장의 인본주의적 관점으로는 로저스(Rogers)의 현상학적 이론과 매슬로우의 욕구단계이론을 논의할 것이다.

2) 발달에 대한 관점

발달이란 어원적으로는 유기체 내에 잠재해 있는 본질 또는 가능성이 점차 그 모습을 드러내는 현상(강봉규, 1994)을 가리키는 것으로 일관된 원리에 따라 진행된다. 발달은 유전과 환경의 상호작용에 의해 전 생애에 걸쳐 이루어지며, 결정적 시기(critical period)와 일정한 방향이 있다. 즉, 상부 또는 두부(head)에서 하부 또는 미부(tail)로, 중심 부위에서 말초 부위로, 전체 운동에서 특수 운동으로 진행된다. 또한 발달은 연속적인 과정이지만 그 속도는 일정하지 않고, 이전 단계의 발달을 기초로 하여 이후의 발달이 이루어진다는 점성의 원칙(epigenetic principles)을 따르며, 개인차가 존재한다(김동배 · 권중돈, 2007).

비렌과 우드러프(Birren & Woodruff, 1973)에 의하면, 발달은 덜 분화된 상태에서 더 분화된 상태로, 덜 복잡한 유기체로부터 더 복잡한 유기체로, 능력과 기술의 낮은 단계에서 높은 단계로 진행되는 과정이라고 하였다(Greene & Ephross, 1991 : 20 재인용). 뉴만과 뉴만(Newman & Newman, 2006)은 인간발달을 삶의 모든 기간에 걸쳐 일어나며, 인간의 삶이란 시간에 따라 진행되면서 지속성(continuity)과 변화(change)를 보이고, 인간을 전체로서 이해해야 하며, 인간의 발달과 행동은 그에 관련된 상황이나 인간관계의 맥락에서 분석되어야 하고, 인간은 자신의 발달에 능동적으로 기여하는 것으로 보았다. 하비거스트(Havighurst, 1972)에 의하면, 인간발달이란 사람들이 사회에 의해서 그들에게 부여된 과제를 학습하는 과정을 가리킨다.

따라서 인간발달(human development)이란 일생에 걸쳐 시간의 흐름에 따라 점진적으로 일어나는 체계적인 변화이며, 신체구조, 사고, 행동의 변화를 가리키는 것으로 신체적 · 인지적 · 사회적 영역에서 일어나는 전체적 변화를 의미한다고 할 수 있다.

인간의 발달과정은 유전적 요인과 환경적 요인에 의해 이루어진다. 주로 신체적인 발달을 주도하는 유전적 요인은 인간이 지배할 수 없는 속성으로서 인간의 성장률이나 성숙의 정도에 영향을 미친다. 반면 학습과 사회화 과정을 통해 인간발달에 영향을 미치는 환경적 요인은 인간을 둘러싼 환경에 존재하면서 삶의 각 단계에서 새로운 가능성을 부여하고 책임을 요구하는 가족, 학교, 직장과 같은 사회문화적 요소들로 구성된다. 인간의 발달은 태아기나 유아기의 성장과 같이 주로 유전적 요인에 의해 주도되는 단계가 있지만 대부분 어느 한 요인에 의하여 일어나기보다는 유전적 요인과 환경적 요인 간의 지속적인 상호작용에 의해 이루어진다고 보는 시각이 일반적이다.

버거와 페데리코(Berger & Federico, 1991)에 의하면, 인간의 삶이 생물학적(유전적)·심리적인 내부적 요인과 문화와 같은 외부적 요인에 의해 형성된다고 보았으며, 에릭슨(1963)은 생물학적(신체적) 체계(biological system), 심리적 체계(psychological system) 및 사회적 체계(social system)로 구성된다고 보았다. 생물학적 체계는 인간이 유기체로서 기능하는 데 필요한 감각, 운동, 호흡, 순환, 내분비 등을 가리키는데, 유전적으로 성숙을 이끌어 내며 영양이나 일조량과 같은 환경적 자원, 질병이나 사고 및 식생활, 수면, 약물과 같은 생활습관의 결과에 의해 발달하고 변화한다. 심리적 체계는 감정, 기억, 인식, 판단, 언어, 자아개념, 문제해결 능력 등을 의미하며 경험으로부터 의미를 파악하고 행동을 취하는 개인의 능력에 핵심적인 정신적 과정으로서, 유전적 요인과 다양한 교육기회와 같은 경험 축적의 정도에 의해 영향을 받는다. 사회적 체계는 개인이 수행하고 있는 사회적 역할, 가족구조 등 관습이나 문화양식을 통하여 인간이 사회에 통합되는 과정을 의미하며 경제적 성공이나 빈곤, 성이나 인종차별 등과 같은 차별적 구조가 포함된다.

이와 같이 인간의 발달은 유전적인 요인을 포함하는 생물학적 요인과 환경적 요인과의 상호작용에 의해 주도적으로 이루어지며, 특정한 상황에서 한 인간의 행동을 결정하는 것은 생물학적, 심리적 및 사회적 체계 간의 상호작용에 의해서 이루어진다고 할 수 있다.

발달은 전 생애에 걸쳐 일어나는 역동적 과정이지만 특정한 시기에 따라 서로 다른 생리적, 심리적 및 사회적 특성이 나타난다. 이를 토대로 하여 발달과정을 세분화한 것이 바로 발달단계이다. 발달단계를 어떻게 구분할 것인가에 대해서는 학자 간에 이견이 존재하며, 그 구분은 엄격한 것이 아니므로 다만 그러한 연령대를 전후해서 특징적인 발달적 양상이 나타나는 것으로 이해하는 것이 바람직하다.

이 책에서는 기존 발달이론가들의 견해와 우리나라의 사회문화적 및 관련법규 등을 고려하여 발달단계를 태아기, 영유아기, 학령전기, 아동기, 청소년기, 장년기, 노년기 7단계로 구분할 것이다. 단계별 연령구분의 근거에서 영아기와 유아기는 법적 기준과 기존 학자들의 연구를 토대로 한 발달적 차이를 근거로 하여 분류하였으며[1], 발달단계별 논의는 제3부에서 상세하게 논의할 것이다.

한편 발달단계에 따라 발달과제(developmental tasks)가 부과되며, 발달과제는 인간의 환경에 대한 지배를 향상시키는 신체적·인지적·사회정서적 능력과 기술로 구성된다.

예컨대 신체적 발달은 신체적 성장과 변화를 포함하는 영역으로서 신장, 체중 등의 외적 변화, 근육, 뇌, 내분비선, 감각기관 등의 내적 변화 및 신체적 건강상태 그리고 걷기, 달리기 등의 운동능력 등이 이에 해당한다. 따라서 심리적 발달은 사고, 정보처리, 문제해결에 관련된 정신적 과정으로서 인식, 기억, 추론, 창의성, 지능, 상상, 언어 등의 인지적 능력 그리고 감정과 태도, 자아개념과 정체성, 심리적인 강점과 문제 등의 정서적 측면을 포함하는 영역이다. 사회적 발달은 가족, 집단, 조직, 사회기관, 문화적 배경이나 성역할, 사회적 강점과 문제의 영향, 사회성, 사회적 관계 및 사회적 행동 등을 포함한다(이인정·최혜경, 2007 : 41 재구성). 이에 대한 구체적인 내용은 이 책의 제3부 인간발달과 사회복지실천에서 논의할 것이다. 무엇보다 발달과제를 잘 수행하는 개인은 만족과 보상을 얻으며 다음 발달단계로 나아가지만 그렇지 못한 개인은 불행과 사회적 부인을 경험하면서 다음 발달단계로 이행하지 못하게 된다

1 「영유아보육법」에서는 영·유아를 만 6세까지로 규정하고 있지만 동법 시행규칙 제28조에 의하면 2세까지의 영아와 3세 이상 유아의 발달적 차이를 근거로 하여 보육교사 배치기준에서 이를 고려하여 편차를 두고 있는 점과 영아와 유아의 신체적, 심리적 및 사회적 발달의 차이에 관한 기존 이론을 근거로 하여 만 2세까지를 영아기로, 3~6세까지를 유아기로 구분하였다. 아동기와 청소년기는 사회적 통념과 청소년의 연령기준에 대한 법적 기준 및 초등학교와 중·고등학교의 교육연한에 근거를 두고 구분하였으며, 중·장년기는 40세부터 중년으로 보는 사회적 통념을 토대로 하였고, 노년기는 노인복지법상의 노인 연령기준을 근거로 하였다.

는 점에서 발달과제의 수행은 사회복지실천에서 중요한 의미를 갖는다. 발달과제는 어떤 면에서는 특정한 사회에서 각 연령에 부합하는 정상적 발달이 어떠한 것인지를 규정하기 때문이다. 그렇지만 에릭슨이 심리사회적 발달단계이론을 주장했던 초기와는 달리 후기 들어 각 발달단계의 과제 이행을 해당 발달단계를 초월하여 전 생애에 걸쳐 이행하면 되는 것으로 수정한 것처럼, 발달과제를 이행하는 데 생물학적으로 민감한 시기가 있으며, 이 시기가 발달과제를 학습하는 데 필요한 육체적 성숙이 가장 잘 준비되어 있는 기간인 것으로 이해하는 것이 바람직할 것이다. 해당 발달단계에서 발달과제를 수행하지 못한 개인이라고 할지라도 전 생애 기간 동안에 발달과제를 학습하기만 하면 된다는 것이다. 발달단계별로 제시되어 있는 발달과제의 수행 여부에 지나치게 의존하는 것은 자칫 발달과제를 수행하지 못한 개인을 사회적 낙오자나 비정상적인 발달과정에 놓여 있는 사람으로 낙인을 줄 위험이 있다는 것을 간과해서는 안 된다.

3) 사회환경에 대한 관점

인간은 사회환경과 분리하여 이해할 수 없다. 사회환경은 인간의 생존과 유지에 필수적인 요소로서 인간을 둘러싼 상황, 여건, 사람들 간의 상호작용으로 이루어진다. 인간이 사회환경의 요구에 얼마나 효과적으로 대처하며 개인의 욕구에 적합하게 사회환경을 얼마나 변화시킬 수 있는가의 인간과 환경 간의 상호작용의 질은 인간행동을 이해하는 데 필수적인 요소이다.

환경은 인간을 둘러싼 사회적 환경(social environment)과 같은 내부환경과 물리적 환경(physical environment)과 같은 외부환경을 모두 포함한다. 외부환경은 기후와 지리적 조건 등의 자연적 환경(natural environment)과 대중매체, 교통체계, 건축물 등과 같이 인간이 의도적으로 만들어 낸 구조나 대상들을 모두 포함하는 인위적 환경으로 구분하기도 한다. 물리적 환경은 거주공간(havitat)과 거주환경 등을 가리키며 사회적 환경은 개인의 삶이 전개되는 가족, 집단, 지역사회, 조직, 문화 등을 가리킨다. 물리적 환경이 인간의 생존에 결정적인 영향을 미치는 필요조건이라고 한다면, 사회적 환경은 물리적 환경의 토대 위에 인간의 삶이 다양하게 전개될 수 있도록 하는 충분조건이라고 할 수 있다(그림 1-1 참조).

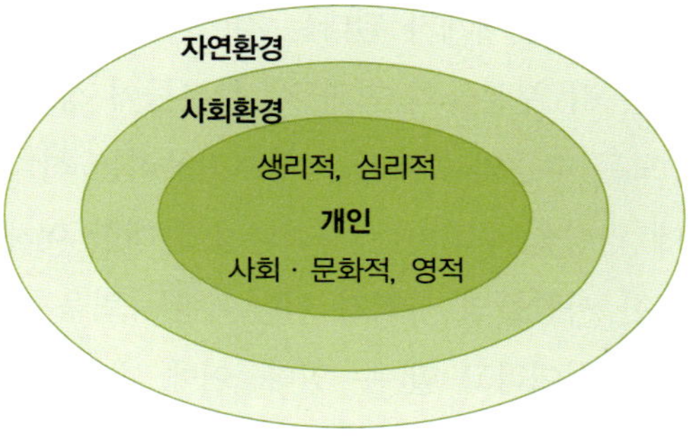

|그림 1-1| 인간과 환경의 관계

특히 인간행동의 중요한 요소들인 동기, 기대 등을 결정하는 사회적 환경은 일반적으로 개인이 접촉하는 사회에 존재하는 타인들에 의해 형성된다.

인간은 사회와 분리되어서는 정상적인 발달이 불가능하므로 인간의 행동은 복잡하고 다양한 사회적 관계망 속에서 상호작용하는 복합적인 요소들의 산물이라고 할 수 있다. 사회적 관계망에 포함될 수 있는 것은 가족, 집단, 조직, 지역사회 등이며 이들은 인간의 삶과 행동에 직·간접적으로 영향을 미치는 사회적 환경이기도 하다.

일반적으로 인간의 삶과 행동에 직·간접적으로 영향을 미치는 사회환경의 수준은 크게 미시수준, 중간수준 그리고 거시수준으로 구분된다. 미시수준의 환경은 가족, 집단 등 개인이 일상생활 속에서 직접 접촉하고 상호교류할 수 있는 부분으로 구성된다. 중간수준의 환경은 미시수준 환경에 직·간접으로 영향을 주어 미시수준 환경의 성격과 기능을 결정하는 환경이다. 개인이 일상적으로 경험하는 생활에 영향을 주는 학교, 직장, 교회 등의 일반적 환경 특성, 여가체계의 일반적 특성, 개인이 이용할 수 있는 지역사회 자원체계들의 성격이 이에 포함된다. 거시수준의 환경은 사회구성원 모두에게 공통적으로 해당되는 환경을 의미하며 사회의 물리적·사회적·문화적·경제적·정치적 구조와 더 나아가서 사회 전반의 기술수준, 사회구성원이 사용하는 언어, 주택수준, 법률의 성격, 관습의 내용, 사회의 내면에 흐르는 규칙 등이 이에 포함된다. 중요한 것은 각 환경은 보다 작은 환경에 대해서는 상위체계가 되고 보다 큰 환경에 대해서는 부분, 즉 하위체계가 된다는 것이다. 각 부분 속에서 전체의 속성이 발견되고 전체는 각 부분들의 합과 각 부분들이 상호작용을 합한 것 이상이 된다. 따라서 모든 수준의 체계들은 상호작용하는 하나의 전체인 것이다.

인간과 상호 간에 영향을 주고받는 사회환경에 대한 이해는 인간행동을 이해하고 도움이 필요한 사람들의 사회적 기능 수행능력을 향상시키기 위해 선행되어야 하는 기초 지식이라고 할 수 있다. 이에 대해서는 제2부의 제7장에서 보다 구체적으로 다룰 것이다.

인간과 사회환경 간의 관계에 대한 주요 시각에는 사회체계적 관점과 생태체계적 관점이 있다. 사회체계적 관점은 모든 조직수준에 체계이론의 관점을 적용한 것이다. 체계론적 관점에 의하면 모든 유기체는 끊임없이 변화하는 상호의존적이며 상호 영향을 주고받는 부분들로 구성되어 있는 전체를 의미한다. 체계는 상호의존적이고 상호 영향을 주고받고 있기 때문에 체계의 어느 한 부분의 변화는 전체로서의 체계, 그리고 그 체계를 구성하고 있는 요소들 모두에게 영향을 준다. 체계의 주된 속성은 '전체는 각 부분들의 합보다 크다'는 것으로 함축된다. 사회체계적 관점은 체계의 변화과정이 체계 내에 배제와 억압을 강화하기보다는 오히려 체계의 변화과정을 체계가 기능적이고 자동적으로 회복하는 것으로 간주한다.

생태체계적 관점은 인간과 환경이 특정 문화와 역사적 맥락 속에서 상호 간에 끊임없이 영향을 주고받는다는 관점에서 인간과 환경을 바라본다. 이 관점에 의하면, 인간행동은 인간과 인간을 둘러싼 환경 간의 상호작용, 상호의존성 또는 역동적 교류와 적응의 맥락에서 이해되어야 한다. 인간행동의 단순한 인과관계의 규명이 아니라 복잡한 인간과 환경 간의 상호교류에 초점을 둔다. 인간발달이 진공상태에서 일어나는 것이 아니며 환경은 개인의 행동에, 개인의 행동은 환경에 영향을 주는 개인과 환경 간의 상호교류가 지속되는 측면에 주목하는 것이다. 이 상호성은 인간과 그를 둘러싼 환경이 동일 생태체계 안에서 영향을 주고받으며 생활해 가는 가운데 인간과 환경이 공동의 운명을 형성해 간다는 것을 의미한다.

사회체계적 관점과 생태체계적 관점은 개인들이 서호 상호작용하는 사회환경의 부분들인 다양한 요소들의 상호관련성에 관심을 둔다는 점에서 공통점을 갖는다. 두 관점 모두 적응이 개인만을 변화시키는 데 그치지 않고 때로는 환경을 변화시키는 것까지 포함한다고 보는 것이다. 반면에 생태체계적 관점이 환경에 적응하는 개인의 능력에 초점을 두지만 사회체계적 관점은 변화하는 체계의 능력을 강조한다는 점에서 차이가 있다.

사회복지실천은 클라이언트와 사회환경 간의 상호작용을 증진시켜서 클라이언트의 문제해결 능력 및 사회적 기능 수행능력을 향상시키고자 한다는 측면에서 클라이언트가 직면하는 문제 상황을 사회환경의 맥락에서 포괄적으로 검토할 필요가 있으며, 여기에 사회체계론적 관점과 생태체계적 관점에 대한 이해는 필수적이라고 할 것이다. 제2부의 제5장과 제6장에서 사회체계론적 관점과 생태체계적 관점의 기본 가정과 주요 개념 및 사회복지실천과의 관련성을 보다 구체적으로 살펴볼 것이다.

2. 인간행동, 발달, 사회환경과 사회복지실천과의 연관성

1) 인간행동과 사회복지실천

성격에 바탕을 둔 한 인간행동에 대한 이해는 사회복지실천의 중요한 이론적 지식기반이 되고 있으며, 사회복지전문직으로 하여금 인간행동을 체계적, 과학적으로 원조하게 한다. 젤리와 지글러(Jelly & Gigler)에 의하면, 성격이론은 인간행동을 체계적으로 정리해서 알기 쉽게 제시하는 서술적 기능과 아직 발생하지 않은 사건과 그 사건의 결말을 예언할 수 있도록 하는 예측적 기능(이훈구 역, 1993)이 있는데, 이러한 기능은 다양한 형태의 인간행동에 대한 이해와 원조방법을 시사해 주기 때문이다.

프로이트의 정신분석이론, 에릭슨의 심리사회이론, 아들러의 개인심리학 그리고 융의 분석심리학 등이 포함되어 있는 정신역동이론은 사회복지실천가들로 하여금 아동기, 모자관계, 과거의 경험과 현재 경험과의 관계, 방어기제, 생활양식, 가족관계, 집단무의식 등에 초점을 두고 클라이언트의 행동을 이해할 수 있도록 돕는 개입기법을 제공하였다.

프로이트의 정신분석이론의 영향에 힘입어 사회복지실천가는 클라이언트의 내부 정신세계, 즉 무의식적으로 잠재되어 있는 동기, 힘, 갈등 등이 클라이언트의 표면적인 행동, 감정상태, 그리고 성격발달에 미치는 영향을 이해할 수 있게 되었다. 에릭슨의 심리사회이론은 사회복지실천이 개인의 심리적 상태, 개인을 둘러싼 사회환경 그리고 개인과 사회환경과의 상호작용 양상에 관심을 갖게 하여 사회복지실천가로 하여금 클라이언트의 문제 상황을 개인의 내적 문제(생리 · 심리문제), 사회환경의 문제(사회적 문제), 그리고 개인과 사회환경과의 상호작용상의 문제(적합 또는 적응의 문제)라는 다차원적 시각에서 바라볼 수 있게 하였다. 즉, 사회복지실천가가 클라이언트의 문제를 생물 · 심리 · 사회체계 간의 상호작용의 산물로 보고 그 가운데 한 측면에 개입하여 전체적인 문제를 해결하도록 한 것이다. 이에 따라 사회복지실천가는 클라이언트의 문제를 해결하기 위하여 개인, 사회환경 그리고 개인과 사회환경과의 상호작용의 차원에서 각각 또는 동시에 개입할 수 있게 되었다. 특히 사회복지실천과정의 초기 단계에서 이루어지는 현재 및 과거 시점에서의 클라이언트의 환경에 대한 사회력 조사, 관련된 과거사실에 대한 세심한 개인력 조사(history-taking) 등은 심리사회적 모델의 영향이라고 할 수 있다. 사회복지실천에서는 이를 계기로 개인, 가족 및 환경에 대한 사정(assessment) 또는 진단(diagnosis)을 강조하는 계기가 마련되어 각 개인의 독특성과 고유성을 인정하고 차별적 진단 및 개입에 초점을 두게 되었다. 아들러의 개인심리학과 융의 분석심리학 등은 사회복지실천에서 자아의 기능을 강조하고 인간을 독립성과 자율성을 가진 존재로 바라보게 하는 데 영향을 미쳤다. 또한 클라이언트의 문제해결을 위한 개입의 초점을 무의식 가운데 있는 보이지 않는 힘이 아니라 자아의 상태에 두게 하여 개입의 목표를 자아의 수행능력·자신감·현실판단 능력, 자기방어기제의 회복·향상·보존에 초점을 두게 하였다.

스키너의 행동주의 학습이론, 반두라의 사회학습이론, 피아제의 인지발달이론, 그리고 콜버그의 도덕성 발달이론 등이 포함된 인지행동이론은 사회복지실천가들이 아무런 장비 없이도 즉각적인 개입이 가능할 수 있도록 개입전략에 대한 분명한 시사점과 안내지침을 제공한다. 특히 인지발달이론은 인지발달을 통한 인간과 환경의 적응을 강조하고 인간을 합리적으로 사고하는 존재로 가정하고 있어 인간이 환경에 능동적으로 대처하는 존재이며, 성장과 발달에 필요한 잠재력이 내재되어 있다고 보는 사회복지실천의 기본 가정과 일치한다. 또한 치료방법을 뒷받침하고 있는 인지행동이론의 기본적인 원리들이 비교적 쉽게 정의되어 있어 클라이언트와 사회복지실천가, 그리고 연구자들 간의 의사소통이 용이하다. 인지행동이론은 왜곡된 사고, 지각 및 해석이 부적절한 행동을 야기한다는 기본 가정은 왜곡된 사고에 뿌리를 둔 잘못된 행동을 수정하는 데 유용하게 사용할 수 있지만 언어구사 능력이나 최소한의 내적 통찰력을 갖추지 못한 클라이언트에게 사용하는 데 한계가 있는 것으로 지적되고 있다. 그럼에도 불구하고 인지행동이론은 사회복지실천에서 아동의 행동문제, 불안과 우울 등의 정서장애, 대인관계 문제, 그리고 약물남용과 같은 자기조절 장애에 효과적으로 적용되고 있다.

로저스의 현상학적 이론과 매슬로우의 욕구단계이론을 포함하는 인본주의 이론은 클라이언트를 비난하지 않으면서 클라이언트의 사고, 정서 및 행동을 설명하게 하여 인간의 존엄성과 클라이언트의 자기결정권과 같은 사회복지실천의 철학적 기반을 형성하는 것으로 간주된다. 이 이론은 클라이언트를 전체적·전인적인 관점에서 바라보기 때문에 경험에 대한 클라이언트의 주관적인 해석과 이해를 존중하는 사회복지실천의 가치관을 이론적으로 뒷받침하고 있으며, 클라이언트를 비심판적이고 유연하게 이해하는 이론적 토대가 되었다는 측면에서 사회복지실천에 기여하는 것으로 평가된다.

2) 인간발달과 사회복지실천

사회복지는 인간의 전 생애에 걸친 욕구를 충족시키고 당면한 문제를 해결하거나 사전에 예방하는 데 초점을 둔다(표 1-1 참조). 인간의 욕구는 연령이나 발달단계에 따라 다양한 양상을 나타내며, 욕구가 적절하게 충족되지 못하였을 때 문제에 직면하게 되므로 사회복지실천에서는 인간발달에 대한 지식이 필수적이다. 인간의 신체적, 심리적 및 사회적 발달에 대한 지식은 사회복지실천가로서 효과적으로 업무를 수행하기 위해서 필수적으로 갖추어야 할 지식이다(Hepworth et al., 1997; Maguire, 2002).

인간은 환경과 끊임없는 상호작용을 통하여 안정을 유지하고 변화해 나가고, 인간의 신체적, 심리·사회적 발달이 밀접한 상호관련성을 지니고 있으며 통합적 기능을 한다는 발달이론의 기본 전제는, 사회복지실천에서 강조하는 '환경 속의 인간'이라는 이중적 초점과 인간을 분리된 개체가 아니라 통합적으로 기능하는 존재로 보는 전체로서의 인간관(holistic person)과 유사하다.

그린(Green, 1991)은 인간발달에 대한 이해가 다음과 같은 점에서 사회복지실천에 기여한다고 하였다. 즉, 인간발달은 생애주기(life-circle)를 순서대로 정리할 수 있게 해주고, 각 단계별 개인이 수행해야 할 과제와 기여요소를 제시해주며, 발달의 내용을 구성하는 신체심리사회적(biopsychosocial) 요소들과 그 요소들 간의 관계를 보여주고, 결혼이나 퇴직 등과 같은 생활변천(life-transition)에서 변화와 안정의 차원을 파악할 수 있도록 하며, 수태로부터 사망에 이르기까지 변화하거나 지속되는 과정을 제시해 주고, 이전단계의 결과로서 나타나는 각 발달단계의 특징과 성공이나 실패에 미치는 영향을 설명하며, 발달에서 개인적 차이가 존재하는 것을 보여준다는 점에서 사회복지실천에 기여하는 것으로 보았다.

〈표 1-1〉 인간발달에 대한 사회복지실천의 주요 관심영역

인간발달 단계 \ 사회복지 실천영역		생물학적 측면	심리적 측면	사회적 측면
태내기		불임문제, 임산부의 건강문제, 선천성 장애 발생의 예방	낙태문제, 임신과 출산에 대한 정보와 지식 제공	아동발달과 가족의 사회경제적 안정성과의 관련성
영유아기	영아기	선천성 질병과 장애 문제, 운동발달, 지체	감각 및 지각의 발달 문제	애착관계
영유아기	걸음마기	신체적 발달, 질병 예방, 유아 안전사고 사전방지	인지교육, 조기교육 및 보육시설의 확충	타인에 대한 감정이입적 이해, 성역할 기준의 융통성, 자아존중감 고양
아동기		비만, 장애아 통합교육 지원, 아동학대	인지발달, 학습장애 아동, 부정적 자아개념과 연관된 열등감	아동의 사회성 발달 지원, 품행장애
청소년기		성교육, 성폭력문제	자아정체감 형성, 정신장애 가능성 증가	청소년 비행
청년기		중도장애의 발생 금주 및 금연, 스트레스 관리	군대생활, 사랑과 결혼생활에 대한 정보 제공 친밀감 획득, 부부갈등의 해결	원만한 대인관계 형성, 직장 적응 자녀양육과 관련된 역할분담 문제, 여가, 교육 및 상담 프로그램
장년기		성인병 증가, 우울 및 불안 등의 정신장애	생리적 변화, 직업에서의 실패, 부부갈등과 이혼	고용 관련 서비스, 약물치료, 직업훈련과 고용달선사업
노년기		노인성 질환	고독과 소외를 극복, 치매노인	은퇴준비교육, 안정적 소득기반 확충, 장기요양보험제도 도입

자스트로(Zastrow)와 커스트-애쉬먼(Kirst-Ashman)은 인간발달에 대한 지식이 사회복지실천과정에서 문제를 사정하는 데 기여하는 것으로 보았다. 인간발달에 대한 기본적인 지식과 이해에 바탕을 둔 문제의 사정은 클라이언트, 클라이언트의 문제 그리고 클라이언트가 당면하고 있는 상황에 대해 정확하게 이해하고 평가하도록 도움으로써 효과적인 개입이 이루어질 수 있도록 한다는 것이다.

인간발달이론은 개인의 적응과 부적응을 판단하기 위한 준거를 제공하기도 하며(Johnson & Yanca, 2001), 자료수집, 조사단계나 사정단계와 같은 사회복지 원조과정에서 활용할 수 있는 기본적인 자료를 제시하는 동시에, 더 나아가서는 각 분야의 사회복지제도의 발달에 근간이 되는 기초적인 자료를 제공한다(Greene & Ephross). 예컨대 사회복지학자들은 인간발달이론을 근거로 하여 각 단계에 속한 인간의 복리를 증진시킬 수 있는 방안을 고안하기도 하며, 발달단계별로 나타날 수 있는 문제, 욕구 그리고 부적응 상태를 면밀히 분석하여 이를 충족시킬 수 있는 정책적인 대안을 제안하기도 한다(남세진 · 조흥식, 1995).

그러므로 인간발달에 대한 지식은 사회복지실천과정에서 직접적으로 사용되는 기술에 관한 것이기보다는 사회복지실천에서 필수적으로 갖추어야 하는 기초지식이라고 할 수 있을 것이다.

3) 사회환경과 사회복지실천

환경 속의 인간이라는 관점은 사회복지실천의 이론적 기반의 구축과 실천기술의 발전 및 전문직으로서의 정체성 확립에 기여한 바가 크다. 잰킬(Janchill, 1996)은 환경 속의 인간이라는 관점이 사회복지전문직을 조직화하고 고유의 특성을 규정할 수 있게 하며, 사회복지전문직의 가치, 원조과정 및 실천기술을 공고하게 하고 전문직의 목표를 성취하는 데 적합한 방법을 구체화할 수 있는 토대를 마련한다고 하였다.

사회복지실천에서 인간과 환경에 대한 접근은 개인과 환경 중 어디에 강조점을 두는가에 따라 이론적 기반과 실천방법을 달리하여 전개되어 왔다. 사회복지전문직은 개인, 가족, 집단의 변화에 초점을 두는 임상적 접근방법을 활용한 자선조직협회(Charity Organization Society)와 인간을 둘러싼 환경의 바람직한 변화에 초점을 둔 인보관운동(Settlement House Movement)의 영향을 받았다(Greene & Enphross, 1991). 사회복지실천의 초기에는 인간과 환경 간의 분리가 지속되어 오던 것이 1917년 메리 리치몬드가 『사회진단(social diagnosis)』을 저술함으로써 전문화의 길을 열게 된 이후 1920년대에는 정신분석이론의 영향으로 개인의 변화에 초점을 두게 되었다. 그러나 1930년대 미국의 세계대공황으로 인하여 환경에 초점을 두는 정책적 접근방법이 강조되었고, 1940~1950년대에는 경제성장을 바탕으로 심리적 역기능을 가진 개인의 치료를 역점을 두게 되었다. 1960년대에 이르러서는 빈곤문제가 사회적 쟁점으로 부각됨에 따라 빈곤문제의 해결을 강조하는 정책적 접근방법이 다시 우위를 점하게 되었지단 한편에서는 사회복지전문직 내부의 갈등이 심화됨으로써 통합적 접근방법에 대한 필요성이 제기되었다. 그러던 것이 1980년대 들어 사회복지실천에서 본격적으로 환경 속의 인간이라는 통합적 관점을 강조하기에 이르렀으나 현재에도 어떤 사회복지실천가는 환경에 초점을 두어 인간을 둘러싼 바람직한 사회의 변화를 가져오도록 하는 데 더 초점을 두는 반면에 다른 사회복지실천가는 개인의 변화에 초점을 두고 있는 것이 현실이다. 비록 인간과 환경에 대한 균형적인 초점을 유지하는 것이 어려울지라도 사회복지실천에서는 인간과 환경이라는 이중적 초점을 토대로 클라이언트의 욕구와 문제를 사정하고 도움을 제공할 수 있어야 한다.

사회복지실천에서는 개인과 환경이 상호작용하는 과정에서 적응적 균형을 달성하고자 한다. 즉, 인간이 현실에 효과적으로 대처하고, 환경을 자신의 욕구에 맞게 지배하며, 갈등을 해소하고, 스트레스를 감소시켜 만족스러운 생활을 유지하는 것은 적응적 행동이다(Bloom, 1984; Maddi, 1980). 저메인과 지터맨(Germain & Gitterman, 1980)은 적응의 의미를 조직, 정치·경제적 구조 및 정책의 거시적 영역을 포함하여 환경이 개인의 성장, 발달 그리고 정서적 안녕을 지지하고, 주요 타인이나 사회제도와의 상호작용을 통하여 지지를 얻을 수 있을 때를 '적응적'인 것으로 보았다. 환경에 대한 지배력 또는 적응력은 스트레스, 위기 그리고 대처의 개념들과 직접적으로 연결되어 있으며, 사회복지실천은 클라이언트들이 발달과정에서 경험하는 스트레스와 문제에 적절하게 대처할 수 있도록 원조해야 하므로 개인이 환경을 지배하고 적응하는 능력을 어떻게 발달시키는가를 이해하는 것은 매우 중요하다. 이를 바탕으로 사회복지실천의 개입전략이 이루어지기 때문이다.

한편 사회복지는 인간의 사회적 기능수행 능력을 향상시키는 데 초점을 두므로 개인, 집단, 가족의 수준에서 도움을 필요로 하는 사람들의 이상행동이나 부적응 행동을 보다 바람직한 상태로 변화시킬 것이 요구되는데, 이를 위해서는 이상행동이나 부적응 행동에 대한 이해가 수반되어야 한다. 부적응(maladaptive behavior) 또는 이상행동(abnormal behavior)이란 인간의 다양한 인지, 정서, 동기, 행동 및 생리의 측면에서 사회문화적 규범이나 통상적인 보통 사람의 평균적 특성, 이상적인 인간행동 유형에 해당하지 아니하거나 환경의 요구에 순응 또는 환경을 변화시키는 환경과의 적응 능력을 저하시키고 개인에게 불편함, 고통 및 심리적 갈등을 유발하는 행동 등과 같은 부적응적 심리 특성을 의미한다.

사회복지실천가는 상호작용하는 체계 내에서 성장하고 발달하는 개인과 사회환경 간에 역동적 균형을 유지할 수 있도록 돕고, 개인과 사회환경의 불균형으로 인하여 야기되는 문제들을 다루기 위해서 다양한 사회환경에 관한 이론과 지식을 학습할 필요가 있다. 사회복지실천과정에서 사회복지실천가는 클라이언트의 문제를 개별적인 클라이언트의 문제행동 차원만이 아니라 환경의 영향을 받은 외부요인 또는 개인과 환경 간의 상호작용의 결과로 인하여 발생하는 것으로 보는 포괄적인 시각을 필요로 하기 때문이다. 개인의 시각에 국한하지 않는 광의의 시각이 요구된다. 이는 곧, 개인에게만 초점을 두기보다는 개인의 생물학적·유전적 요인 이외에 그 개인이 처해 있는 상황을 고려하여 '문제를 가진 인간', 또는 '욕구를 호소하는 인간'이라는 확대된 시각에서 개인을 이해하고 문제를 적용해야 한다는 것을 의미한다.

실제로 사회환경에 대한 사회체계론적 관점과 생태체계적 관점은 사회복지실천과정에서 클라이언트의 문제해결을 위한 폭넓은 맥락을 제공한다. 대부분의 단선적 접근을 보완하면서 사회복지실천가가 개인, 가족, 집단을 전체적으로 보게 한다. 사회복지실천가로 하여금 각 개인이 그의 환경과 상호 관계를 맺는다는 것을 인식하게 하는 것이다. 문제를 사정하는 데 있어서 사회체계론적 관점과 생태체계적 관점을 활용하는 사회복지실천가는 클라이언트에게서 한 발 물러나서 클라이언트가 특정 인구, 문제유형, 지역사회 및 기타 분석대상을 얼마나 대표하는지 파악할 수 있으므로, 그 결과 사회복지실천가는 특정 사례의 다양한 요구에 적합한 개입방법을 활용하게 된다.

이러한 맥락에서 사회체계론적 관점과 생태체계적인 관점은 인간과 사회환경 간의 역동적 상호 영향을 개인과 가족, 가족과 조직, 개인, 가족과 지역사회 등 다양한 측면에서 파악하도록 한다.

02
PART

인간행동에 관한 주요 이론

Chapter 02

정신역동이론

정신역동이론은 프로이트의 정신분석이론을 바탕으로 하여 안나 프로이트(A. Freud), 아들러(A. Adler), 융(C. Jung), 그리고 에릭슨(E. Erikson)이 대표적인 학자들이다. 정신역동이론에서는 인간의 행동이 성장 과정에서 애착이나 갈등, 동기들이 심리적인 에너지의 움직임에 근거하고 있다. 인간의 성격이나 행동을 개인의 의식적인 사고나 성찰에 의한 것보다는 무의식적인 에너지의 흐름에 초점을 두는 것이다. 프로이트의 정신분석에서는 병리적인 행동은 무의식 속에서 억압된 충동이 히스테리 증상으로 바꾸어서 나타난다고 보았다. 신프로이트 학파는 프로이트의 발달단계나 욕구이론에 대하여 이의를 제기하고 의견을 달리한다는 점이 특징적이다. 신프로이트 학파인 아들러의 개인심리이론, 융의 분석심리이론, 에릭슨의 심리사회이론은 인간의 자의식인 사고와 통찰, 주위 환경의 영향력들을 중요하게 다룬 이론이다.

정신역동이론의 주요 학자들과 주요 내용을 소개하면 <표 2-1>에서 보는 바와 같다.

〈표 2-1〉 정신역동이론의 주요 학자들과 주요 내용

주요 이론	프로이트	· 정신분석이론
	아들러	· 개인심리이론
	융	· 분석심리이론
	에릭슨	· 심리사회이론
인간관 및 가정	프로이트	· 인간의 행동은 과거의 일과 연결, 정신결정론 · 인간의 모든 행동은 무의식적인 긴장상태의 성적 본능과 충동, 동기에 의하여 결정 · 인간은 무의식적인 힘에 의하여 지배받는 존재 · 문화는 초자아의 발달에 영향 · 인간의 기본 성격형성 구조는 만 5세 이전에 결정
	아들러	· 인간은 창조적인 존재 : 자신의 목표를 구체화 · 인간은 총체적 존재 : 인간의 성격은 통합적/분리할 수 없는 전체 · 인간은 목표지향적이며 성취지향적인 동기가 있음 · 인간은 현실에 대하여 주관적으로 지각하는 존재 · 인간의 모든 행동은 사회적 관계 속에서 발생
	융	· 인간은 미래지향적인 목표와 성장지향주의적 존재 · 인간은 변화 가능하며 창조적, 긍정적인 존재 · 인간은 생체, 심리, 사회적 총체적 존재 · 인간은 전인적, 조화를 이루는 존재
	에릭슨	· 인간은 환경 속의 존재 · 인간은 창조적 존재 · 인간은 변화와 성장의 존재 · 인간의 행동은 개인의 신체적·심리적 요인과 사회 문화적인 요인의 상호작용에 의한 결과물
주요 개념	프로이트	· 마음의 지형학적 모형(의식, 전의식, 무의식) · 마음의 구조적 모형(원초아, 자아, 초자아) · 심리성적 발달단계 : 구강기, 항문기, 남근기, 잠재기, 생식기 · 자아방어기제(A. Freud)
	아들러	· 우월성의 추구/열등감과 보상/생활양식/사회적 관심/가상적 목표/출생순서
	융	· 개인무의식/집단무의식/페르소나/원형/그림자/아니마/아니무스 · 성격발달단계 : 아동기, 청년기 및 성인 초기, 중년기, 노년기 · 인간의 성격유형 구분(내향성, 외향성, 감정, 사고, 감각, 직관)
	에릭슨	· 자아의 기능 강조 · 인간의 심리사회적 발달단계 및 발달과업 : 영아기(신뢰감/불신감), 유아기(자율성/수치심), 학령전기(주도성/죄책감), 학령기(근면성/열등감), 청소년기(자아정체감/자아정체감 혼란), 성인 초기(친밀감/고립), 중·장년기(생산성/침체), 노년기(자아통합/절망)

1. 프로이트의 정신분석이론

학습목표

1. 정신분석이론의 주요 개념을 이해한다.
2. 정신분석이론의 방어기제를 이해한다.
3. 정신분석이론을 사회복지실천에 적용할 수 있다.

생각할 과제

1. 정신분석의 정신결정론에 대한 자신의 생각을 토론하시오.
2. 나의 주요 방어기제가 무엇이고 언제 어떤 상황에서 사용하는지 생각해 보시오.
3. 사회복지사가 현장에서 경험하는 역전이에 대하여 구체적으로 생각하여 나누어 보시오.

1) 시그문트 프로이트(Sigmund Freud, 1856~1939)의 소개

1856년 체코슬로바키아의 프라이버그(Freiberg) 모라비아인 마을에서 유태인 집안의 장남으로 태어난 프로이트는 네 살 때 가족이 빈으로 이주한 이후 평생을 오스트리아에서 보냈다. 프로이트는 1873년 오스트리아 빈의 의과대학에 진학한 후 생리적 문제에 관심을 갖기 시작하였으며, 의과대학 졸업 후 정신장애의 원인을 신경학적으로 규명하는 연구를 하였다. 1885년 신경병 전문의로 개업하여 중상류층 여성의 히스테리 증세를 다루면서 정신분석이론을 발전시키게 되었다.

프로이트는 비엔나로 돌아온 후 최면술에 대해 연구하고 임상실험을 하였으며, 1909년 미국에서 정신분석학을 강의하면서 관심을 받기 시작하였다. 1939년 런던에서 후두암으로 사망하기까지 그는 정신분석학을 이론적으로 구성하고 정신분석적 방법을 종교, 사회, 문화, 예술 등 영역에 응용하는 데에 힘썼다.

프로이트의 정신분석이론은 인간의 심리발달과정

에 병리적인 심리상태의 이해에 근본적인 변화를 가져와 심리학이나 사회학, 문학, 정신의학에 새로운 패러다임을 여는 중요한 이론으로 평가받고 있으나 다른 한편에서 프로이트의 이론들은 임상적인 관찰이나 임상사례에 의한 숙고한 직관력에 근거하고 있다는 점에서 비과학적이라는 비판을 받고 있다.

2) 주요 개념, 이론의 내용

(1) 인간관

프로이트는 인간을 의식 밖의 영역에 존재하는 비합리적이고 통제하기 어려운 무의식적인 본능에 의하여 지배를 받아 그 긴장상태를 해소하기 위하여 정신적인 에너지를 발산하는 데 목적이 있다고 보았다.

〈표 2-2〉 프로이트의 주요 가정 및 인간관

① 인간 본성에 관한 관점 : 정신결정론적(psychic determinism) 관점으로 우연히 일어난 것처럼 보이는 사건도 실제로는 반드시 과거의 일과 연결되어 발생한다고 보는 관점이다.
② 인간의 모든 행동, 사고, 감정은 무의식적인 긴장상태의 성적 본능과 충동, 동기에 의하여 결정된다고 보았다.
③ 인간의 자유의지나 결정, 책임감 자발성보다는 무의식적인 힘에 의하여 지배받는 수동적 생활인으로 보았다.
④ 인간은 무의식적인 내적 충동에 의해 야기된 긴장상태를 제거하여 쾌락을 추구하려는 속성이 있다.
⑤ 문화는 인간의 내적 충동 만족을 억압하는 초자아의 발달에 영향을 미친다.
⑥ 인간의 기본 성격형성 구조는 만 5세 이전의 유아의 경험들이 심리성적 발달에 의해 결정된다.

출처 : 김동배 · 권중돈(1998).

(2) 성격의 역동성(Dynamics of Personality)

본능이란 정신과 신체 에너지의 교량역할을 담당하며, 유기체를 움직이는 원천적인 힘의 생리적 · 심리적 표현이다. 인간은 누구나 본능적인 욕구를 충족시키고 싶으나 방해를 받게 되면 불안감이 발생하는 것으로 보았으며, 본능의 역동성을 삶의 본능과 죽음의 본능으로 구분하였다. 삶의 본능은 에로스

(Eros)로서 섹스, 배고픔, 갈증 같은 개체의 생존과 종족의 번식에 목적을 둔 접촉이며 타인과 사랑을 나누며 개인의 창조적인 발전을 도모하는 본능적인 에너지이다. 죽음의 본능은 타나토스(Thanatos)로서 무생물의 상태로 되돌아가려는 충동을 말하며, 자신이나 타인을 공격하며 해치려는 무의식적 소망을 행동으로 나타낼 수 있는 에너지이다.

(3) 성격의 구성[1]

프로이트는 마음을 일종의 지도로 개념화하여 무의식, 전의식, 의식으로 구분하였다. 의식은 개인이 어느 순간에 의식하고 있는 모든 것으로, 감각, 지각, 경험, 기억 등 인식할 수 있는 정신생활과 전체 마음 중의 작은 부분을 차지한다. 무의식은 지각하지 못한 경험과 기억, 정신내용의 대부분이 해당된다. 무의식은 모든 경험, 기억, '충족되지 못한 본능적 소망들', '억압된 재료'들이 저장되어 있다. 보통 사람들이 접근할 수 없는 영역으로 인식영역 밖의 자신의 모든 경험과 기억으로 나의 삶의 이력에 대한 총체적인 기억이다. 전의식은 현재는 인식되지 않지만 전에 의식했던 것이 저장된 곳으로 조금 노력하여 주의집중하면 접근할 수 있는 영역이다(Freud, 1923). 예를 들어, 잃어버린 옛 친구 이름을 생각해 내는 것, 모르는 사람의 기억을 떠올려 보려 하는 것이다.

(4) 성격구조론(Structural Theory of Personality)

프로이트는 마음의 구조적 모형을 자아(ego), 원초아(id), 초자아(superego)로 구분하였다. 성격구조론에 따라서 인간의 행동이 결정되며, 상대적으로 안정되고 지속적이며 영속적인 속성을 갖게 된다. 원초아(id)는 모든 본능의 욕구로서 일차적인 사고과정을 의미하여 쾌락원칙에 의거하여 움직인다. 원초아의 사고형태는 '1차적 과정(primary process)'으로 생각이나 소망의 원형이며 객관성이 없고 합리성이 없는 유아적 사고패턴이다. 원초아는 '쾌락원칙'에 따라 행동하며 본

1 프로이트는 자신의 책 『꿈 해석』에서 마음의 지형학설(Topographical Model)이론이라고 하는 부분을 썼다. 거기에서 마음의 세계를 지상과 지하 같은 공간적 지리적 개념으로 심리적 모델을 설명하였기 때문에 마음의 지형학적 모형이라고 한다.

능적 욕구를 충족시키기 위해 참을성이 없고 즉각적인 요구를 원한다. 그러나 원초아가 꼭 나쁜 것만은 아니며 인생 만족감의 원천이며 정신 에너지의 샘이기도 하다.

자아(ego)는 성격의 조정자로 인간의 사고와 행동을 통제하며, '현실원칙'에 의하여 움직인다(2차적 과정). 본능과 외부 현실세계를 적절하게 조절해 주는 역할을 하므로 현실원리에 따라서 현실적이고 논리적 사고를 하며 환경에 적응하게 해준다. 원초아가 맹목적으로 욕구의 충족을 꾀하는 데 비해 자아(ego)는 현실검증과정을 거쳐서 주관적 욕구와 외부의 현실을 구별한다. 자아는 욕구와 양심 사이에서 중간역할을 하며 자아가 현실을 고려하여 원초아 쪽으로 또는 초자아 쪽으로 이동하면서 개인의 갈등을 해소해 준다.

초자아(superego)는 성격의 도덕적·양심적 작용으로 행동을 조절하며, 자아이상을 추구한다. 초자아는 부모나 주위 사람들로부터 물려받은 사회의 가치와 도덕, 윤리, 양심이 내면화된 표상을 말하며, 자신의 행동이 옳은지 그른지를 가늠하면서 완벽을 추구하는 기능을 한다(김동배·권중돈, 2006).

(5) 프로이트의 심리성적 발달단계

프로이트는 인간의 성격발달에서 인간의 정신적 활동이 과거의 경험과 사건에 의하여 결정된다는 정신적 결정론을 주장하였다. 인간의 행동은 의식적인 과정이라기보다는 무의식의 동기나 충동에 의한 것이라고 보는 무의식을 강조하였다. 그리고 본능적인 성적 에너지가 행동과 사고의 동기가 된다는 심리성적인 에너지를 강조하였다. 프로이트는 성격발달을 성적인 본능으로 보고 성적 욕구와 밀접한 관계가 있다고 주장하여 각 단계마다 리비도가 갖는 본능적인 에너지가 어느 부위에 집중되느냐에 심리성적 발달단계를 구분하였다. 리비도의 성의 개념을 신체적 사랑, 정신적 충동, 자기애, 부모의 사랑, 우정의 감정까지 포함하였으며, 성격발달에서 개인의 경험은 매우 다르므로 욕구가 지나치게 채워지거나 욕구가 전혀 채워지지 않았을 때는 단계에서 고착이 발생하는 것으로 보았다. 각 단계에서 발달이 고착이 되면 특정 단계에 머물며 성인기의 성격에도 나쁜 영향을 미친다고 보았으며, 이 이론은 후에 신프로이트 학파에 의해서 많은 비판을 받기도 하였다.

① **구강기**(Oral Stage, 생후 1~1.5세)

구강기는 아이가 태어나서 한 살 반까지 입을 통하여 쾌락 욕구, 음식의 욕구를 채운다. 영아는 입술점막을 자극하여 구강욕구를 만족시켜 주는 엄마의 젖과 젖꼭지를 통해 엄마와 관계를 맺는다. 수유기에는 입이 쾌락을 주기 때문에 빨기와 삼키기로 만족을 얻는다. 쾌감을 주는 신체 부위를 자극해서 얻는 쾌감을 자기애(autoerotism)라고 한다. 엄마와의 관계에서 지속적으로 만족스러움을 경험하면서 자기애가 짧아지고 본능적인 욕망이 자연스럽게 다음 단계인 정신 발달단계로 이어진다(이무석, 2003). 볼비는 이 시기에 심리적으로 안정성을 유지하고 자기를 위험으로부터 안전하게 보호해 주는 사람이 있다는 것을 느끼는 애착이 형성된다고 보았다.

출생 후부터 8개월까지를 구강 전기로 보며 이 시기는 유아가 젖을 먹는 행위로 만족을 얻고 배고픔의 생리적 불쾌감이나 긴장이 해소된다. 젖을 먹는 것은 배고픔을 위한 것만이 아니라 심리적 안정감 공급에도 중요하다.

구강 후기인 8개월에서 18개월까지는 아이가 치아가 나오면서 깨물기 단계로 깨물고 싶은 충동을 느끼며 공격성 욕구가 처음으로 나타난다. 아이는 엄마라는 존재를 자기와 분리된 대상으로 인식하고 엄마의 보살핌의 질에 따라서 아이는 욕구만족이 이루어지고 다음 단계로 순조로운 발달을 보이나 그렇지 않은 경우는 '구강기적 성격(oral personality)'으로 고착된다고 본다. 구강기가 지나도 입의 욕구충족에 집착하는 성격으로 의존적이며 자기중심적이며 자기 요구가 많은 사람이 된다. 좀 더 세부적으로, 구강 전기에 고착된 사람은 성인이 되어 '구강 수동적 성격유형'이 될 가능성이 높다. 즉, 타인에 대하여 전적으로 수용적, 수동적, 의존적인 성향을 나타내며 자신의 필요를 다른 사람들이 채워 주기를 기대하는 유형의 사람이다. 착하고 온순하며 애정거부, 낮은 자존감, 희생도식, 긴밀한 신뢰관계 형성에 어려움을 경험할 수 있다. 구강 후기에 고착된 사람은 '구강 공격적 성격'으로 자기욕구가 충족되지 못하면 공격적이며 비판적이고, 상대방을 비꼬거나, 타인을 자신의 욕구충족을 위해 이용하며 타인에 대한 지배적 경향이 나타날 수 있다고 보았다(Marcuse & From, 오태환 역, 1987).

② **항문기**(Anal Stage, 1.5~3세)

이 시기는 유아가 운동근육과 신경이 발달하여 아이의 리비도 에너지가 입에서 항문으로 이동하기 때문에 항문기라고 한다. 어머니의 대소변 훈련방법과 아이에 대한 부모의 양육태도, 감정, 반응이 성격형성에 영향을 미친다. 아이는 배설을 통해 성적 쾌감을 추구하는 동시에 청결을 유지하려는 엄마의 현실적 요구와 갈등을 일으킨다. 아이는 자신의 본능적 충동을 방해하는 엄마와의 싸움에서 배변을 통하여 자신의 공격성을 표출하기도 한다.

엄마가 너무 일찍 배변훈련을 시도하거나, 지나치게 통제를 하게 되면 아이는 엄마에 대한 분노와 두려움, 공포의 감정을 경험한다. 여기서 아이의 성격은 항문기에 고착되어 두 가지 성향을 갖게 된다.

- 항문보유적 성격 : 변을 보유하는 것으로, 엄마를 기다리게 하고 애태우게 하여 저항을 한다. 이런 행동유형이 반복되면 강박적인 성격이 될 가능성이 높다. 즉, 소극적이며 완고하고 검소하여 깔끔하고 인색한 수동공격적인 행동방식을 나타낸다.
- 항문폭발적 성격 : 엄마의 엄격한 배변훈련은 아이로 하여금 간섭과 통제를 싫어하며 엄마에 대한 분노를 반항적으로 대항하게 한다. 아이는 성인이 되어서도 적대적이며 고집이 세고, 반항적이며 무질서적이며 분노조절이 어려운 공격성향이 될 수 있다(권중돈 · 김동배, 2006).

항문기에 아이의 욕구와 발달 정도에 따라 엄마에게 수용적이며 지지적인 가운데 자연스럽게 배변훈련을 받은 아이는 자율성이나 독립심, 자존심이 싹트게 된다. 항문기에 아이는 적대감, 파괴감, 화, 분노, 미움 등의 감정들을 경험하며 수용 가능한 것으로 학습해야 하고 권위자의 통제를 수용하며 협상하는 능력을 배우기도 한다.

③ **남근기**(Phallic Phase, 3~6세)

이 시기의 아이는 리비도의 성적 에너지가 항문에서 생식기로 이동하여 남근기 또는 생식기라고 한다. 아이는 엄마에게만 제한되었던 관계의 경험이 아버지와 형제자매에게도 확대되어 나타난다. 아이는 관계 속에서 질투심, 분노, 두려움, 부러움, 죄책감 등의 감정들을 경험하게 된다. 아이는 남녀 간의 성적인 차이와 생식기의 유무도 알아가며 성적 감각과 쾌감도 느낀다. 그러나 성인 같은 성적 감각과는 차이가 있다. 이 시기에 형성되는 아이와 부모와의 삼각관계를 프로이트는 남아에게는 '오이디푸스 콤플렉스(Oedipus complex)'와 여아에게는 '엘렉트라 콤플렉스(Electra complex)'라고 하였다. 지금은 남녀 모두에게 오이디푸스 콤플렉스라고 한다.

남자 아이는 '오이디푸스 콤플렉스(Oedipus complex)'로 엄마의 사랑을 독차지하려 하는 무의식적인 성적 욕망과 애착을 느끼며 갈등을 경험한다. 엄마를 사랑하고 독점하고 싶지만 강한 아버지에게 라이벌 의식을 느끼며 아버지가 혹시 보복으로 자신의 성기를 제거할지도 모른다는 거세불안을 느낀다. 이 공포증을 극복하기 위하여 아이는 어머니에 대한 사랑과 아버지에 대한 적개심을 억압하게 된다. 이를 통해 아버지의 도덕관이나 가치관을 받아들이며 남성적 성역할을 습득하며 초자아가 형성되기 시작한다.

반대로 여자 아이는 어머니에게 남근이 없음을 알고 남자 아이보다 열등하다고 생각하는 남근선망을 한다. 여아는 아버지를 독차지하여 남근을 되찾으려 한다. 이 과정에서 '엘렉트라 콤플렉스(Electra complex)'를 경험하며 엄마 대신 아버지를 더욱 사랑하며 독차지하고 싶어 한다. 아버지의 관심을 얻기 위해 어머니와 경쟁하지만, 어머니를 대신할 수 없다는 것을 알고 자신을 억압하거나 어머니를 동일시하고 성적 특성을 닮아가기 시작한다. 프로이트에 의하면, 여자 아이들은 남근 콤플렉스(남근이 없는 것에 열등감을 느낌)가 세 가지 방향으로 발전한다고 주장하였다. ① 성 자체를 포기하고 성직자처럼 경건주의자로 산다. ② 남성성에 매달려 남성다워지려고 한다. ③ 여성 성기를 수용하고 정상적인 여성이 되는 것이다.

이 시기 아이에게는 성욕에 대한 수용이나 충동감의 조절, 초자아적인 양심의 발달, 죄책감이 발달하기 시작한다. 이 시기에 부모가 성적 충동을 과잉 통제하면 아이는 죄책감을 갖게 되거나 유아적 양심이 발달하여 낮은 자존감이나 자기비난 등 심한 갈등을 경험할 수 있다.

오이디푸스 콤플렉스란?
고대 그리스 작가인 소포클레스가 『오이디푸스 왕』으로 간행되었다. 테베의 왕 라이오스는 아들이 아버지를 죽이고 어머니를 왕비로 맞이하여 결혼할 것이라는 저주 신탁 때문에 아들인 오이디푸스를 버렸다. 그러나 아들 오이디푸스는 왕자로 성장하여 우연히 길에서 만난 친아버지를 알지 못한 채 살해하고 만다. 그 후 테베를 위협하는 스핑크스를 물리치고 친아버지 뒤를 이어 왕이 된다. 그래서 어머니인줄도 모르고 왕비와 결혼하여 네 명의 자녀를 두었지만 아비를 죽이고 어미를 범했다는 사실을 알고 오이디푸스 왕은 자신의 두 눈을 찔러 장님이 되고 왕비인 어머니는 자살하였다는 비극에서 유래하였다(박선무 · 고선윤 공역, 2004).

④ **잠재기**(잠복기, Latency Phase, 6~12, 13세)

잠재기에는 유아적인 성적에너지인 충동이나 환상들이 무의식 속으로 잠복한 상태가 된다. 이 시기에 아동은 자기애와 내적이고 자기 집착적인 경향으로 유아의 성적 충동을 대신한다. 아동들은 스포츠, 게임, 지적 활동으로 에너지를 전환시키며 학교교육으로 기본적인 사회기술을 배우고 학습에 몰두하며 자아가 성장하는 시기이다. 후반에는 자위행위에 대한 욕구가 강해지고 공격충동이나 파괴충동을 스스로 조절하는 내적 조절 능력이 발달한다. 관계가 점차적으로 다양해지는 사회화 시기로 행동양식도 수정된다. 동성끼리 더 어울리며 부모의 훈계를 규범으로 수용하기도 한다. 잠재기에 고착되면 이성과의 관계에 불안감을 느끼며 이성과의 성관계를 회피하거나 정서적으로 고립되거나 공격적인 태도로 성적 관계를 가질 수 있다.

⑤ **생식기**(Genital Phase, 사춘기~성인기)

오이디푸스적인 성적 관심이 가족 이외에 이성에게로 향하는 정신적 사랑을 하게 된다. 사춘기 이후 성적 기능이 발달하며 여자 아이는 월경을 하고 남자 아이는 꿈속에서 사정을 하기도 한다. 성교와 생식이 가능한 충동을 느끼기도 하며 자기중심적인 자기애에서 벗어나 이성적인 사랑이나 성적 관계를 원하기도 한다. 청소년들은 직접적인 성관계보다는 스포츠나 예술활동, 취미활동, 자원봉사 활동 등으로 승화시키기도 한다. 충분하게 일과 사랑을 할 수 있는 시기이다. 이 시기에 프로이트는 청년들이 부모로부터 벗어나 자유로워지며 여성성, 남성성에 적합한 자아를 발견하고 파트너를 찾아서 독립적인 자기 삶을 확립해야 한다고 보았다.

프로이트의 심리성적 발달단계는 다음의 <표 2-3>과 같다.

〈표 2-3〉 프로이트의 심리성적 발달단계

심리성적 단계	연 령	주요 내용	발달과업과 성격 특성
구강기	출생~1.5세	리비도의 자극이 입, 입의 욕구 만족으로 쾌감과 안정감으로 신뢰와 애착 형성	만족감과 쾌감으로 대상관계와 경험으로 신뢰감 형성(낙천/비관, 능동/수동/감탄/시기)
항문기	1.5~3세	리비도의 초점이 항문, 적절한 배변훈련으로 자립심과 독립심이 발달	권위자의 통제력에 협상하고 수용하기(인색/관대, 고집/순종, 청결/불결, 정확성/애매함)
남근기	3~6세	생식기의 자극, 오이디푸스 콤플렉스를 경험하여 성역할과 도덕성인 초자아 발달	어머니에 대한 성적 감정을 억압하고 남성성, 여성성에 대한 역할 수용하기(허영/자만, 자신/소심, 일관성/우유부단, 순결/음란, 남성적/여성적)
잠재기	6~12세	일시적인 성적 활동이 잠복하는 시기, 에너지는 신체적 호기심, 모험, 지적 활동으로 발달	사회적인 기술 습득, 가치나 규범을 내면화, 또래집단과 어울리기
생식기	12세 ~ 성인기	정신적인 사랑과 지성화 경향 강함. 성숙한 독립된 성적 관계	자립과 독립으로 자신의 일과 우정과 사랑을 추구(성숙/미성숙, 적응/부적응)

(6) 자아방어기제(Defense Mechanism)

사람이 정상적이고 합리적인 방법으로 불안을 줄이거나 제거하지 못하면 자신이 의식하지 못하는 가운데 비현실적이고 비합리적인 방법으로 불안감을 제거하려고 하는데 이러한 무의식적인 심리적 대처방안을 방어기제라고 한다. 개인이 사용하는 방어기제는 개인의 발달수준과 불안의 정도에 따라 다르며, 방어기제를 사용한다고 하여 무조건 정신이상이 있는 것은 아니다. 방어의 균형 여부, 즉 방어를 한 가지만, 아니면 여러 가지 상이한 방어기제를 사용하는지, 방어기제의 강도, 사용한 방어기제의 연령의 적절성, 위험이 없을 때는 방어기제를 철회할 수 있는 가능성 등을 종합적으로 판단하여야 한다(이인정·최해경, 2003). 안나 프로이트에 의하면 방어기제는 다음과 같은 특성을 갖는다.

〈표 2-4〉 방어기제의 특성

① 무의식 수준에서 행해지기 때문에 우리가 실제로 의식하지 못한다(무의식 수준).
② 불안을 덜 느끼게 하기 위해서 현실을 부정하거나 왜곡하는 경향이 있다.
③ 방어의 강도가 어느 정도냐의 강도가 중요하다.
④ 갈등을 해결하기 위하여 동원되는 방어기제가 여러 개일 수 있다.

대표적인 방어기제는 다음과 같다(권중돈·김동배, 2006).

① **억압**(Repression)

의식하기에는 현실이 너무나 고통스럽고 충격적이어서 무의식 속으로 억눌러 버리는 것을 말한다. 갈등 시 가장 쉽게 사용하는 해결방법이다. 억압은 다른 방어기제나 신경증적 증상의 기초가 되는 반면, 의식적으로 생각과 느낌을 눌러버리는 억제(suppression)와는 구분된다. 예컨대 "그건 절대로 일어난 적이 없어"라고 하는 것이다.

② **부정**(Denial)

의식화되면 도저히 감당하기 어려운 현실적인 상황이나 사실을 무의식적으로 부정하는 것이다. 자아방어기제 중 가장 단순한 것이며 개인이 외상적 상황에서 생각하고 자각하는 것을 왜곡하는 방법이다. 예를 들면, 암 진단 결과 환자가 아니라고 부정하는 것, 또는 정신지체 장애로 태어난 자녀를 인정하지 않으려는 아버지의 사례 등이다.

③ **반동형성**(Reaction Formation)

겉으로 보이는 언행이나 태도가 실제 마음과는 전혀 다르게 나타나는 것이다. 무의식적 소망이나 좋고 싫음과는 반대되는 방향으로 행동하는 것이다. 실제로 자신을 억압하며 학대하는 엄마인데도 그 사람을 좋아하는 것처럼 행동하는 것이다. 그래서 이런 사람은 위장된 가짜 자아가 형성된다.

④ **투사**(Projection)

자신의 심리적인 속성이 다른 사람에게도 있는 것으로 생각하고 행동하는 것이다. 자기가 화가 나 있는 것은 의식하지 못하고, 상대방이 자신에게 화를 냈다고 생각하는 것이 그 예이다. 남의 탓을 하므로 자신은 결백하고 문제가 없다는 것이다. 내 마음을 상대방에게 그대로 투사시킨다. "그건 너한테 일어나는 일이지 나한테 일어난 게 아니야."

⑤ **치환**(Displacement)

충동들을 위협적인 대상에서 '보다 안전한 상대'에게로 이동시켜서 발산하는 것이다. 전혀 다른 대상에게 자신의 감정을 발산하는 것을 말한다. '동대문에서 뺨 맞고 남대문에서 화풀이한다'는 것이 그 예이다.

⑥ **합리화**(Rationalization)

상처 입은 자아를 설명하기 위해 타당한 이유들을 조작한다. 즉, 현실에 더 이상 실망을 느끼지 않으려고 그럴 듯한 구실을 붙이는 것을 말한다. 예를 들어, 이솝우화에서 '여우와 신 포도'라는 것이 대표적으로 거론되는데 먹고는 싶은데 능력이 닿지 않아 먹을 수 없는 포도를 보고 "저 포도는 신 포도라서 안 되겠다"고 말하는 여우의 심리를 바로 이것으로 보면 된다.

⑦ **승화**(Sublimation)

성적 에너지를 일반적으로 사회적으로 허용되는데 때로는 칭찬까지 받는 경로로 전환하는 것이다. 사회적으로 인정되는 형태와 방법을 통해 충동과 갈등을 발산하는 것이다. 예를 들어, 축구장에서 크게 응원하는 것은 공격적 에너지가 승화로 작용하는 것이다.

⑧ **퇴행**(Regression)

자신이 좌절을 겪었을 때 아주 어릴 적 수준으로 행동하므로 갈등을 피하려고 한다. 동생을 본 아동이 나이에 어울리지 않게 응석을 부린다거나 대소변을 갑자기 못 가리게 되는 경우를 그 예로 들 수 있다.

⑨ **내사 · 내면화**(Internalization)

타인의 가치나 기준을 받아들이고 자기 것으로 받아들이는 것이다. 긍정적 내사(부모의 가치관과 치료자의 속성을 통합하는 등)도 있을 수 있다. 다른 사람에 대한 적대적이고 분노적인 것을 자기에게로 내면화하면 우울증이 발생한다.

⑩ **동일시**(Identify)

아동이 성역할 행동을 학습하는 발달과정의 한 부분이기도 하지만 방어적 반응일 수도 있다. 자신의 열등감을 해소하기 위하여 나보다 나은 사람과 나를 동일시하기도 한다.

예 열등하다고 느끼는 사람이 가치롭다고 지각되어지는 탤런트나 가수와의 동일시

⑪ **보상**(Compensation)

부족한 점을 감추기 위해 약점을 지각하지 않거나 어떤 긍정적 특성을 발전시키는 것이다. 예를 들어, 지적으로 열등한 사람이 신체에 관심을 두고 미모에 승부를 거는 것이다. 또 다른 예로, 키 작은 남자가 키 큰 여성을 결혼상대자로 찾는 것도 하나의 보상 기제에 의한 것이다.

⑫ **의식화**(Ritualization)

불안과 긴장감을 감소하기 위하여 의례적인 행동을 보이는 것이다. 아기가 잠자기 전 취침 의식이나 말하기 전에 기침하는 것이 그 예이다.

⑬ **무효화**(Undoing)

자신이 죄책감을 느끼는 행동을 무효화하기 위해 정교하게 의식화하는 것으로 인정할 수 없는 생각이나 행동을 부정하는 것이다. 예를 들어, 자식을 돌보지 않는 아버지가 물질적으로 선물 공세를 하는 것이다.

⑭ **고착**(Fixation)

다음 단계로 발달해 가는 것이 불안해서 현 단계에 그냥 머물러 버리는 것을 말한다. 어른다운 행동과 사고를 해야 할 대학생이 되었는데도 여전히 고등학교 수준의 행동 및 사고방식에 머물러 있는 것이 그 예이다. 대상에 대한 고착, 외상에 대한 고착들은 신경증의 원인이 되기도 한다.

⑮ **전환**(Conversion)

긴장과 불안이 지속적으로 작용하여 신체적 증상으로 전환되어 나타나는 경우, 너무 긴장하여 또는 강한 충격으로 말이 안 나오는 경우(실어증), 시어머니의 강한 통제와 지배 속에서 감정을 억압하고 지내다가 화병을 앓는 경우 등이 이에 해당한다. 긴장이나 불안감을 느낄 때 무엇이든 먹어치우는 경향도 이에 속한다(거식증).

⑯ **해리**(Dissociation)

현실을 받아들이기에는 너무 괴롭기 때문에 일시적으로 정신이 마비되거나 마음이 떨어져 나가 분리되는 현상이다.

3) 정신분석이론과 사회복지실천

사회복지실천가는 클라이언트의 심리적·정서적 갈등이나 대처방식에서 개인이 드러내는 증상의 의미를 파악하고 해석하므로 클라이언트가 자신의 문제를 통찰하고 변화를 시도하도록 한다. 사회복지실천가는 클라이언트와의 치료적 관계를 형성하고 이 원조관계에서 발생하는 클라이언트의 긍정적이고 부정적인 감정이나 사고 및 행동들이 치환되어 치료자에게 무의식적으로 전이되어 나타난다. 이런 전이 상황들을 사회복지실천가는 해석해 주므로 자신의 무의식적인 정신역동을 이해하게 되고 현재의 성격을 형성하게 된 과거의 영향력에 대한 이해와 수용이 가능해진다.

이러한 정신분석이론의 유용성은 사회복지실천가로 하여금 무의식 속에 있는 클라이언트의 증상과 증상의 의미와 기능에 대한 이해와 통찰이 가능하도록 돕는다. 즉, 사회복지실천가는 클라이언트로 하여금 방어기제의 감소와 방어적인 자신에 대한 인식을 증가시킬 수 있게 한다. 사회복지실천가가 클라이언트로 하여금 건강한 대인관계 형성을 돕고 정신건강을 유지하도록 하며 현실에 잘 적응하도록 돕는 과정에 정신분석이론은 많은 도움을 준다. 단, 정신분석적인 접근을 위해서는 사회복지실천가는 분석가로서 꾸준히 교육과 훈련을 받아야 하며 자신도 개인분석을 받아야 한다.

(1) 정신분석의 치료 목표

몸으로 나타나는 병은 마음의 상처이고 아픔의 반영이라고 할 수 있다. 몸이 아닌 병든 마음을 따듯한 애정으로 어루만져 줄 때에 마음과 몸에 변화를 가져올 수 있다. 정신분석에서 일반적인 치료목표를 보면 아래와 같다(윤순임, 1995, Mertens, 1990, McGlashan & Miller, 1982).

- 심리적 재구조화 : 내담자의 과거에 대한 감정을 재구조화하여 현재의 문제를 통찰

- **강한 자아상 확립** : 초자아와 자아의 균형, 원초아와 자아의 통합
- **성격구조 재구조화** : 증상의 의미 이해, 문제증상이나 부적응 행동 변화, 발달과정 재구성
- **자아성장의 촉진** : 자아체계의 성숙, 인간관계의 성숙, 성숙한 대처기제를 활용
- **경험의 충만감과 생동성** : 현실을 수용하고 통합적 수용력과 객관적인 자기 분석

(2) 정신분석 치료의 과정

정신분석은 환자의 마음속에 있는 숨겨진 고통을 분석가와의 관계를 활용하여 치료하는 것이다. 어린 시절에 경험한 사건이나 외상들이 현재의 인간관계에 미친 영향을 분석하여 갈등을 풀어간다. 이 과정에서 분석가 자신이 치료의 도구가 된다. 내담자가 분석가를 어떻게 보느냐에 따라서 치료의 질이 달라질 수 있으므로 내담자가 솔직해지도록 격려해 주며 이야기에서 불일치를 발견해야 한다. 처음에는 듣는 데 치중하며 가끔 해석을 해주고 내담자의 심리적 저항에 관심을 가진다. 내담자의 성격구조와 역동관계를 이해하게 되면 문제의 윤곽이 드러난다고 할 수 있다. 프로이트에 의하면 분석가는 마치 거울처럼 행동해야 한다. 즉, 분석 과정에서 가능한 한 자신의 인격적 특성을 배제해야 하고 내담자를 있는 그대로 비추어 내야 한다. 치료과정은 내담자와 대화를 통해 정화, 통찰, 무의식적인 지적이나 해석, 훈습과 해석, 정서적 문제의 이해, 재교육의 순서를 통해 진행된다(Corey, 1998, 조현춘・조현재 공역).

- 내담자의 억압된 무의식을 의식수준으로 표상화한다.
- 정서적 갈등을 표출하도록 유도한다(분노 또는 슬픈 감정 등).
- 치료자와 내담자의 관계에서 전이가 일어난다.
- 자아의식과 자아통제력을 강화한다.

(3) 정신분석의 치료기법

① 분석적 틀 유지

- 분석가의 상대적 익명성, 중립성, 객관성을 유지하도록 한다.
- 환자의 개인적 비밀을 보장한다.
- 만남의 규칙성과 시간 간격을 정한다(매주 1회, 2회, 1년~3년).
- 치료비와 치료시간을 정한다.
- 결석처리는 어떻게 할 것인지를 정한다(결석을 해도 치료비는 지급하도록 한다).
- 시작과 끝을 규칙적으로 한다.

② 자유연상(Free Association)

자유연상의 목적은 클라이언트의 무의식적인 소망, 환상, 갈등, 동기 등의 문을 열기 위한 기법이다. 클라이언트로 하여금 과거에 억압된 경험들을 회상시키고 때로 차단되었던 강한 감정들을 확인하기 위한 것이다.

프로이트는 자서전에서 자유연상에 대하여 아래와 같이 서술하였다.

"떠오르는 생각에 자신을 맡긴다. 다시 말하면 의도적인 목적 없이 소파(couch)에 누웠을 때에 떠오르는 것을 말하게 한다. 떠오르는 것을 모두 말해야 한다. 중요한 것이 아니라거나, 관련이 없다거나, 의미가 전혀 없다거나 하는 생각으로 떠오르는 생각을 제거하지 말아야 한다. 당연히 솔직해야 한다. 솔직함은 분석치료의 전제다."(Freud, 1925).

프로이트의 자유연상의 과정들은 아래와 같다.

① 원칙적으로 내담자는 모든 감정과 생각을 억압하지 말고 즉각적으로 보고 한다.

② 내담자는 대개 소파(couch)에 눕고 분석가는 연상의 자유로운 흐름이 방해되지 않도록 내담자의 뒤에 앉는다.

③ 무의식적 소망, 환상, 갈등, 동기로의 문을 열기 위해 사용하는 기본적

도구이다.

④ 과거 경험들을 회상, 강한 감정들을 해방 : 무의식에 갇혀 있던 억압된 자료를 규명한다.

⑤ 연상에서 차단이나 두절 : 불안 야기 자료의 단서가 될 수 있다.

⑥ 근원적 역동을 내담자들이 더 잘 통찰하도록 감정의 흐름을 방해하지 않는다.

⑦ "제3의 귀로 듣는다" → 무의식의 언어를 인식하는 것

⑧ 감정적 정화 : 자유연상을 통해 과거를 회상하고 충격적인 상황 속에서 느꼈던 여러 감정을 발산하게 된다. 그러나 이런 감정적 정화는 일시적 위안이지 그 자체로서의 커다란 치료 효과는 없다(Corey, 1998, 조현춘 · 조현재 공역).

③ **해석**(Interpretation)

분석가가 꿈, 자유연상, 저항, 전이, 치료관계에서 나타나는 행동의 의미를 내담자에게 지적하고, 설명하고, 가르치는 것이다. 내담자의 특정 사건에 직면하게 하고, 직면한 사건을 명료화한다.

내담자의 내적 · 외적 준비상태가 중요하다. 해석과정에는 클라이언트에게 특별한 과거의 사건이나 외상 및 경험을 직면하게 도와주며 심리적으로 어떤 방어기제가 작동하고 있으며, 그 영향력이 어떻게 작용하였는지를 서로 탐색하여 말로 정리해 준다. 클라이언트의 변화 과정에서는 저항하는 것이 드러나는데 저항의 심리적인 의도나 갈등도 해석해 주어야 한다. 여기에는 클라이언트의 내용에 대한 해석, 전이에 대한 해석, 저항에 대한 해석, 꿈 해석 등이 활용된다.

④ **꿈의 분석**(Dream Analysis)

꿈은 무의식적인 소망과 욕구, 두려움의 표출이며 내담자의 무의식에 억압된 자료들을 풀어내는 도구로 활용된다. 프로이트에 의하면, 꿈은 무의식에 이

르는 왕도라고 말할 정도로 내담자의 무의식 속에 억압이나 미해결된 문제에 대한 통찰을 가능하게 해준다.

내담자는 꿈을 보고하고 유발되는 감정을 회상하면서 꿈의 요소를 자유연상한다.

㉠ 잠재내용(Latent dream) : 숨겨진, 상징적인, 무의식적인 동기, 소망, 두려움으로 이루어진다.

㉡ 현재내용(Manifest dream) : 잠재내용을 이루는 무의식적인 성적, 공격적 충동은 너무 고통스럽고 위협적이기 때문에 보다 수용하기가 쉬운 내용으로 변형한다.

현재내용에서의 상징을 탐색하여 위장된 의미를 밝혀내는 것이다. 프로이드의 이론에서는 잠재몽을, 실제에서는 현실몽을 중시한다. 꿈을 단순히 억압된 자료를 드러내는 것으로만 보지 않고 내담자의 현재 기능을 이해하는 방법으로 볼 수 있다.

⑤ **저항분석**(Resistance Analysis)**과 해석**

저항은 현 상태를 유지시키고 클라이언트의 변화를 막는 모든 생각, 태도, 감정, 행동(의식적, 무의식적)이다. 저항은 억압한 충동이나 감정이 현실적으로 인식되려고 할 때 나타난다(예 약속취소, 치료 초기 종결, 침묵하기). 침묵 시에는 "지금 무슨 생각을 하시고 계신지 말씀해 주시겠어요?"라고 물을 수 있다. 또는 원하는 질문을 할 수 있고, 클라이언트가 말할 때까지 계속 기다린다. 저항은 클라이언트의 불안이나 변화에 대한 방어로 이해한다. 저항이 나타나는 이유는 무의식적인 욕구나 소망을 계속 이루고 싶어 하는 자신의 욕구를 버리지 못하기 때문이다. 자신의 진짜 핵심 감정이나 갈등을 보고 싶지 않아서 억압하려는 것이다(Freud, 1938). 분석가는 클라이언트의 저항을 지적해서 직면하도록 해석해야 한다. 클라이언트의 저항의 이유를 인식하도록 돕는 데 해석의 목적이 있다.

⑥ 전이의 분석(Transference Analysis)과 해석

어린 시절 의미 있는 대상과의 관계에서 경험했던 태도, 상황, 또는 사랑, 증오, 분노, 등의 감정이 현재 치료자와 관계성에서 무의식적으로 다시 반복되는 것이다. 실제라고 믿는 전이 감정이 과거의 반복이라는 것을 지속적, 반복적으로 말해줄 필요가 있다. 분석가는 내담자를 가르치고 개선시키려는 마음을 가질 수 있지만 내담자의 개성을 존중해 주어야 한다. 전이는 엄청난 가치를 지닌 치료적 도구로 쓰인다. 내담자는 치료자를 좋아하는 긍정적 전이와 미워하고 싫어하는 부정적 전이가 발생하여 감정을 표출한다. 이때 분석가는 "내담자가 왜 이 시점에서 이런 표현을 하는 것일까?" 하고 생각해야 하고, "지금 내담자에게 나는 누구일까?" 생각해 보고 그 의미를 찾아야 한다(Freud, 1938).

- 과거경험이 무의식적으로 묻어두었던 행동이 나타난다.
- 전이분석은 과거 자신의 미해결사항이 현재 자기에게 어떻게 영향을 미치는지 통찰하게 한다.
- 내담자에게 적절히 해석하고 훈습하므로 변화를 시도한다.

역전이란 치료자가 어린 시절 경험했던 자신의 특별한 감정이나 태도를 내담자에게 상황에 따라 무의식적으로 나타내는 행위를 말한다. 치료자는 자기분석을 통하여 역전이가 발생하지 않도록 훈련받는다.

⑦ 공감

내담자가 의식적으로 체험하는 것을 같이 느끼는 공감과 그와 반대로 무의식에 숨겨진 것과 동일시하여 표면과는 다르게 공감이 일어날 수도 있다. 공감이란 다차원적이고 다각적인 경청을 통해 서로 모순되어 보이는 정보를 전체적인 맥락에서 종합적으로 이해하는 것이다.

⑧ 버텨주기(Holding)

내담자가 지금 체험하고 있거나 막연하게 느끼기는 하지만 감히 직면할 수 없는 끝없이 깊고 깊은 불안과 두려움을 상담자가 잘 알고 있다는 것을 분석 과정에서 적절한 순간에, 적합한 방법으로 전해주면서 내담자에게 큰 힘으로 의지가 되어주고 따뜻한 배려로 마음을 녹여주는 것을 말한다.

위니컷(Winnicott)에 의하면 버텨주기는 '버텨주는 환경'이라고 할 수 있으며 다음과 같이 설명할 수 있다. ① 일관성 있게 대함으로써 신뢰할 만한 사람으로 여겨지는 것, ② 감정에 진실한 반응을 하는 것, ③ 참된 요구와 소망이 무엇인지 이해하는 것, ④ 현실과 환상세계를 무리 없이 구분하고 정리해서 분명하게 해주는 것, ⑤ 약한 자아를 보조해 주는 보조 자아역할을 수행하는 것이다(김동배 · 권중돈, 2006).

(4) 정신분석이론의 공헌과 한계

정신분석이론은 정신의학이나 심리학뿐 아니라 인문사회과학 분야인 문학과 예술에도 많은 영향을 미쳤고 후에 융, 아들러, 에릭슨 같은 신프로이트 학파들이 발전하는 계기가 되었다. 사회복지실천분야에서도 다음과 같은 영향을 미쳤다.

첫째, 클라이언트 내면의 과거의 경험을 중요시하는 개별적인 접근을 강조하는 진단주의학파에 영향을 미쳤다.

둘째, 문제에는 어떠한 원인이 결부되어 있다는 직선적 원인론을 채택하여 사회복지실천에서 과학적인 방법을 동원하여 문제를 사정하도록 하였다.

셋째, 사회복지실천가는 클라이언트와 클라이언트 체계의 방어를 심리적인 방어로 보며 존중할 필요가 있다.

넷째, 생애 초기경험을 중요시하며 클라이언트의 외상경험을 밝혀내는 과정은 문제 사정에 기여하였다.

그러나 정신분석의 탁월성과 우수함에도 불구하고 정신분석이론은 다음과 같은 한계가 있는 것으로 지적되고 있다.

첫째, 치료나 상담에서 기간과 비용이 많이 든다.

둘째, 치료자가 숙달된 전문가가 되기 위해서는 장기간의 훈련과 자기분석을 받아야 한다.

셋째, 인간의 병리적 문제 원인을 유아기 초기의 외상경험에서 찾으려 한다.

넷째, 인간의 성격형성을 심리성적 발달에만 근거하여 파악할 뿐 가족의 구조나 사회제도, 문화적인 측면을 간과하였다.

다섯째, 인간의 병리적인 측면을 강조하여 신경증, 강박증, 불안증 등 제한된 병리적인 증세만을 다루었다.

여섯째, 인간의 자아를 정신내적 갈등의 결과로 보아서 원초아의 보조적 역할의 수행자로만 이해하고 있다.

2. 아들러의 개인심리이론

학습목표

1. 개인심리이론의 인간관을 이해한다.
2. 개인심리이론의 주요 개념을 이해한다.
3. 개인심리이론을 사회복지실천현장에 적용할 수 있다.

생각할 과제

1. 개인심리이론에서 추구하는 열등감을 극복하기 위한 우월성 추구는 어떤 것들이 있는지 생각해 봅시다.
2. 나의 성격형성에 출생순위는 어떤 영향을 미쳤는지 생각해 봅시다.
3. 가상적 목표와 관련하여 나의 가치관과 인생관에 대하여 나누어 봅시다.
4. 열등감을 우월감으로 극복하여 성공한 인물들의 사례를 탐색하고 나누어 봅시다.

1) 알프레드 아들러(Alfred Adler, 1870~1937)의 소개

알프레드 아들러(Alfred Adler)는 1870년 유대인 곡물상의 5남 2녀 중 셋째로 오스트리아 빈(Wien) 교외에서 태어났다. 남자형제 1명은 어려서 죽었다. 아들러는 어렸을 때 만성질환으로 4살 때까지 걸을 수가 없었고, 5살 때는 폐렴으로 거의 죽을 뻔하였다. 의사가 되어야겠다고 다짐한 그는 놀이에서는 다른 동료들과 경쟁상대가 되지 않았으나 자신의 열등감을 극복하기 위하여 꾸준히

노력하였다. 이러한 경험들은 그의 이론 형성에 영향을 주었으며 자신의 삶을 운명에 따라 사는 것이 아니라 자신의 삶을 만들어 가는 본보기 인물이 되고자 하였다. 1895년 빈 대학에서 의학학위를 받았으며, 대학시절 사회주의의 심리학적, 철학적 측면에 대해서 관심을 많이 가졌던 경험은 후에 그가 특별히 '사회적 관심'을 중시한다는 사실들을 이해하는 데 도움이

된다. 1902년 프로이트의 회합에 참여하여 1902~1911년에 걸쳐 프로이트와 함께 활동하였으나 리비도의 개념에 대립되는 입장을 표명하면서 1911년 빈 정신분석 학회를 떠났다. 아들러는 프로이트의 생물학적이고 결정론적인 관점을 취하지 않고 사회적, 심리적, 비 결정론적 인간관을 취했으며, 1922년 지역사회 안에 있는 아동보호센터에 처음으로 지역공동체 아웃리치(Community-Outreach) 프로그램을 만들었다. 1937년 5월 28일 스코틀랜드 애버딘 대학에서 강의를 앞두고 산책하던 중 심장마비로 사망한 아들러는 지칠 줄 모르는 강사였으며 활발한 저술활동을 한 것으로 알려져 있다. 그는 생애 동안 300여 권의 책과 논문집을 발간했는데 대표적인 저술로 『개인주의 심리학의 이론과 실제』가 있다.

2) 주요 개념, 이론의 내용

(1) 인간관

개인심리학은 아들러에 의해 개발된 성격이론과 심리치료이론으로 인간의 성격을 통합하였다. 즉, 인간은 통합되고 완전한 존재라고 보았다. 이런 관점은 그 자신의 현상학적인 장(場) 내에서 인간을 가상적 목표를 향해 움직이는 창조적이고, 책임이 있으며, 의사결정을 하는 존재로 보게 하였다. 아들러의 인간관과 주요 가정은 다음과 같다.

첫째, 인간을 '창조적인 존재'로 보았다. 아들러는 인간이 자신의 삶의 연기자이자 창조자이며 자신의 목표를 구체화할 수 있는 독특한 삶의 양식을 발달시키는 존재로 보았다(Sherman & Dinkmeyer, 1987).

둘째, 인간의 성격을 '총체적 존재'로 규정하여 통합적이고 분리할 수 없는 전체로 보았다. 프로이트가 환원론의 입장에서 인간을 의식과 무의식, 원초아, 자아, 초자아로 나눈 것에 반대하여 인간을 더 이상 분류하거나 분리할 수 없는 신체적·심리적·정신적으로 온전한 존재로 보았다(Hjelle & Ziegler, 1975).

셋째, 인간을 목표지향적이며 '성취지향적인 동기를 지닌 인간'으로 보았다. 아들러의 초점은 과거의 탐색에만 있는 것이 아니라 그 과거에 대한 개인의 지각과 초기 사상에 대한 해석이 현재에 어떻게 영향을 미치는가에 관심이 많았다. 프로이트와 달리 그는 선택과 책임, 삶의 의미, 성공과 완벽의 욕구를 강조했다. 그는 개인의 열등감이 오히려 창조성의 원천이 될 수 있다고 보았다. 기본적 열등감은 개인이 더 숙달, 우월, 완전을 추구하도록 동기부여를 제공한다는 것이다(Corey 저, 조현재 · 조현춘 공역, 1998).

넷째, 인간을 현실에 대하여 '주관적으로 지각하는 존재'로 보았다. 아들러는 가치, 신념, 태도, 목표, 관심, 개인의 현실적 지각과 같은 내적 결정요인을 강조하는 주관적 심리학자이다. 클라이어언트의 주관적인 현실에는 개인적인 신념, 관점, 지각, 등이 포함된다. 삶이 실제로 어떤 것이냐보다는 삶이 그 사람에게 어떻게 보이는가가 더 중요하다. 개인심리학에서는 개인의 성장모형에 초점을 두고 사람의 재교육과 사회의 재형성을 중요시한다.

다섯째, 인간의 모든 행동은 사회적 관계 속에서 일어나며 인간 본질의 핵심은 사회적 관계를 통해서만이 파악될 수 있다. 인간은 사회적 존재로 열등감으로 인해 때때로 자기 파괴적이 될 수 있다는 입장을 취한다. 개인은 서로 협동하며 상호작용하는 관계를 맺는 공동체의 의식이나 사회적 관심을 가지고 있다(이종복 · 전남련, 2007).

〈표 2-5〉 아들러의 인간관

① 인간은 창조적인 존재로서 자신의 목표를 구체화할 수 있다. ② 인간은 총체적 존재로서 인간의 성격은 통합적이고 분리할 수 없는 전체이다. ③ 인간은 목표지향적이며 성취지향적인 동기를 갖는다. ④ 인간은 현실에 대하여 주관적으로 지각하는 존재이다. ⑤ 인간의 모든 행동은 사회적 관계 속에서 일어나며, 인간 본질의 핵심은 사회적 관계를 통해서만 파악할 수 있다.

(2) 열등감과 보상(Inferiority & Compensation)

개인의 신체적인 약점이나 결함이 있는 특성들은 심리적으로 위축감이나 열등감으로 성격발달에 영향을 미친다. 인간은 성장하면서 특정 신체기관이 다른 신체기관에 비해서 더 약하기도 하고 질병을 유발하기도 하며, 이러한 신체적 약함을 극복하려고 더 운동을 하기도 하고 보상적 노력을 하게 된다. 이러한 노력은 신체에 건강성을 회복하게 하기도 하고 더 나은 성공을 가져다주기도 한다. 그러나 이러한 시도가 성공적으로 이루어지지 못했을 경우에는 자신이 열등하다고 느끼는 병적 열등감(inferiority complex)에 머물게 된다. 신체적·정신적 열등감은 자연스러운 것이며 3~5세에 형성되지만 변화 가능성이 있다. 자신의 열등감에 대한 반응으로 열등 콤플렉스를 발전시키기도 하는데, 자신이 스스로 열등하다고 느끼며 불안, 의기소침, 위축, 우유부단, 과민반응, 부정적 사고가 특징이다. 또한 자신의 열등감을 감추기 위하여 심리적 또는 사회적으로 주관적인 열등감을 보상하고자 우월 콤플렉스를 형성한다. 보상은 자신의 열등감을 극복하기 위하여 부족한 것들을 채우려는 시도들로 구성되며, 그 과정이 개인에게는 더 발전과 성장의 계기가 될 수 있다.

아들러는 어린 시절 성장과정에서 병적 열등감에 빠지기 쉬운 세 가지 자녀 양육 방식을 아래와 같이 설명한다(Adler, 1956). 첫째, 신체적으로 병약하거나 허약체질인 아이는 발달단계에서 의존성이 발달하고 생활의 규범이나 규칙들을 제대로 습득하지 못한다. 타인에 대한 배려성은 떨어지고 오직 자기에게만 관심을 집중하기 쉽기 때문에 열등감에 빠지기 쉽다. 둘째, 버릇없이 응석받이로 자란 아이는 자기중심적이며 주는 것보다는 받는 것에 익숙하며 의존성이 높다. 스스로의 선택이나 책임감, 상호협동심은 발달되지 않은 생활양식으로 자신의 욕구나 원함이 채워지지 않았을 때는 유아처럼 자신의 미성숙함을 신경증으로 나타낸다. 셋째, 부모에게 거부당한 아이는 대상에 대한 불신을 형성하며 세상을 적대적이고 위협적으로 보기 때문에 반항적, 공격적이다. 충분한 애정이나 존경, 가치로움의 경험이 적어서 관계성에서 공격적으로 대처한다 자신을 과대평가하거나 과소평가하며 사회를 거부한다. 이러한 유형들은 성인이 되어 신경증 유발의 주요 요인이 될 수 있다.

(3) 우월성의 추구(Striving for Superiority)

열등감에 대한 보상의 노력은 결국 우월성의 추구라는 개념으로 연결된다. 아들러는 인간이 추구하는 궁극적인 목적을 바로 우월성의 추구라고 보았는데, 이는 단지 열등감을 극복하기 위한 것보다는 적극적으로 자신의 잠재력을 발휘하도록 하는 것이라고 하였다. 아들러에 의하면 우월은 낮은 데서 높은 곳으로, 부정적인 데서 긍정적인 것으로의 추구이다.

아들러는 우월성의 본질에 대하여 다음과 같이 언급하였다. 첫째, 인간의 기본 동기이며, 둘째, 모두가 공통적으로 가지고 있고, 셋째, 우월의 목표가 부정적인 경향이나 긍정적인 경향을 취할 수 있으며, 넷째, 완성을 위한 노력은 상당한 정력과 노력을 요구하고, 다섯째, 우월에 대한 추구는 개인과 사회 두 가지수준에서 일어나는데 개인으로서 완성을 위해서 노력하고, 사회의 일원으로서 문화를 완성하기 위해 노력한다는 것이다(Adler, 1979).

(4) 생활양식(Life Style)

생활양식이란 개인의 독특성과 존재를 특정지우는 것으로 삶에 대한 개인의 방식, 즉 삶의 목적, 생활의 전략, 가치, 태도 등을 포함하는 것이며 삶의 목표를 향해 나아가는 방식이다. 이러한 생활양식은 우리의 독특한 열등감을 극복하기 위한 노력이며, 프로이트에 의하면 6세경에 틀이 형성되어 그 후에는 거의 변화하지 않고 기본 구조 위에 수정이나 확대만 이루어진다. 가족 내에서의 경험이나 형제관계, 사건들에 대한 개인의 태도가 더 큰 영향력을 미치며(Corey, 1998), 생활양식의 진정한 형태는 생활과제에 접근하고 이를 해결하는 태도에 따라 구별된다고 하였다. 아들러(1956)는 인생의 과업으로 직업, 우정, 사랑과 결혼으로 보았다. 이 세 가지 인생과업에 대한 태도인 자신의 활동수준과 사회적 관심이라는 대인관계의 두 가지 차원을 통하여 네 가지 생활양식을 구분하였다.

첫째, 지배형은 사회적 관심이 낮고 활동수준이 높아 공격적이고 활동적이다. 인생과업에 있어서 반사회적이며 독단적이고 다른 사람에 대한 배려는 고려하지 않는다. 알코올중독자, 약물이나 마약 중독자, 자살의 가능성이 있는 사람이 이에 해당한다.

둘째, 획득형은 부모가 지나치게 과잉보호하거나 간섭하며 지배를 하는 양육태도와 관련이 있다. 사회적 관심은 낮고 활동수준은 중간 정도로 외부세계와 관계를 맺으며, 다른 사람에게 의존하여 욕구를 충족하는 유형이다. 다른 사람을 자신의 욕구충족을 위하여 도구로 사용하려고 한다.

셋째, 회피형은 사회적 관심도 낮고 인생에 참여하는 활동수준도 낮다. 인생의 모든 문제를 직면하려는 용기가 전혀 없고 회피함으로 한 치의 실패 가능성도 모면하려고 한다. 주로 신경증 환자나 정신증 환자에게서 볼 수 있다.

넷째, 사회형은 심리적으로 건강한 사람의 모델이다. 개인의 활동수준과 사회적 관심이 높은 사람으로 자신의 욕구는 물론 다른 사람의 복지에도 관심을 가진다. 일과 우정, 사랑 같은 사회적 관심을 중요시 여긴다. 또한 문제를 해결하기 위하여 다른 사람을 존중하며 협력하는 태도와 용기를 가지고 적극적으로 대처한다(Hjelle & Ziegler, 1976).

(5) 사회적 관심(Social Interest)

사회적 관심은 개인심리학에서 인간을 사회적 존재로 이해하며 타인과 서로 협력하며 이해하고 보다 나은 미래를 위한 인간의 노력이다. 이는 공동체에 대한 공감능력을 의미하고, 이상적인 사회에 공헌하려는 노력이며, 이를 위해서는 다른 사람에 대한 공감, 이해와 수용 능력이 중요하다. 사회적 관심은 개인의 성장과정에서 경험한 것들에 의하여 발달되며, 일차적으로는 양육자인 어머니에 의해서 그리고 가족구성원이나 학교에 의해서 발달된다. 아들러는 개인의 사회적 관심은 미래에 대한 적응이 달린 중요한 문제로 보았으며 개인의 심리적 건강을 측정하는 척도로 보았다(Adler, 1956).

〈표 2-6〉 사회적 관심의 특징

① 사회적 관심은 다른 사람과의 관계를 통해 발달하며 협동심, 연대의식, 동료의식 등이다. ② 아동에게 사회적 관심을 키워주는 사람은 어머니, 가족구성원, 가족 외 사람으로 어머니의 양육태도, 부부관계, 아버지의 가치나 신념이 중요한 변수로 작용한다. ③ 아동에게 사회적 관심을 키워주는 능력은 인생의 과업인 일, 우정, 사랑과 결혼에서 만족감을 느끼는 사람만이 갖는다.

(6) 창조적 자아(Creative-self)

아들러는 인간을 환경에 의해서 결정되는 존재가 아니라 환경을 자신에게 적합하게 만들어 가는 창조적인 힘을 가지고 자기 인생을 만들어 가는 존재로 보았다. 즉, 자유롭고 의식적인 활동이 가능하며 목표를 정하여 수행한다는 것이다. 이것은 인간의 목적론적 특성과 관련이 있는데 인간은 자신의 궁극적 목표를 어떻게 이룰 것인지의 과정들을 결정하며 수정하기도 한다. 또한 인간은 삶에서 어려운 상황들을 어떻게 극복할 것인지 스스로 구성하는 능력이 있는 것으로 보았다. 창조적인 자아를 형성한 사람은 자신의 인생의 목표를 세우고 그 목표를 향하여 나아가는 방법들을 알며 사회적 관심에도 공헌하며 자발적인 삶을 사는 사람이다. 개인의 지식과 경험, 유전적인 요인들은 상황 속에서 그 무엇을 수용할 것인지, 어떻게 행동할 것인지, 사상을 어떻게 해석할 것인지를 선택할 수 있는 창조적 힘을 가질 수 있게 한다고 보았다.

(7) 출생순위(Birth Order)

아들러는 가족의 유형, 정서적 경험, 나이 차이, 출생순위, 상호관계, 가족의 크기 등은 개인의 성격발달과 생활양식에도 영향을 미친다고 본다. 특히 출생순위는 중요한 의미를 가지며 각 출생순위에 따른 상황을 아동이 어떻게 지각하느냐, 즉 가족 내 위치에 대한 개인의 경험과 해석이 더 중요하다고 강조한다(Corey, 1998).

자녀들의 출생순위에 따른 일반적인 특징들은 아래와 같다(Dreikurs, 1953; Adler, 1958).

- 첫째아이 : 맏이는 일반적으로 많은 관심과 사랑을 받는다. 동생이 태어나면서 그 자리를 빼앗기게 되고 '폐위된 왕'이 되며 열등감을 형성한다. 동생들을 돌봐야 하는 위치이므로 협동심과 책임감도 발달한다. 힘과 권위를 중요시 여기며 타인의 기대에 쉽게 순응하고 사회적인 책임성을 잘 감당하려고 한다. 그러나 반대로 부모의 지대한 관심과 기대 속에서 자란 첫째는 많은 부담과 심리적 압박으로 오히려 일탈로 이어지기도 한다.
- 둘째(중간)아이 : 둘째아이는 태어날 때부터 부모의 관심을 형이나 누나라는 경쟁자와 나눠가져야 한다. 아이는 누나나 형보다 더 잘하려고 하는 자극과 도전을 받는다. '경쟁심'이 생활 속에서 훈련되며 형의 잘못을 빨리 찾아내고 대신 자신이 더 잘한다는 것을 인정받기 위하여 노력한다. 아이는 부모의 지대한 기대보다는 알아서 하도록 두므로 자립이나 독립이 빨리 이루어지고 어릴 때부터 경쟁 속에서 크므로 성공지향적이며 대단한 야망을 가진 성격이 되기 쉽다.
- 막내 : 막내는 언제나 가족의 아이로 가장 많은 관심을 받는다. 그리고 동생에게 자리를 빼앗기는 불안도 경험하지 않고 귀염둥이로 자라게 된다. 그러나 때로는 전혀 관심을 받지 못할 수도 있다. 또한 자기보다 크고 힘이 세고 특권이 있는 형들에게 둘러싸여 독립심의 부족과 함께 강한 열등감을 경험하기 쉽다. 형이나 누나들이 자기의 생활을 많이 도와주어서 기대나 의존심이 나타난다.
- 독자(녀) : 혼자서 자라기 때문에 부모의 지대한 관심과 사랑을 받고 자라서 자신의 중요성에 대해 과장된 견해를 가질 수 있다. 외동아이는 서로 나누고 경쟁할 형제가 없으므로 협동심이나 배려성이 떨어지고 응석받이가 되기 쉬운 생활양식으로 의존심과 자기중심성이 현저하게 나타난다.

(8) 가상적 목표(Fictional Finalism)

아들러는 많은 사람들이 진실에 의하여 행동하는 것이 아니라 진실이라고 믿는 그 무엇에 의하여 동기가 유발되어 실제로 현실에 아무 근거가 없음에도 불구하고 믿고 행동하는 것에 착안하여 이를 가상적 목표라고 하였다. 가상적 목표는 미래에 실재할 것이라기보다는 주관적으로 또는 정신적으로 현재의 행동에 영향을 주는 이상으로 지금-여기(now & here)에 존재하며, 어떤 상황에서 개인이 추구하는 안전한 상태의 자기상을 말한다(이효선, 2007). 가상적 목표는 자신의 강한 신념이나 가치를 의미하는 것으로 현실을 효과적으로 대처하도록 해주며, 인간은 스스로 가상적 목표를 형성할 수 있고, 자신의 행동의 의미와 생활양식도 이해할 수 있다.

3) 아들러의 개인심리이론과 사회복지실천

아들러는 개인의 부적응이나 심리적 장애는 환경적 장애물에 어떻게 반응하느냐에 따라 나타난다고 본다. 개인의 심리적 장애와 행동장애는 클라이언트의 잘못된 생활양식 또는 잘못된 가정이나 신념에 의한 것이라고 보기 때문이다. 아들러는 정서적으로 문제가 있는 사람은 불완전한 생활양식을 지니고 있으며, 잘못된 인생목표를 지니고 있거나 사회적 관심이 부족한 사람들이라고 하였다. 이러한 맥락에서 사회복지실천가는 클라이언트로 하여금 자신의 역동성과 삶에 대한 잘못된 신념을 확인하고 자신의 부적응적 정서와 행동을 야기시키는 잘못된 생각과 신념을 변화시키도록 돕는 역할을 수행한다. 즉, 심리적으로 건강한 사람은 용기를 가지고 문제에 직면하고, 삶을 현실적으로 바라보며, 타인의 안녕과 행복에 기여하려는 의지를 갖고 있는 사람이다. 아들러는 사회적 관심의 수준이 개인의 심리적 건강을 측정하는 유용한 척도가 된다고 보고 있다(권중돈 · 김동배, 1998).

아들러의 개인심리이론에서 사회복지실천가의 역할은 클라이언트에게 정보제공, 교육, 지도, 격려에 초점을 두고 개인의 잘못된 신념에 도전하고 직면시키며 자신감을 주고 용기를 자극하는 것이다. 또한 클라이언트의 대인관계를 향상시키도록 훈련시키는 것뿐만 아니라 개인의 사회적 관심을 증대시키고 열등감을 극복하도록 돕고 목표를 수정하게 하는 것이다(Kefir, 1981). 아들러의 개인심리치료 과정에서는 클라이언트가 자신이나 타인의 삶을 다르게 보는 새로운 방식을 교육시킬 수 있으며, 개인의 잘못된 지각을 바꾸는 데 초점을 두므로 증상의 경감이나 제거보다는 기본적인 삶의 전제나 신념을 수정하고 왜곡된 삶의 동기를 수정하는 데 효과적일 수 있다. 클라이언트에게 자신의 목표나 의도를 더 잘 이해하도록 도우며 자신의 행동양식을 이해할 수 있도록 맥락을 제공하는 것이다(Mosak, 1989 : 84).

(1) 치료 목표

클라이언트가 자신의 삶에서 잘못된 목표나 가정을 규명하며 탐색하기 위하여 계약을 하고 자신의 현재와 미래의 목표를 이루기 위하여 자기인식을 넓히고 사회적 관심의 증진에 목표를 두고 원조한다. 아들러의 개인심리치료 과정에서는 클라이언트가 자신이나 타인의 삶을 다르게 보는 새로운 방식을 교육시킨다. 치료는 인지적 치료로 개인의 잘못된 지각을 바꾸는 것이다. 그래서 증상의 경감이나 제거보다는 기본적인 삶의 전제나 신념을 수정하고 왜곡된 삶의 동기를 수정하는 데 초점을 둔다. 클라이언트에게 자신의 목표나 의도를 더 잘 이해하도록 도우며 자신의 행동양식을 이해할 수 있도록 맥락을 제공한다.

치료목표는 다음 아래와 같다(Mosak, 1989 : 84).

① 개인의 사회적 관심을 증진시킨다.
② 자기인식을 넓히고 기본적인 삶의 견해나 생활목표, 생활방식을 바꾸도록 돕는다.
③ 잘못된 삶의 동기를 바꾼다.
④ 내담자가 타인과 동등감을 느끼도록 한다.
⑤ 사회구성원으로 참여하며 기여하도록 한다.

(2) 치료적 절차와 방법

아들러적 실무원조 방법에는 네 가지 중심목적이 있고 이 목적은 네 단계의 과정으로 이루어진다.

① **적절한 치료관계의 형성**

- 적극적인 경청과 공감적인 반영
- 상담의 목적이나 이유
- 목표 설정하기
- 내담자의 긍정적인 면에 초점 맞추기
- 관심 기울이기(내담자의 언어적 · 비언어적 표현)
- 격려와 지지하기, 내담자의 기대
- 내담자의 문제해결방안
- 최근의 심리적 · 신체적 변화상태 규명과 탐색

② **개인의 역동성 탐색과 분석**

아들러(Adler, 1958)와 드라이커스(Dreikurs, 1953)가 제시한 면접방법으로 다음과 같은 내용들이 포함된다. 내담자의 생활양식평가로 내담자 개인의 자기지각과 인지 발달에 영향을 미쳤던 경험을 파악한다. 클라이언트의 탐색을 위한 영역들은 아래와 같다:

- 자신은 다른 사람과의 관계에서 어느 정도 만족하는가?
- 자신의 직장생활에 대하여 어떻게 생각하는가?
- 이성에 대한 특별한 관심 정도는 어느 정도인가?
- 대체로 자신에 대하여 좋게 느끼는가?
- 자신에 대한 수용적인 태도는 어느 정도인가?
- 자신의 생활에 즐거움과 보람을 느끼는가?
- 자신의 삶의 목표는 무엇이며, 목표는 어느 정도 이루고 있는가?
- 자신의 과거에 대한 탐색과, 현재는 어떠하며, 미래에 대한 사고나 예견을 탐색한다.
- 사랑과 일, 우정, 공동사회에서 어떻게 기능하는지 탐색한다.

- 사회관계에서의 성취도는 어느 정도인지 탐색한다.

사회복지실천가는 클라이언트가 성장을 위한 선택과 더 바람직한 미래로 이르는 길을 찾는 데에 도움을 준다. 클라이언트의 전반적인 생활양식을 근거로 자료를 통합하여 요약하며 해석해 준다. 해석은 탐색과 잠정적인 가설로 접근한다. 예를 들어, “나는 이런 생각이 드는데 당신 생각은 어떨지 모르겠군요”, “내가 보기에는 ……처럼 보이는데 ……라고 생각할 수 없을까요?”라며 가정이나 추측에 의하여 공감적이면서도 직감적인 추측을 확장시키려는 노력을 해야 한다(Corey, 1998).

③ **자기이해의 통찰과 격려**

사회복지실천가는 클라이언트에게 지지적이고 격려를 하지만 직면의 기술도 사용한다. 잘못된 목표나 자기패배적인 행동에 대해서 통찰하도록 격려한다. 실천가의 해석은 통찰을 촉진시키는 기법이다. 그리고 해석은 지금-여기에서의 행동과 그것에 대한 기대나 예상에 초점을 둔다. 해석은 클라이언트의 생활의 방향, 목표나 목적, 개인적인 신념이나 가치의 영향력 등 현재의 행동을 인식하도록 공감하면서 진행한다.

- 가족 내에 아동의 심리적 위치, 내담자의 초기기억과 수반된 출생순위, 부모-자녀관계, 친밀성, 목표는 개인의 지각과 개인의 발달에 대한 영향력을 경험한 것을 파악한다.
- 초기 아동기의 생활사 탐색 :
    - ▶ 아주 어렸을 때의 기억(4~5세, 7~8세), 사건, 사실, 감정과 사고를 탐색한다.
    - ▶ 초기기억들은 내담자가 세상을 어떻게 지각하고 행동하게 하는지, 생활목표와 동기화시키는 것이 무엇인지, 무엇을 믿는지, 무엇에 가치를 두는지에 대한 이해를 돕는다.
    - ▶ 클라이언트의 기본적인 잘못된 가정, 가치, 인지왜곡에 대하여 토의하

고 의문을 가질 수 있는 기회를 제공한다. 사회복지실천가는 클라이언트의 현재 문제나 갈등이 자신의 잘못된 가치나 인지왜곡으로 인한 것인지 과거의 무엇과 연결되어 있는지 해석을 통하여 통찰하도록 한다.

- 과잉일반화 : 세상에는 공정함이란 없다.
- 잘못된 목표나 불가능한 목표 : "사랑받으려면 나는 실수를 해서는 안 된다. 모두 완벽해야만 한다", "사랑하려면 그 대상의 원하는 것을 모두 채워줘야 한다."
- 인생에 대한 잘못된 지각 : "인생은 항상 고달프다."
- 자신의 가치에 대한 부정 : "나는 아무것에도 쓸모없는 사람이다(Mosak, 1989).

④ **재교육을 통한 재정립**

이 단계에서는 클라이언트가 새롭고 더 효과적인 방법을 선택하도록 하며 행동방식들을 변화시킬 수 있다는 자신감과 용기를 가지도록 부여한다. 사회복지실천가는 클라이언트가 가능한 대안과 그 대안에 대한 결과를 생각하고 이 대안이 클라이언트의 목표와 얼마나 부합한지 평가하며 구체적인 행동절차를 실행할 수 있도록 원조한다.

(3) 치료기법

개인심리이론에서 사회복지실천가는 클라이언트의 인지적 측면에 초점을 두고 자신의 삶 속에서 잘못된 가정과 생활양식을 발견하고 그것을 수정하도록 원조하는 역할을 한다. 치료자는 클라이언트를 지지하고 격려하며 때로는 직면시키고 해석해 주므로 현재를 변화시키고 미래행동과 목표를 선택하고 주도적인 삶을 살도록 한다. 치료자와 내담자와의 관계는 상호 신뢰와 존경에 기초한 동등한 관계라고 본다. 아들러의 개인심리이론에서 자주 사용하는 치료기법을 보면 아래의 다음과 같다(Corey, 1998).

① 즉시성 기법 : 치료자와 클라이언트 사이에서 지금-현재 상담 중에 발생하는 것이 일상생활에서도 발생하는 것이라는 것을 알게 해준다. 이 순간에 무엇이 일어나고 있는지를 다루는 기법이다. 내담자가 중요한 의사결정을 해야 하는 상황에서 "저는 우유부단해서 결정하기 어려워요"라고 말하면서 치료자에게 계속적으로 조언을 구하고 의존적이라면 치료자는 내담자에게 "지금 당신은 나를 어떻게 보고 있으며, 어떻게 대하는지"를 즉시 다루므로 내담자가 자신은 의사결정을 할 수 없다는 전제나 가정을 아직도 지속하고 있다는 것을 알게 할 것이다.

② 역설적 개입 기법 : 내담자에게 자신을 나약하게 만드는 생각이나 행동에 의도적으로 관심을 가지고 오히려 과장하는 것을 말한다. 내담자의 저항에 대항하기보다는 치료자가 함께 증세나 문제에 동참하는 것이다. 여기에는 공감, 격려, 유머 등이 있으며 사회적 관심을 고조시킨다. 아들러는 우유부단한 사람, 불면증에 시달린 사람, 긴장감이 많은 사람을 치료하는 방법으로 역설적 전략을 사용하였다. 잠이 안 오는 사람에게 잠을 안 자는 방법을 더 연구하라고 하고, 과제를 미루는 사람에게 더 과제를 더 미루도록 하게 하는 것이다. 역설적으로 자신의 과장된 방식으로 문제를 직면하게 될 때에 자신이 진짜 원하는 것이 무엇인지를 알 수 있다. 역설적 의도는 내담자가 어떤 상황에서 자신이 어떻게 행동하는지를 극적으로 인식할 수 있도록 도와주며 행동의 결과에 자신의 책임이 있다는 것을 보여주는 방식이다.

③ 마치 ~처럼 행동하기 기법 : 내담자가 마치 자신이 마치 그런 상황에 있는 것처럼 상상하고 행동하도록 하는 상황을 설정해서 행동하도록 하는 것이다. 클라이언트가 "만약 내가 ___을 할 수 있다면" 하고 말하면 최소한 일주일 정도 그 환상 속에서 그 역할을 실전에서 행동해 보고 무슨 일이 일어나는지를 보도록 하는 것이다.

예를 들어, 여성들 앞에서 두려워하는 남성에게 "당신은 재치 있고 매력적인 남성처럼 행동해 보는 것입니다. 여성들이 당신과 대화하기를 원하는 사람처럼 생각하고 당신이 먼저 접근을 시도하는 것입니다."

④ 끓는 국에 찬물 끼얹기 기법 : 치료자는 내담자가 자신의 어떤 행동의 목적과 대가를 인식하므로 자신의 행동이 손해된다는 것을 알고 더 이상의 부적절한 게임을 종식시키는 기법이다. 한 여성이 남자친구를 잃지 않기 위하여 남자친구의 요구나 희망에 대해 자신은 원하지 않으면서도 희생적인 방식을 취하는 것을 직면하도록 하며 자신의 행동에 대한 어떤 대가를 지불하는지를 알게 한다. 그래서 내담자가 더 이상 남자친구의 무리한 요구에 응하지 않도록 한다.

⑤ 버튼 누르기 기법 : 치료자가 내담자에게 의도적으로 유쾌한 감정이나 불유쾌한 감정을 갖도록 해보고 수반되는 감정에 대해서 자신의 선택이었음을 알도록 하는 기법이다. 어떤 상황이나 사건에서 무엇을 보고 결정하며 내가 원하는 감정도 만들어 낼 수 있다는 것을 지각하게 해준다. 자신이 우울버튼과 행복버튼을 가지고 상황에서 무엇을 사용할지는 자신의 선택이며 자기통제가 가능하다는 것을 알게 해준다.

⑥ 과제 수행 : 내담자의 문제 해결을 위하여 치료자가 치료에 도움이 되는 구체적이고 현실적인 과제를 내담자에게 부과하고 이행하도록 함으로써 내담자가 성취감을 맛보게 하고 새로운 일에 대한 자신감을 갖고 도전할 수 있도록 하는 기법이다. 예를 들면, 부모가 자녀에게 매를 때리지 않고도 자녀를 양육하는 방법들에 대하여 연구해 오기, 내 인생의 목표를 5년 단위로 기록해 오기, 다른 사람들에게 내 주장을 잘하기 위해서 내가 할 수 있는 것들을 실천하고 결과를 기록해 오기 등이다.

3. 융의 분석심리학

학습목표

1. 분석심리학의 주요 개념을 이해한다.
2. 분석심리학의 심리적 기능과 유형을 이해한다.
3. 분석심리학을 사회복지실천에 적용할 수 있다.

생각할 과제

1. MBTI 성격유형검사를 통해 나타난 나의 성격 특성을 살펴보고 나누어 봅시다.
2. 나의 아니마, 아니무스의 특성들을 생각해 보고 토론해 봅시다.
3. 개성화의 과정이 사고, 감정, 감각, 직관의 네 가지 기능이 융통성 있게 발달하는 과정이라면 나는 어떤 부분을 더 성장시키도록 해야 할 것인지 생각해 봅시다.

1) 칼 구스타프 융(Carl G. Jung, 1875~1961)의 소개

융(Jung)은 1875년 스위스 동북부 콘스탄스의 케스빌에서 개신교 목사인 요한 폴 아킬레스 융과 에밀리 사이에서 장남으로 태어났다. 어려서 두 형이 죽었고 어머니와 아버지 사이는 불화가 깊었으며, 어머니의 장기 입원으로 보살핌을 충분히 받지 못하였다. 고등학교와 대학에서는 적응을 잘 하였으며, 1895년 봄 바젤 대학에 입학한 지 겨우 1년 만에 부친이 별세하였다. 1900년 12월 25세의 융은 쥬리히의 정신병원인 브르크휠츠리(Burghoelzli)에 보조자로 첫 번째 자리를 잡았으며, 의학대학 졸업 후 정신과를 택했다. 1909년 7주 동안 융과 프로이트는 함께 많은 의견을 나누게 되었으나 융(Jung)은 프로이트가 성적인 외상(外傷)이 모든 억압의 근본적인 원인이라고 하는 것을 수용할 수 없었고, 프로이트도 융이 성욕론을 반발하는 것을 받아들일 수 없었다. 1916년 그의 내적인 체험을 창조적으로 형상화시켜야겠다는 일에서 만다라를 최초로 그렸으며, 그 과정에서 그의 인격의 전체성이 점차로 이루어져 가는 것을 느끼게 되었고, 그것이 자기를 표현하는 것이라는 것을 알게 되었다. 융(Jung)은 영어, 프랑스어, 라틴어와 희랍어에 능통하였으며, 위대한 저술가로 1932년 취리히 시에서 저술가 상을 받기도 하였다. 융은 무의식과 원형, 종교적 상징, 점성술, 만다라, 환상, 꿈, 요가 등을 연구한 심리학의 대가였다. 그는 1961년 85세의 일기로 스위스 퀴스나흐트에서 사망하였다.

2) 주요 개념, 이론의 내용

(1) 융의 인간관

분석심리학에서 보는 인간에 대한 이해나 관점은 전인적이며 총체적인 관점이다. 융(Jung)은 성격발달이 전 생애를 걸쳐 발달하며 타고난 정신적 요인도 후천적으로 변할 수 있다고 본다. 프로이트가 인간을 불변적 존재로 보았다면 융은 가변적 존재로 보아 삶의 과정을 통하여 변화 가능하다고 본다. 융(Jung)은 의식을 통해서 다양한 경험과 사고가 확장되며 무의식의 동기나 갈등, 문제들도 해결할 수 있다고 본다. 인격의 발전을 위한 자기인식은 인생에 의미를 부여하며 성격과 세계관을 형성하는 길이다. 감정도 의식화됨으로써 세련된 감정으로 변형될 수 있다. 감정기능이 독립하여 합리적 판단력으로 작용하는데, 감정생활이 통일성이 있고 안정적이며 적절하게 표현되어 타인과의 관계에서 아름다운 감정의 교류가 이루어진다.

프로이트(Freud)가 인간의 병리문제를 인과관계로 과거에 초점을 두었다면 융(Jung)의 방법은 대상을 종합적으로 다루어 심리적 균형을 통해 의식과 무의식간 정신의 양극 사이를 현재의 상황으로 통합하므로 미래를 지향한다. 융(Jung)은 인간의 갈등은 조화를 이루고 있는 인간의 심리 속에서 혼란이 생겨서 나타나는 결과로, 의식과 무의식의 균형을 이루지 못하거나 전체 심리를 구성하는 개인적 요소와 집단적 요소 간의 사이에 혼란이 생길 때 발생한다고 보았다. 따라서 융(Jung)은 갈등의 문제를 상황 속에서만 보지 않고 갈등을 전체 속에서 '현재의 의미'로 해석하려고 한다. 동일한 갈등이나 문제라도 개인에 따라서 의미부여는 다르고 방법도 다르게 접근하는 것이다.

〈표 2-7〉 융의 인간관

① 인간은 미래지향적인 목표와 성장지향주의적 존재이다. ② 인간은 변화 가능하며 창조적이며 긍정적인 측면이 있다. ③ 인간은 생체-심리-사회적 총체적이며 전인적이며 조화를 이루는 존재다.

(2) 자아(Ego)와 의식

융(Jung)은 인간의 마음을 구성하는 요인으로 자아라는 말을 사용한다. 자아는 내가 의식하는 세계로 지각, 기억, 생각, 감정으로 구성되어 있다. 자아는 의식에 대한 수문장 역할을 수행하며 생각, 감정, 기억, 지각 결과가 자아에 의하여 인정받지 못하면 그것들은 지각될 수 없다. 자아는 많은 정신자료들을 취사·선택함으로 인격의 동일성이나 지속성을 갖게 해준다. 오늘의 자기와 내일의 자기가 동일하다고 느끼는 것은 자아 덕분이다.

융(Jung)에 의하면, 개인의 의식이 타인으로부터 분화되어 개성화하는 과정을 개성화(individuation)라고 말하며 "한 사람이 정신적으로 개인적으로도 독립되어 있으며 더 이상 나누어질 수 없는 통일체, 전체 또는 전인으로 되는 과정"을 말한다. 개성화는 가능한 한 '완전히 자신을 아는 것', '자기의식', '의식의 확대'로 이어진다. 의식이 증가하면 자연히 개성화도 증가한다(설영환 역, 2007 : 83). 자기 자신과 주위 세계에 대하여 의식화하지 못하는 사람은 아직 개성화가 덜 이루어진 것이다. 고도로 개성화된 사람의 자아는 좀 더 많은 경험들이 의식화되는 것을 허용할 것이다. 개인의 경험의 강도와 마음의 기능(감정, 사고, 감각, 직관)은 개인의 의식화 결정에 중요한 변수로 작용한다.

의식은 첫째로 자기 신체, 자기 존재에 대한 의식을 통해서 이루어지며, 둘째는 일련의 기억에 의해서 형성된다. 또 정신적 기능의 분화, 여러 가지 종류의 개인적 분화 등이 뒤따른다. 사고, 감정, 감각, 직관 등 정신의 기본 기능도 의식의 내용이 된다. 의식은 무의식의 산물이며 무의식의 내용을 의식화함으로써 의식은 그의 시야를 넓혀간다(김형섭 역, 2004).

(3) 개인 무의식(Personal Unconscious)

자아에 의하여 의식되지 못한 것들, 즉 인정받지 못한 것들은 개인의 무의식 속에 저장된다. 무엇이든 자아를 통해서 연상되는 정신적 내용은 의식이다. 자아가 아는 세계가 의식이라면 내가 가지고 있으면서 아직 모르는 정신세계를 무의식(無意識)이라고 부른다. 무의식이란 아직 의식되지 않은 정신세계로서 자아의 통제 밖에 있는 것이다. 예를 들면, 어렸을 때의 억압된 충동이나 기억, 잊혀진 사건이나 상황, 인물들로 개인적인 경험에서 이루어진 것들이다. 개인의 무의식은 어떤 것은 쉽게 기억해 내고 어떤 것은 기억하기 어려우며 어떤 것은 밤에 꿈속에서 나타나기도 한다(Feist & Feist, 2006; 엄신자, 2007).

(4) 콤플렉스(Complex)

개인의 무의식에는 하나의 공통된 주제와 관련된 정서, 기억, 사고가 집합을 이루는데 이것을 콤플렉스라고 한다(Jung, 1907). 이 콤플렉스(complex)는 우리의 사고의 흐름을 방해하기도 하고, 당황하게 하기도 하며, 또는 화를 내게 하기도 하고 상처를 받기도 한다. 이것은 잘 통합된 의식의 질서를 일시적으로 또는 장기적으로 혼란스럽게 하며 어떤 사람들은 얼굴이 경직되거나, 창백하거나, 목소리가 떨리거나 하는 등 정서적인 반응을 나타낸다. 예를 들면, 모성 콤플렉스를 가진 사람은 어머니의 정서나 말, 사고에 지배를 받으며 어머니의 모습이 늘 자기 중심에 차지한다. 이런 사람은 어머니만을 잘 따르는 아들로 같은 또래 여성들보다는 나이가 더 많은 여성들에게 호감을 가진다.

융(Jung)은 "사람이 콤플렉스를 가지는 것이 아니라 콤플렉스가 사람을 가진다"고 보았다. 나중에 융(Jung)은 콤플렉스가 반드시 개인의 적응을 방해한다고 보지 않고 오히려 영감이나 충동의 근원이 될 수 있다고 보았다. 그 예로 반 고흐의 그림에서 미친 듯이 예술에 사로잡힌 '무자비한 창작 충동'은 강한 콤플렉스가 작용하기 때문이라고 보았다. 환청, 환시, 노이로제도 콤플렉스의 작용이다. 콤플렉스의 기원은 소위 정신적 상처, 어떤 감정적 충격 같은 것으로 말미암아 의식으로부터 정신이 일부가 떨어져 나간 것이며 가장 흔한 원인은 도덕적 갈등이다. 이것은 인간존재의 전체를 긍정하는 것이 불가능한 것처럼 보이는 데서 생기는 것이다.

융(Jung)은 콤플렉스가 아동의 어린 시절 부모와의 관계에 있다고 보았다. 어린아이가 어머니와 헤어질지 모른다는 두려움이 엄마를 잃은 보상으로 강한 어머니 콤플렉스가 생길 수 있다는 것이다. 그러나 아동기 초기 경험보다 훨씬 더 깊은 인간의 본성 무엇에서 생긴다고도 보았다. 이것은 정신의 또 다른 깊은 수준인 '집단무의식'을 말한다(김형섭 역, 2004).

(5) 집단무의식

집단무의식은 개인적인 경험이나 특성에 관계없이 누구에게나 발견되는 보편적인 내용으로, 태어날 때 이미 가지고 나오는 무의식의 층이며 개인적 경험과는 상관없이 조상 또는 종족 전체의 경험 및 생각과 관련된 원시적 감정, 공포, 사고, 원시적 성향 등을 포함한다(설영환 역, 2007). 집단무의식은 인간의 행동에 많은 영향을 미치며 예술이나 꿈을 통해서도 표현된다. 융(Jung)은 인류에게 공통적으로 유전되어 온 집단무의식이 정신의 심층에 존재하여 영향력을 발휘한다고 보았으며, 그 증거로 지역이 멀리 떨어져 있는 데도 불구하고 신화가 서로 비슷한 것 등을 제시하였다.

융(Jung)에 의하면, 개인이 속할 세계의 형태는 가상적 이미지로 이미 가지고 태어난다(Jung, 1960). 이 잠재적 이미지는 세계 속에 부합되는 대상과 동일시됨으로써 의식적 실재가 된다. 어머니에 대한 집단무의식의 이미지는 유아가 현실의 어머니를 지각하고 어머니에게 반응하므로 표현될 것이다. 집단무의식의 여러 가지 내용은 쉽게 지각하고 행동의 취사선택을 결정하게 해준다. 개인의 경험이 많을수록 잠재적 이미지가 표현되는 기회는 더 많아지고 의식화는 더 풍성해질 것이다(이인정 · 최해경, 2004).

(6) 원형

원형은 어떠한 것이 만들어지게 되는 기본 모형으로 의식, 무의식 모두를 구성한다. 특히 집단무의식의 내용을 이루는 콤플렉스를 상(像) 또는 원초적 유형을 원형(原型)이라고 한다. 집단무의식을 구성하는 다양한 원형은 시간, 공간, 문화나 인종의 차이와 관계없이 모든 인간에게 보편적인 것들로 원초적인 행동유형을 말한다. 인류의 발달에서 사랑과 증오, 모성원형, 신과 악마, 탄생과 죽음, 남성과 여성 등에 대한 인간이 갖는 보편적인 생각과 행동들은 원형이라고 말할 수 있다.

집단무의식을 형성하는 원형과 본능은 거의 구별하기 어려우며 뿌리를 같이 하는 형상이다(이부영, 1998). 다만, 본능은 인간의 복잡한 행동들이 충동적으로 공격적으로 드러난다면 원형은 인간의 복잡한 행동과 사고를 선험적으로 이해하는 관점에서 차이가 있을 뿐 집단무의식을 형성하는 요소로 간주한다.

융(Jung)이 주의를 기울였던 몇 가지 원형은 우리의 인격과 행동을 형상화하는 데에 중요한 것으로 페르소나(persona), 아니마(anima), 아니무스(animus), 그림자(shadow), 그리고 자기(self)가 있다.

(7) 페르소나(Persona)

페르소나는 극 중에서 배우가 썼던 가면이라는 의미를 가진 말로 자신의 인격(personality), 인물(person)도 같은 어원에서 유래한 것이다. 페르소나는 개인이 대중에게 보여주는 가면처럼 겉모습으로 잘 보이려고 하는 의도가 포함되어 있으며, 집단이 개인에게 준 역할, 의무, 약속 그 밖의 여러 활동양식을 페르소나(persona)라고 한다. 많은 사람들은 자신의 사회적 위치에 따라 페르소나의 지배를 받고 또 한편으로는 다른 정신적 욕구들을 충족시키기 위하여 애쓰는 이

중생활을 한다. 사회적 역할에 지나치게 사로잡혀 자아가 오직 사회적 역할만 동일시하다 보면 성격의 다른 측면은 발달하지 못하고 오히려 내면의 세계를 왜곡시키거나 억압하게 되는 것이다(김형섭 역, 2004).

융(Jung)은 자아가 페르소나와 동일시되는 것을 팽창이라고 하였다. 즉, 사회적으로는 성공하였지만 갑자기 자신의 삶이 너무 허무하고 공허하다고 고백하고, 지금까지 자신의 욕구나 감정을 속이고 기만하며 외부에 보여진 모습으로만 살았다는 것을 깨닫기 시작하는 것이다. 보통 중년기의 위기가 팽창된 페르소나를 경험한다. 페르소나를 수축시켜 자신의 내면의 감정이나 욕구를 적절하게 표현하고 표출할 수 있어야 한다.

(8) 아니마(Anima), 아니무스(Animus)

아니마는 남성 속에 여성적인 면을, 아니무스는 여성 속의 남성적인 면을 나타낸다. 융(Jung)은 사회적인 성차 때문에 남성에게는 여성적인 측면이 여성에게는 남성적인 측면이 억압되어 있다고 본다. 사고, 영웅적 생각, 지적, 스포츠맨적인 명성, 자연의 정복은 남성의 원리이며 양육, 감정, 예술 및 자연과의 일치는 여성적 원리로 보았다. 남자가 남성적 특성만 나타내면 그의 여성적 특성은 무의식에만 머물러서 발달하지 못한다. 흔히 겉으로는 남자답게 행동하는 사나이가 내면으로는 연약하고 고분고분한 것은 무의식의 나약함 때문이다. 한 남자가 한 여성에게 낭만적인 매력을 느끼는 경우는 여자에게 그 남자의 아니마, 여성성과 같은 성향이 있기 때문에 가능하다. 그리고 남자가 갈등이나 혐오감을 느끼는 것도 그 남자의 아니마 여성상과 갈등을 유발하는 성향을 갖고 있는 경우이다. 여자가 아니무스를 투사하는 경우도 마찬가지다(김형섭 역, 2004). 인격이 잘 적응하고 조화롭게 균형을 유지하고 있으면 남성인격의 여성적 측면과 여성인격의 남성적 측면이 의식 및 행동에 표현되는 것이 허용된다.

(9) 그림자(Shadow)

그림자란 자아의식의 무의식적인 부분이며 동물적 본성을 포함하며 자신의 의식하기 싫은 부정적인 측면을 말한다. 사회가 수용하는 것은 자아가, 수용하지 않는 것은 그림자가 된다. 자아의 기준으로 그림자는 우리 내면의 유쾌하지 않고, 수치스럽고, 받아들일 수 없는 부분들이다. 따라서 사람들은 자신의 그림자를 싫어하거나 두려워한다. 심지어 자신의 모습 속에 그런 요소가 있다는 것을 거부하거나 참을 수 없는 분노를 드러낸다.

아이러니하게도 인격의 성장은 그림자의 형성과 함께 필연적으로 진행된다. 그림자가 우리의 의식과 적절하게 교류하지 않으면 억압되어 엄청난 에너지를 갖게 된다. 그림자가 자아보다 더 많은 에너지를 가지게 될 때, 통제할 수 없는 힘으로 우리를 지배하거나 혼돈에 빠지게 한다. 그림자가 자기 본능적인 측면을 억제하는 사람은 문명인이 되긴 하지만 자발성, 창조성, 강한 정서, 통찰력 등 원동력을 감퇴시키기 쉽다. 그림자를 너무 억압하게 되면 창조성 같은 본성이 희생되며 미분화된 상태에 있으며 본능의 거센 파도에 자아가 압도당하여 무기력해진다. 따라서 생기와 활력이 넘치는 삶을 위해서는 그림자에 대한 통찰과 자아와 그림자의 적절한 조화를 이루는 것이 필요하다(최 헌 역, 1985).

3) 인간의 심리적 기능과 유형

융(Jung)은 인간의 심리적 기능에 대하여 외향과 내향의 두 가지 자아성향과 사고, 감정, 감각, 직관의 네 가지 기능을 더하여 설명하였다. 인간의 심리적인 태도를 외향성과 내향성으로 분류하여 개인마다 태도가 동시에 공존하지 못하고 어느 한쪽으로 지향성이 더 우세하게 나타난다. 융(Jung)은 <표 2-8>의 외향성과 내향성의 차이를 다음과 같이 설명하였다.

〈표 2-8〉 외향성과 내향성의 차이

외향성	내향성
객관적 지향성이 우세함, 인간과 사물, 풍습과 관계, 정치·경제·사회적 제도, 물리적 조건	주관적 지향성이 우세함, 정신내면과 개인적 세계
정신적 에너지가 객관적인 외부세계로 대상, 인물, 동물 환경적 사실이나 조건에 대한 지각, 자신과 타인 및 사물과의 상호작용이 활발하며 활동적, 사교적, 주위의 사물에 흥미	정신적 에너지가 주관적인 정신구조와 정신과정으로 자신의 내면세계를 탐구하고 분석, 내적인 일에 몰두, 비사교적, 과묵

융(Jung)의 네 가지 기능(감각, 사고, 감정, 직관)은 인간이 위기 시에 어떤 것을 할 것인가를 선택하도록 하는 대처와 방식의 수단으로 보았다. 즉, 감각은 무엇인가가 존재하고 있음을 알려주고, 사고는 그것이 무엇인가를 알려주며, 감정은 그것이 유쾌한가 불유쾌한가를 알려주고, 직관은 그것이 어디서 와서 어디로 가는지를 알려준다(김형섭 역, 2004).

융(Jung)은 외향과 내향의 두 가지 자아성향과 네 가지 심리적인 기능(사고, 감정, 감각, 직관)을 축으로 여덟 개의 다른 성격유형이 만들어진다고 설명한다. 융의 이론을 더 보충하여 개발한 것이 마이어스와 브릭스(Myers & Briggs)의 MBTI (Myers-Briggs Indicator) 성격유형검사이며 16가지 성격유형을 분류하였다. 융에서 추가된 판단은 목표의식이 뚜렷하며 계획적인 성격유형을, 인식은 목표와 방향이 상황에 따라 달라질 수 있다는 것을 수용할 줄 아는 유형이다.

인간은 외향적인 동시에 내향적이며 다양한 기능들을 복합적으로 사용한다. 사고와 직관이 잘 통합되면 위대한 과학자나 철학자가 될 수 있고 감정과 직관이 통합된 사람은 위대한 예술가로 탄생할 수도 있다. 융(Jung)은 외향성이나 내향성 둘 다 정서적 유형으로 보지만 개인의 선천적인 기질을 바꾸려고 잘못 시도할 경우 신경증이 나타날 수 있다고 본다. 부적응은 내적 태도와 기능이 너무 심하게 억압되어 나타나는 현상이다. 예를 들어, 외향적인 사람이 사회적 상황에서 일중독자로 부적절하게 행동할 경우 위궤양이나 심장병이 생길 수 있다. 감각이나 직관이 지배적인 사람이 사고와 논리를 요하는 문제를 해결해야 하는 상황에서는 두려움이 수반될 수 있다. 융(Jung)의 개성화는 누구나 완전하게 성취할 수 없는 어려운 과정이므로 소수만이 모든 태도와 기능을 통일된 전체로 통합하고 각각 적합한 표현을 하도록 할 수 있다(Ewen, 2003; 엄신자, 2007).

4) 성격발달과 발달과업

융(Jung)은 인간의 성격발달에 영향을 주는 요인으로 개인의 기질적인 면 외에 환경적 요인으로는 어머니의 역할, 교육의 영향, 개인이 속한 사회의 영향을 지적하며, 그 사회에서 시대적으로 요구하는 성격이나 인간성도 문화에 따라 다르다고 주장한다. 특히 융은 인생의 단계를 아동기, 청소년기, 중년기, 노년기로 구분하였으며(Feist & Feist, 2006; 엄신자, 2007) 중년기와 노년기의 발달을 중요하게 다루었다.

〈표 2-9〉 융의 성격발달단계와 발달과업

발달단계	시 기	발달과업 및 특징
아동기	출생~ 사춘기	• 정신생활이 모두 본능적인 지배를 받고 부모에게 전적으로 의존한다. • 자신의 지각은 거의 조직화되지 않고 자기정체성이라는 감각이 없다. • 생활의 대부분은 부모의 규범이나 질서에 의해 전적으로 영향을 받는다. • 자아의 발달과 논리적이고 언어적인 사고가 시작된다. • 아동은 자신의 존재를 다른 사람과 구별이 가능하며, 자아가 객관성과 주관성으로 나누어진다.
청년기 및 성인 초기	사춘기~ 40세 전	• 사춘기의 생리적 변화는 정신적 혁명을 가져온다. • 정신이 형성되기 시작하는 것으로 정신의 탄생기라고 한다. • 아동기의 환상에 매달려 현실을 인식하지 못하면 현실에 대처하는 기술이 떨어진다. • 외적인 직업이나 결혼의 문제도 따르지만 성적 본능에 의한 정신적 균형의 붕괴가 일어날 수 있다. • 세상에서 자신의 위치를 구축해야 하므로 강한 의지와 신념이 필요하다. • 효과적인 결단을 내리고 장애물을 극복하고 자신과 가족을 위한 경제적인 안정을 확보해야 한다.

발달단계	시 기	발달과업 및 특징
중년기	40~60세 이전	· 비교적 외부환경에 잘 적응하며 사회적 지위는 안정되고 자녀들은 성장하여 독립적이다. · 과제는 새로운 정신적인 가치체계에 맞춰 자신의 생활을 바꿔나가는 것이다. · 사회적으로 성공한 사람들 가운데는 인생에서 정열과 모험과 도전의 상실로 에너지가 위축되어 우울증에 빠져 있는 사람들이 많다. · 우울증은 추구하던 목표를 위해 쏟았던 에너지가 위축되어 의미를 상실이 원인으로 외부에 쏟았던 에너지를 자기 내면으로 돌려 새로운 가치를 찾아야 한다. · 개별화는 외적·물질적인 차원을 넘어 개인의 지평을 확대하는 내적·정신적 차원의 지평을 여는 것을 말한다. · 자기실현은 자신의 개인적 생활의 의미를 이해하고 자신의 내적 존재를 체험해 나아갈 필요가 있다. · 성격원형의 변화[2]가 이루어진다.
노년기	60세 이후	· 흥미가 거의 없는 시기로 아동기와 노년기는 의식적인 문제를 가지고 있지 않다. 어린이는 의식으로 떠오르지만 노인은 무의식 속에 가라앉아 마침내는 그 속으로 소멸된다. · 명상과 회고가 많아지고 내면적인 이미지가 큰 비중을 차지한다. · 내세에 대한 이미지가 없다면 건전한 방식으로 죽음을 맞이하기 어렵다고 보았다. · 정신은 완전한 자기실현을 달성하지 못했으므로 죽은 후에도 계속하여 간다고 추측한다.

5) 융의 분석심리학과 사회복지실천

융(Jung)의 이론은 현대 심리학에서 프로이트로부터 벗어나 신프로이트 학파로 불리며 자기만의 독특한 분석심리학을 발달시켰다. 그의 이론도 임상에서 다양한 클라이언트들을 경험하면서 발전한 이론으로 문화, 종교, 상징, 연금술사(비금속을 인공적 처리과정을 거쳐 금속으로 변화시키는 과정의 기술자), 신비 등 자료들을 활용하였다. 융이 만든 분석심리학에서는 동화, 민담 및 신화를 적극 활

2 여기에는 페르소나의 변화, 그림자의 변화, 아니마와 아니무스의 화해 등이 포함된다. 페르소나의 변화는 자신의 사회적 역할에 의해 형성된 가짜 자아에 대한 인식과 진짜 자기를 직면하는 것을 말하며, 그림자의 변화는 인간 본성의 어두운 면인 파괴성, 이기심 같은 동물적이고 원시적인 충동에 굴복하고 지배받는 것이 아니라 그 존재를 인정한다는 것을 의미한다. 아니마와 아니무스의 화해는 중년기 남성은 여성적 특성인 아니마를, 여성은 남성적 특성인 아니무스를 표출할 수 있어야 한다는 것을 말한다. 이는 한쪽으로 치우친 성향이 서로 균형과 조화를 이루어 남성에게는 사랑과 감정의 분화, 여성에게는 정신적인 지혜의 발달로 보다 성숙한 사랑과 지혜로의 분화를 지향하게 되는 것을 말한다(1급사회복지사시험연구회, 2007 : 70)

용하므로 인류문화의 보편성과 정신세계의 원형을 담고 있는 이야기는 인간을 무의식의 세계로 안내하는 역할을 한다. 현실과 초현실, 의식과 무의식의 세계를 자유롭게 넘나들게 하는데, 이야기 속에 담겨 있는 수많은 상징과 삶의 내용들은 자신의 내면세계를 들여다보게 하는 좋은 수단이 된다. 또한 개인의 예술과 창작활동들은 클라이언트로 하여금 자신의 원형적 요소들을 만나게 하며, 자신의 심리상태를 표출하기도 하며 또한 자신의 내면의 깊은 감정과 열망을 드러내 주기도 한다.

융(Jung)의 분석심리학을 활용하여 사회복지실천가는 클라이언트 내면의 무의식의 세계를 탐색함으로 정신의 전체성을 회복할 수 있도록 돕는다. 클라이언트의 무의식으로부터 만들어진 상징이나 환상은 정신의 의식적인 상황과 조화를 추구한다. 사회복지실천가는 클라이언트의 무의식을 의식화하는 과정을 통하여 자신에 대한 정확한 인식과 지각으로 자기 성격의 주인이 되고 자기실현을 할 수 있도록 돕는다. 개인의 자아실현은 자신에 대한 정확한 지각과 인식이 선행되어야 하므로 자기에 대한 인식과 통찰이 필수적이다.

(1) 치료목표

- **자기실현 – 개성화의 과정**

융(Jung)에 의하면, 많은 사람들이 생존하기 위하여 직장생활에서는 일 잘하고 부지런하고 성실한 사람이라는 페르소나를 가지고 살아간다. 자신의 페르소나에만 의존하는 사람은 인격의 다른 측면이 발달하지 못해서 갈등을 일으킨다. 그러다 보면 자기 본성과는 멀어진 가짜 자아로 긴장 속에서 살게 된다. 자아 페르소나와 동일화된 것을 융은 '팽창된 페르소나'라고 하였다. 자신의 팽창된 페르소나를 자기보다 낮은 지위에 있는 부하직원들에게 그대로 투사하여 강요하기도 하며 때로는 자녀들에게 투사하기도 한다. 페르소나의 팽창에 희생된 사람은 자신의 기대만큼 삶을 살지 못했을 경우에는 열등감, 자책감을 느끼고 그 결과 사회에서는 소외와 고립으로 고독을 경험하게 된다. 융의 많은 내담자들 가운데 대부분이 팽창된 페르소나의 희생자들이었다. 그들은 자신의 기분이나 관심에는 위선적이었으며 인생이 공허하고 무의미하다고 느끼고 있었다. 종종 중년기의 위기가 여기에 해당되는 것이었다. 중년기에 자기에 대한 성찰은 팽창된 페르소나를 축소시켜 내면의 욕구와 에너지를 표출하도록 하는 것이다. 융은 중년기를 전환점으로 정신 에너지의 흐름을 내부로 향하여 자기 개성화를 실현한다고 보았다(김형섭 역, 2004).

인간의 무의식은 끝이 없는 세계로 아무리 의식화해도 알지 못한 부분이 남아 있다. 그러므로 모든 인간은 완전한 자기실현은 어렵고 어느 정도 온전한 자기실현이 가능하다고 보았다. 인격의 발달과정에서 개성화와 의식은 항상 보조를 같이한다. 의식의 증가에 따라 개성화도 완성되어 간다. 자기 자신과 주변 세계에 대한 자각이 없는 사람에게서는 개성화가 충분히 일어나지 않는다.

자기실현은 무의식을 의식화함으로써 가능하다. 자신의 무의식의 내용을 깨달아 나아가는 단계에 누구에게나 일정한 공식이 있는 것은 아니지만 그림자, 아니마, 아니무스의 의식화가 이루어져야 비로소 자아는 전체의 실현을 가능하게 할 수 있다(Jung, 1961).

(2) 치료적 기법

사회복지실천가는 클라이언트의 문제나 상황, 특성에 따라서 기법에 얽매이지 않고 효과성과 실제적인 실용성을 중요시 여긴다. 융의 개념을 적용한 다양한 치료방법들이 개발되어 신체동작치료, 미술치료, 모래상자치료, 놀이치료, 연극치료 등을 활용한다. 자신의 내면의 무의식을 알아가도록 꿈 분석, 예술활동, 창의적 놀이, 이야기나누기 등도 적용한다.

① 단어연상 검사

융이 인간심리에 대한 초기에 연구한 치료방법은 단어연상검사이다. 다양한 자극을 불러일으키는 단어들을 불러주고 가장 먼저 기억에 떠오르는 단어를 대답하게 한 후 반응시간과 반응하는 단어를 기록한 다음 다시 반복하고 검사가 끝난 후 느낀 감정들을 나누는 것이다.

② 콤플렉스 평가

클라이언트의 콤플렉스 응집력이 지닌 에너지의 가치평가를 위해서 융은 다음 세 가지를 활용하였다.

- 직접관찰과 분석 : 콤플렉스는 위장된 형식으로 나타날 수 있으므로 그 의미를 밝히려면 상황 증거에 주의를 기울여야 한다. 어떤 일에 강한 부정을 보이는 것은 오히려 더 적극적인 관심을 감추고 있을 수 있다고 본다.
- 콤플렉스 지표 : 어떤 상황에 대한 과잉반응은 그 상황이 어떤 방식으로든 콤플렉스와 연관이 있음을 나타낸다.
- 정서적 표현의 강도 : 지나친 정서적인 감정 반응은 콤플렉스가 있음을 표현하는 것일 수 있다(김형섭 역, 2004).

③ 적극적 상상

사회복지실천가는 클라이언트의 적극적 상상을 통하여 무의식에 내재된 이미지나 콤플렉스의 내용을 수면 위로 떠오르게 하는 기술이 필요하다. 융의 적극적 상상은 이야기를 듣고 난 후에 그림을 그리거나 예술적인 치료적 접근으로 클라이언트는 이야기 속에 등장하는 인물과 대화를 시도하거나 자신이 여러 인물의 역할을 해보면서 무의식의 내용을 의식화한다.

④ 전이의 해석

사회복지실천가는 융의 분석심리학을 활용하여 사회복지실천현장에 적용함으로써 클라이언트와 전이를 경험하게 된다. 전이는 클라이언트가 자신의 성장과정에서 강한 영향력을 끼친 대상에 대한 감정이나 사고 행동을 특히 치료자에게 투사하여 나타내는 것으로, 클라이언트가 사회복지실천가에 대한 전이로는 아동들이 엄마에 대한 감정을 실천가에게, 청소년들이 아버지에 대한 적대감정을 실천가에게 표출하는 것이다. 전이를 통해 클라이언트의 과거나 현재의 갈등적인 문제 등도 다양하게 나타난다. 클라이언트는 억압하고 있었던 기억이나 고통들이 개인 무의식에 저장되어 자신의 그림자를 형성하고 그 그림자를 치료자에게 투사하여 부정적인 감정을 일으키거나 우울함, 죄책감, 자기비하를 경험한다. 그 과정을 통해 클라이언트는 본래 자기 마음속에 있는 무의식적인 상을 의식화하므로 자기비하, 열등감, 자기학대, 억압 등을 통찰하게 하여 자기실현의 장으로 들어설 수 있도록 원조할 수 있다(김혜숙, 2005).

4. 에릭슨의 심리사회이론

학습목표

1. 심리사회이론의 주요 개념을 이해한다.
2. 심리사회적 발달단계를 이해한다.
3. 심리사회이론을 사회복지실천에 적용할 수 있다.

생각할 과제

1. 심리사회적 8단계를 적용하여 나의 발달단계마다의 긍정적 사건, 부정적 사건을 세 가지씩 나누어 분석하고 나의 성격형성에 어떤 영향을 끼쳤는지 나누어 봅시다.
2. 내가 아는 나, 타인이 아는 나의 성격 특성들을 구체적으로 생각해 봅시다.
3. 자아정체감을 형성하는 요인으로 내가 좋아하는 것, 이루고 싶은 것, 가고 싶은 곳, 되고 싶은 사람에 대하여 생각하고 나누어 봅시다.

1) 에릭 에릭슨(Erik Erikson, 1902~1994)의 소개

에릭 에릭슨은 1902년 독일의 프랑크푸르트에서 태어났다. 어머니(Karla Abrahamsen)는 유태인이고, 아버지는 덴마크인이었는데 에릭슨이 태어나기 전 그의 부모들은 이혼하였다. 18살에 고등학교를 졸업한 후 7년간 프랑스, 독일 남부, 이탈리아 북부를 돌아다니며 그림공부를 하였고, 오스트리아 빈에 새로 설립된 어린이 연구소의 교사가 되면서 1927년부터 1933년까지 정신분석 심

리학과 몬테소리 교육을 받았으며, 안나 프로이트로부터 정신분석 훈련을 받았다(Fest & Fest, 2006). 빈에서 조안 세르슨(Joan Serson)과 결혼한 후 미국의 보스턴으로 건너가 정착하였으며, 세 아들(Kai, Jon, Neil)과 딸(Sue)을 두었다. 에릭슨은 미국의 시민이 되었을 때, 그는 자신이 누구이고 어떤 사람인가에 대하여 심사숙고하여 자신의 성을 아버지의 성인 홈베르거(Erik

Homberger)에서 에릭슨(Erik H. Erikson)으로 바꿨다.

그는 한동안 머레이(Heny Murray)와 함께 일했으며, 생활주기에 따라 성격이 변화하는 것에 관심을 가졌다. 그 후 에릭슨은 생활주기 관점에서 성격이 발달한다는 자신의 이론을 발표하였다(엄신자, 2007). 1934년에 하버드 대학교 의대 신경정신학과의 연구원으로 임명되었고 1936년부터 1939년까지 예일 대학 정신분석학과의 연구보조원으로 일했으며, 1939년에서 1951년에는 아동복지연구원(Institute of Child Welfare)의 연구원과 캘리포니아 대학 정신의학과 강사로 일했다. 1951년부터 1960년까지는 피츠버그 대학교 의대와 하버드 대학교 의대에서 강의하다가 은퇴하여 1994년에 생을 마감하였다. 매우 활발한 활동을 한 에릭슨은 정신분석가로 일하면서도 인류학, 사회학에도 많은 관심을 보이고 사회적인 이슈가 된 비폭력, 사회개혁 그리고 젊은이의 사회문화에도 관여하였다(Strean, 1975; 엄신자, 2007).

2) 주요 개념, 이론의 내용

(1) 인간관

에릭슨은 인간에 대한 관점이 프로이트와는 달리 합리적이며 창조적인 적극적인 인간으로 보았다. 인간은 자신의 정체성을 확립하며, 환경의 변화에 적응적이고 동시에 극복할 수 있는 환경 속의 존재로 이해하였다. 즉, 인간은 개인의 문제나 갈등을 합리적으로 탐색하고 창조적으로 해결할 수 있으며, 실패하더라도 새로운 대안을 마련할 수 있는 존재로 보았다(Erikson, 1975).

〈표 2-10〉 에릭슨의 인간관

① 인간은 환경 속의 존재 : 인간의 이해를 위해서는 개인의 생리 · 심리 · 사회적 총체로 인식하여야 한다. ② 인간은 창조적 존재 : 환경 안에서 합리적으로 생각하고, 갈등이나 문제를 해결하고 창조적으로 대처가 가능한 존재이다. ③ 인간은 변화와 성장의 존재 : 개인은 끝없이 새로운 발달과업을 성취하면서 갈등을 해결하고 더 나은 자아를 획득하려고 한다. ④ 인간행동의 상호작용 이해 : 개인의 신체적 요인과 개인의 심리적 요인과 사회 문화적인 요인의 상호작용에 의한 결과물로 본다.

(2) 심리사회적 발달

인간의 심리적 발달은 생물학적인 발달에만 의존하는 것이 아니라 가정환경에서 부모와의 경험, 학교 친구들과의 경험, 취미나 종교 활동들의 사회활동, 봉사활동들인 사회적인 힘에 의한 상호작용에 의하여 결정된다고 보았다. 인간의 성격형성에 심리사회적 환경을 강조하여 심리사회이론으로 불린다. 에릭슨은 인간의 자아를 자율적이지만 욕구충족, 타인과의 동일시, 학습, 발달과업의 성취, 효과적인 문제해결, 내적 욕구와 환경적 조건, 기대, 가치, 규범, 위기 대처과정을 통하여 지속적으로 발달하는 것으로 보았다. 에릭슨은 '점성적 원리(Eepigenetic Principle)'를 강조하였으며 성장하는 모든 것은 기초 도안을 가지고 있어 거기에서부터 각 부분이 발생하고 전체가 완전한 기능을 할 때까지 각 부분이 우세하게 나타나는 특정한 시기가 있다(Erikson, 1982)고 보았다.

〈표 2-11〉 에릭슨의 심리사회이론의 특성

① 인간발달은 신체 · 심리 · 사회적 상호작용 속에서 전 생애에 걸쳐 일어난다. ② 개인적 정체감이 형성되는 것도 전 생애를 걸쳐 계속적으로 보며 재구조화나 재통합도 포함한다. ③ 심리사회적 발달단계를 위기가 일어나는 8단계로 구분하여 각각의 단계는 개인이 직면해야 하는 위기의 발달과업이 있다. 성격은 각 단계에서 나타나는 위기를 해결한 결과에 따른다. ④ 개인의 위기는 새로운 기회며 잠재능력의 방향전환기가 된다. ⑤ 자아의 대처능력 결여와 개인의 원함이나 능력이 환경적 조건이나 자원과 합치되지 않을 때 사회적 기능에 문제가 발생한다. ⑥ 개인의 심리적 건강은 개인의 강점과 능력, 사회적 지지체의 기능에 달려 있다. ⑦ 개인이 위기를 성공적으로 해결하지 못하고 사회관계로 소외되면 자아정체감의 혼란이 생긴다.

(3) 심리사회적 발달의 8단계

에릭슨은 인간이 일생 동안 여러 번의 심리사회적 위기를 경험하게 되며 그 결과 성격이 발달한다고 가정하였다. 성장과정에서 경험하는 갈등이 만족스럽게 해결되면 긍정적인 부분들이 자아 속에 함께 발달하여 건강한 발달이 이루어지지만, 반대로 갈등들이 지속적이며 불만족스러운 상황으로 이어진다면 자아는 손상을 받고 부정적인 요소가 자아에 영향을 주어서 그 다음의 발달단계에 큰 어려움을 겪는다(권육상 · 이명재, 2004). 인간은 각 발달단계에서 개인의 성숙과정과 관련되어 개인적인 욕구를 갖게 되고 이런 욕구를 충족시키기 위하여 발달적 능력과 경험들을 갖게 된다. 동시에 개인은 사회에서 요구하는 어떤 기대를 갖게 되는데 이런 기대는 발달과정을 촉진하지만 개인의 능력과 경험 밖에 있는 것이다. 심리사회적 위기는 이러한 상황에서 개인의 내적욕구와 사회에서 요구하는 기대가 서로 상충되는 상황이다(이효선 & Garz, 2006).

에릭슨은 심리사회적 위기를 긍정적인 면(예 신뢰)과 부정적인 면(예 불신)의 균형 있는 발달을 강조한다.

〈표 2-12〉 에릭슨의 심리사회적 발달단계

단 계	심리사회적 위기	미 덕	힘의 관계	핵심 병리
영아기 (출생~2세)	신뢰 대 불신감	희망(hope)	존재의 힘	우울증, 편집증
유아기 (2~4세)	자율성 대 수치심과 의심	의지(willpower)	감각과 행동의 힘	강박증
학령전기 (4~6세)	자발성 대 죄책감	목적(purpose)	상상과 감정의 힘	생각이나 표현의 억제
학령기 (6~12세)	근면성 대 열등감	능력(competence)	지식과 배움, 그리고 협력의 힘	비 활동성(inertia), 열등의식
청소년기 (12~20세)	자아정체감 대 정체감 혼란	성실성(fidelity)	재생과 소속의 힘	새로운 역할 / 가치 거부
성인 초기 (21~34세)	친밀감 대 고립	사랑(love)	재생과 사랑의 힘	배타성, 고립

단 계	심리사회적 위기	미 덕	힘의 관계	핵심 병리
중・장년기 (35～60세)	생산성 대 침체성	배려(care)	재생과 생산의 힘	이기주의
노년기 (60세 이상)	자아통합 대 절망	지혜(wisdom)	재생의 힘	모욕감, 경멸감

참고 : Bradshaw, 오제은 역(2004), p. 104; Ashford et al.(2001).

① **신뢰 대 불신**(출생～2세)

아이는 태어나서 어머니의 보호와 양육을 적절하게 받아야만 생존이 가능하다. 어머니의 눈길, 웃음, 수유, 접촉, 이름 부르기 등 어머니의 관심 깊은 보살핌을 통해 '신뢰감'을 형성한다. 영아에게는 양육자의 태도와 질적인 양육방식이 중요하다. 어머니의 일관성 있는 반응과 스킨십, 안아주기, 즉각적인 반응 속에서 영아는 타인에 대한 믿음, 편안함, 의존감, 신뢰감을 가지게 된다. 기본적인 양육에서 어머니가 상반된 태도, 거부하는 태도는 불신감을 초래한다.

② **자율성 대 수치심과 의심**(2～4세)

이 시기 아이는 혼자서 걸으며 말을 할 수 있다. 사물에 대한 탐색과 호기심이 강한 유아는 자기 주도적으로 하고 싶은 것과 부모의 통제 사이에 갈등하게 된다. 유아는 실험과 실수, 탐험으로 자기 한계와 수용도 느낀다. 대소변 가리기 훈련 과정에서 부모가 칭찬하고 유아의 능력발휘에 적절한 도움을 제공하면 자율성이 형성된다. 그러나 부모의 지나친 간섭과 지배는 아동의 자율성을 방해하고 자신의 행동방식에 의심을 갖게 한다. 대소변 가리기 훈련 과정에서 너무 엄격하게 통제하며 야단치면 수치심이 형성된다. 부모가 과잉보호하거나 무관심할 경우에도 타인에 대한 수치심을 갖게 된다. 자율성 발달은 유아의 목표나 계획이 원만하게 성취하도록 조정해 준다. 이 위기를 잘 극복한 아이는 의지라는 긍정적인 자아 특질이 형성된다.

③ **자발성 대 죄책감**(4~6세)

이 시기에 유아는 성적 관심보다는 놀이와 장난감으로 자신이 선택한 활동에 더 관심이 있다. 부모가 아이의 질문에 대해 충실하게 답변해 주면 아이는 주도성을 갖게 된다. 학령기 이전에 아동은 유능감과 솔선감을 확립하는 것으로 사회적 발달을 강조한다. 자신의 결정이나 행동에 대한 반응에 따라 솔선적으로 되기도 한다. 야단을 많이 맞고 부모의 비웃는 태도에 의하여 유아는 죄책감이나 수동적인 태도를 취하게 된다. 유아가 이 위기를 잘 극복하면 아이는 목적의식을 가지게 된다. 그리고 다양한 세계에 대한 적극성과 열정을 가진다. 반면 방해를 받는 아이는 목표달성에 대한 의지나 용기가 부족하고 금지의 감정, 생각과 표현의 자유가 억압되어 나타나며, 성인이 되어서도 소극적, 성적 무기력, 불감증 등 정신병리로 나타난다(권중돈 · 김동배, 1998).

④ **근면성 대 열등감**(6~12세)

아동은 이 시기에 개인적으로 의미 있는 목표를 설정하여 달성하려 한다. 아동이 무언가 성취할 수 있도록 기회를 주고 이를 인정하면 근면성을 갖게 된다. 아동의 중요한 과업은 인지적 · 사회적 기술을 배우는 것이다. 아동은 물리적 · 사회적 세계에 대한 관심을 확장하는 것, 성역할 정체감 확립, 가치관 발달, 학교생활에 필요한 기술 터득, 타인관계 수용으로 근면성이 발달된다. 반면 아동이 성취한 결과에 대해 심하게 비난하거나 무리한 요구를 하면 좌절을 경험하거나 열등감을 갖게 된다. 열등감은 자신의 기술이나 지위가 다른 친구들에 비해 열등하다고 느끼는 것으로 자신의 의지보다는 사회적인 영향이다. 근면성 대 열등감 위기는 자신의 역할을 정확히 인식하고 뚜렷한 목표의식을 갖는 유능감이 발달하며, 반면에 비 활동성(inert)으로 심리적으로 위축되며 생산적 활동을 방해하는 사고나 행동을 가져온다(Erikson, 1982).

⑤ **자아정체감 대 정체감 혼란**(12~20세)

개인의 자아정체감은 나는 누구이고 무엇을 해야 하며 어떻게 살아야 하는

지에 대한 삶의 목표와 의미를 규정하며, 어린 시절부터 획득한 자아가치와 종교, 신념 가치나 철학이 모방학습을 통해 발전된 것이다. 에릭슨은 자아정체감 형성을 일생 동안에 이루어지는 발달적 과정으로 본다.

청소년기에 개인은 이상적인 가정이나, 학교생활, 종교나 철학, 사회를 동경하지만 현실적으로 모순되고 어렵다는 것을 알고 자신의 역할이 투명하지 못하고 확신이 없어서 정체감 혼란을 경험한다. 자신이 다른 사람의 눈에 어떻게 비치는지에 대한 두려움과 자신의 존재에 대한 불확신, 미래에 대한 불투명 등은 타인에 대한 배타적인 집단에 동일시하며 반항적, 도전적이 되기 쉽다. 자아정체감을 얻지 못하면 역할의 혼란을 겪는다. 자신의 능력이나 존재의 의미에서 고민과 방황이 길어지면 정체감 혼란 상태가 되기 쉽다. 이 시기에 청소년들이 발달단계를 성공적으로 이루게 되면 성실, 충성심을 유지할 수 있게 되는 반면에 정체감 혼란은 생소한 역할과 가치를 거부하는 것으로 나타난다.

⑥ **친밀감 대 고립**(21~34세)

이성과의 친밀한 관계 형성, 사랑과 우정관계, 직업, 가정, 성, 사회를 통하여 친밀감이 형성되는 것을 말한다. 친밀한 관계 형성에서 실패하면 자아를 상실하게 되는 두려움에 빠지고 소외와 고립을 갖기도 한다. 관계를 회피하는 자아도취나 고립에 빠지기도 한다. 소외나 고립에 빠지게 되면 타인에 대한 회피로 관심이나 수용력이 떨어지고 다음 단계로 진입하는 데에 방해로 작용한다.

⑦ **생산성 대 침체성**(35~60세)

에릭슨의 생산성 개념은 개인의 성장에서부터 직업, 가족, 휴가활동의 창의적인 활동을 포함하는 넓은 의미의 생산성이다. 생산성은 사랑하고 일하고, 창의적인 문학적 성취, 기술적 생산품, 예술적 업적 등이 포함된다. 또한 가정적으로는 자녀를 낳아 양육하며 교육하고, 가치관 전달하기, 사회적 전통을 전수하는 것이며, 사회적으로는 다음 세대를 지도하고 양성하는 데 노력을 기울여 삶의 개선까지도 포함한다. 중년기의 이러한 생산성을 성취하지 못하면 침체되고 심리적으로 죽음을 의미한다. 즉, 자신의 신체적·물질적 특징에만 치중하여 자신에게만 집착하고 타인의 욕구를 무시하며 타인에 대한 관대함이 결여되어 침체성에 빠지게 된다. 생산성 대 침체의 위기를 잘 극복한 삶은 타인에 대한 배려나 보호능력이 형성된다.

⑧ **자아통합 대 절망**(60세 이상)

노년기에 자신의 생애를 돌아보면서 보람 있고 가치 있었다고 느끼는 사람, 자신의 삶에 후회가 별로 없다고 느끼면 자아통합을 성취한 사람이다. 성숙한 사람은 죽음을 삶의 일부분으로 이해하고, 지혜롭고 적극적이며 수용적이며, 자신의 업적에 대한 만족감이 있고, 삶에서 성공과 실패까지도 수용하여 자신의 삶에 의미부여를 한다. 반면 자아통합을 이루지 못한 사람은 죽음 앞에 공포를 느끼며 삶의 절망감, 죄책감, 분노, 자기혐오 등을 느낀다. 자신의 미래의 죽음과 결함을 외부세계에 투사하여 노인성 정신병, 우울증, 과대망상이 나타날 수 있다(이효선 & Garz, 2006).

3) 에릭슨의 심리사회이론과 사회복지실천

사회복지실천가는 클라이언트를 환경 속의 인간으로 이해하고자 할 때는 신체적, 심리적, 사회적으로 사정하고 탐색해야 한다. 에릭슨의 심리사회이론은 이에 대한 기초적인 지식을 제공하므로 클라이언트에 대한 원조가 구체적으로 이루어질 수 있도록 할 수 있다. 즉, 인간발달의 위기에 대한 8단계는 개인이 환경과의 부적응과 부조화로 인한 것으로 개인의 성장과정 속에서 무엇을 경험하며 어떤 사람의 영향을 받아서 지금 현재 자신의 모습이 되었는지를 잘 탐색하게 한다. 또한 성장과정에서 어린아이의 성장이 방해되거나 감정이 억압되었을 때, 화가 나거나 상처받았을 때에 감정들을 그대로 가진 채 성인이 된다면 억압된 감정들이 성인이 된 후에도 부정적으로 나타날 수 있다는 것에 관심을 두어 현재의 문제에 영향을 미치는 정도를 사정하도록 돕는다.

이에 따라 사회복지실천가는 도움이 필요한 클라이언트에게 현재 자신의 위치가 발달단계 어디에 있으며, 자신의 문제가 무엇이고, 해결 가능한 것들은 어떤 것들이며, 또 스스로 극복 가능한 것들은 어떤 것인지를 찾을 수 있어야 한다. 이것은 클라이언트 개인의 자아정체성을 다시 확립하도록 돕는다는 것을 의미한다. 특히 각 단계에서 이루어야 할 과업들은 인간발달에 중요한 안전하고 건강한 모델을 제공해 준다. 에릭슨은 인간의 위기나 문제가 전 생애를 거쳐서 부모와 가족관계, 사회문화적 환경들도 영향을 미친다고 보았다. 정체성 상실자는 자신의 감정이나 욕구, 원함을 포기하고 자기가 무엇을 해야 하는지, 삶의 목표가 무엇인지 분명치 않은 사람이다. 사회복지실천가는 클라이언트의 삶의 위기나 부적응을 극복할 수 있도록 원조하는 과정에서 에릭슨의 심리사회이론을 유용하게 적용할 수 있다. 그리하여 클라이언트의 삶의 위기를 극복할 수 있도록 하는 긍정적인 경험들을 통해서 위기를 다른 방향으로 조절할 수 있는 능력을 향상하도록 하여 좋은 사람들과 관계를 맺고, 좋은 경험을 하게 하여 옛 상처나 거부, 억압의 기억들도 수정 가능하도록 원조할 수 있다.

(1) 치료목표

클라이언트의 삶의 위기를 극복할 수 있도록 긍정적인 경험들을 통해서 다른 방향으로 조절할 수 있는 능력을 키우는 것이다. 좋은 사람들과 좋은 경험을 통해서 관계를 구축해 나가면 옛 상처나 거부, 억압의 기억들도 수정 가능할 수 있다. 사회복지실천가가 클라이언트를 대상으로 일반적인 치료목표를 설명한다면 아래와 같다.

① 자아정체성 확립 : 자신이 누구인가, 무엇을 하는가, 지금 어디에 있는가, 나의 역할은 무엇인가, 나의 원함은 무엇인가를 알 수 있도록 한다.
② 자아기능 회복 : 나는 환경 속에서 적응하며 생산적으로 일처리를 하며 현실을 직시하고 도전하는 용기가 있는가, 나의 삶의 목표를 향하여 방법들을 구상하며 전진하는가, 나의 방어기제들은 주로 어떤 것들을 사용하는

가, 회피, 투사, 억압인가, 나의 능력을 확인하고 잠재력을 개발할 수 있도록 한다.

③ 자신의 인생에 대한 선택과 책임 : 나의 삶에 내가 각본을 쓰고 연출을 하며 주인공 역할을 하는 사람인가, 주체적으로 내 삶을 재구성할 수 있는 능력, 강점, 지지자는 어떤 것들이 있는가에 대해 생각하도록 한다

④ 자신의 삶을 창조적으로 영위 : 내 삶에서 의미와 가치는 어떤 것인가, 내가 하는 일에서 창의성이 발휘되는가, 내 인생에서 환경을 극복하고 더 나은 인생을 창조적으로 형성할 수 있다면 나는 어떻게 하는 것인가를 알 수 있도록 그리고 행할 수 있도록 한다.

(2) 클라이언트의 탐색과 사정

사정단계에서 클라이언트에 대한 기술적인 개인정보를 효율적으로 탐색하고 체계적으로 사정하는 것이 치료목표를 향하여 나아갈 수 있다. 클라이언트에 대한 정확한 탐색은 사람, 문제 상황에 대한 중요한 정보를 서로 연결시키고 치료자의 이론과 지식, 경험과 연결시켜서 치료과정으로 진행된다. 아래는 사정에서 필요한 내용들을 정리한 것이다(김인숙 · 김용석 공역, 2002).

① 내담자의 개인신상정보 및 의뢰 과정으로 어떻게 사회복지실천가를 만나게 되었는지 동기와 연계과정에 대한 설명이다.

② 개인체계 개인적 특성 및 관찰자에 의한 신체적 심리적 특성으로 클라이언트를 설명하는 정보다.

③ 가족체계(현 가족관계, 구성, 특징)

④ 지역사회체계(학교, 직장, 교회, 여가, 문화 등)

⑤ 표출문제와 초기 목표 : 클라이언트 주변인이 밝힌 문제나 주제도 밝힌다. 정보의 출처, 문제의 발생원인, 문제 발달과정, 현 상태 등이다. 그리고 사회복지실천가가 왜 필요하고 어떤 도움을 원하는지 구체적으로 명시한다. 클라이언트가 바라는 것들을 적는다.

⑥ 클라이언트의 강점과 자원(경제적 능력, 적극적인 태도, 다양한 대인관계, 직업, 자녀에 대한 기대 등)

⑦ 클라이언트의 사회력 조사(사회적 환경에 대한 조사로 아래의 내용들을 모두 포함 할 수 있다)

- 개인의 발달과정
- 개인과 가족의 환경, 개인의 신체·심리·사회적 발달과 행동에 영향을 미친 중요한 것들을 기록한다.
- 성적 발달과정, 사람 - 문제 - 상황과 연관된 것이라면 필요하다.
- 비행 및 약물 복용 경험
- 개인의 종교활동이나 취미·여가 활동
- 법적 기록(비행의 여부 및 구속의 여부, 법적 진행 중인 사건의 여부)
- 개인의 최대 위기사건(예 가출 및 자살의 여부, 실직, 이혼 및 경제파탄, 자녀의 죽음, 억울한 누명에 시달림, 강간의 피해자 등)
- 과거 심리사회적 서비스 여부, 기타

(3) 치료적 개입

사회복지실천가는 클라이언트의 개입과정에서 클라이언트의 감정을 표출하도록 원조하며 신뢰관계를 형성한다. 클라이언트의 사고나 행동에 대한 치료자의 해석이 중요하다. 클라이언트의 증상, 치료자와의 관계, 아동기의 주요 갈등, 일과 사랑에 대한 클라이언트의 가치관이 과거와 어떻게 연결되어 있는지 통찰하도록 한다. 클라이언트가 자기분석을 통하여 자기역사를 재구성하도록 돕는다. 과거 클라이언트의 미해결 사건이나 왜곡된 경험을 통합 재구성하여 해결을 시도한다. 인생 회상 기법을 활용하여 과거 경험과 사건을 재구성할 수 있도록 인지왜곡이나, 주관적인 피해의식을 다르게 해석하며 통합할 수 있도록 한다.

심리사회적 관점에서 발달의 문제를 이해할 수 있는 유용한 개념 틀로 이용이 가능하다. 다음과 같은 질문들이 치료과정에서 클라이언트의 행동과 장애의 근원을 탐색하고 재구성하는 데에 방향을 제시할 수 있다(Corey, 1998).

〈표 2-13〉 자아 탐색하기

- 생애의 각 단계에서 중요한 발달적 과업은 무엇이며 이들 과업은 상담과 어떻게 관련되는가?
- 클라이언트 생애에서 연속적으로 등장하는 주제는 무엇인가?
- 클라이언트의 보편적인 관심은 무엇인가?
- 클라이언트의 현재 문제와 어린 시절의 중요한 사건이나 가치에는 어떤 연관성이 있는가?
- 클라이언트의 생애에서 가장 큰 영향을 끼친 것들은 무엇이 있었는가?
- 클라이언트가 결정적인 시기에 내린 선택은 무엇이며 또한 다양한 위기를 어떻게 처리했는가?

① 자아정체성에 대한 탐색과 성장

클라이언트의 자아정체성에 대한 탐색과 개입기술로 인생에서 내가 원하는 것이 무엇인가? 나는 어떤 사람이 되기를 원하는가? 나는 누구인가? 인생에서 가장 중요한 결정은 이 질문에 답할 수 있어야 한다. 자신이 누구이며 나는 어디로 향해가고 있는지 사회복지실천가는 클라이언트와 아래와 같이 질문하면서 자신을 찾아나갈 수 있도록 원조한다. 자신의 인생의 목표가 결정되면 자신의 삶을 선택적이고 책임을 지는 변화과정이 일어날 것이다.

〈표 2-14〉 삶의 의미 탐색하기

1. 내가 만족하고 의미를 부여하고 즐거워하는 것은 무엇인가?
2. 나의 직업목표는 무엇인가? (이상적인 동기와 만족과 능력이 있으며 생활을 지지하 줄 충분한 재원이 있는 직업을 추구한다)
3. 나의 영적 믿음은 무엇인가?
4. 나의 성적 규범은 어떤 것인가?
5. 나의 도덕과 윤리적 가치는 어떤 것이 있는가?
6. 나는 책임 있는 인간관계를 맺기 원하는가?, 이것은 인생목표와 얼마나 일치하는가?
7. 나의 여가활동은 주로 무엇을 하는 것인가?
8. 다른 사람에게 나의 이미지가 어떻게 보여지기를 원하는가?(인상, 이미지, 성격, 감정, 행동, 자기주장, 능력, 의사소통, 소유물, 도덕심, 신체적 특성, 야망, 꿈 등 자신의 장·단점을 솔직히 평가하며 개선할 것도 다룬다)
9. 나는 어떤 사람들과 함께하고 싶고 어울리고 싶은가? 그 이유는 어떤 것이 있는가?
10. 나는 나 자신과 다른 사람의 삶의 질을 개선하고 싶다면 어떤 방법으로 어떻게 이것을 성취하고 싶은가?
11. 내가 5년 후, 10년 후, 20년 후는 어떤 모습으로 무엇을 하고 있는지 그려볼 수 있겠는가?
12. 죽음에 대하여 자신은 어떻게 생각하는가?

출처 : Zastrow & Krist-Ashman, 김규수 외 공역(2003), pp. 70-71 재인용.

지금까지 정신역동이론에 대하여 간략하게 살펴보았다. 프로이트의 이론과 아들러의 개인심리이론, 그리고 에릭슨의 심리사회적 이론을 비교하면 다음과 같다.

4) 프로이트와 아들러 / 프로이트와 에릭슨 이론의 비교

프로이트는 행동에 영향을 미치는 것으로 과거를 강조하는 반면, 아들러는 현재와 미래에 대한 적응을 강조하고 있으며, 프로이트는 성격을 심리성적 발달단계의 특성에서 보았다면, 아들러는 인간의 심리사회적 발달의 대통합에 강조를 두었다. 프로이트는 행동의 결정요인으로 무의식을 강조한 반면, 아들러는 의식을 강조하였고 인간이 동기를 자각할 수 있는 의식적인 존재로 여겼다. 아래 <표 2-15>는 프로이트 이론과 아들러의 이론을 요약한 것이다.

〈표 2-15〉 프로이트와 아들러 이론의 차이

프로이트	아들러
객관적 심리학	주관적 심리학
생리학이 중요시됨	사회심리학이 중요시됨
인간론 강조	목적론 강조
개인은 원초아 / 자아 / 초자아, 삶의 본능 / 죽음의 본능, 의식 / 무의식과 같이 서로 상반되는 부분들로 나뉨	성격은 나눌 수 없음. 개인은 통일된 존재이며 모든 부분(기억, 정서, 행동)은 전체 개인을 위해서 활용됨
개인의 연구는 개인 내적, 정신적인 것에 집중됨	인간은 단지 대인관계를 통해서만 이해될 수 있음. 인간은 사회적인 존재로 그의 환경을 통해 움직이며 환경과 상호작용함
정신의 내적 조화를 이루는 것이 심리치료의 목표	개인의 인식 확장, 자기실현 및 사회적 관심 증진이 목표
인간은 기본적으로 악함. 문명화란 인간을 길들이는 것인데 인간은 그것을 위해 매우 많은 대가를 치르고 있음. 치료를 통해 본능적인 욕구는 승화되지만 제거되지는 않음	인간은 선하거나 악한 존재가 아니라 창조적이고 선택할 수 있는 존재로서 선하게 되거나 악하게 되는 것을 평가, 선택할 수 있음. 치료적 중재를 통해 자기실현을 선택할 수 있음

프로이트	아들러
인간은 본능적인 생활과 문명의 수동적인 희생물	인간은 선택하는 사람으로서 내적 환경과 외적 환경 모두를 조정할 수 있음. 비록 인간은 자기의 운명을 완전히 극복하지 못하고 자기에게 일어나는 일을 항상 선택할 수는 없다 해도 언제나 생활의 자극에 대해서 자기의 입장을 취할 수 있음
아동발달에 대한 프로이트의 기술은 아동에 대한 직접적인 관찰에 근거하지 않고 성인의 자유연상을 근거로 함	아동발달에 대해 가정과 학교, 가족교육센터에서 직접적으로 연구됨
오이디푸스 상황과 그 해결을 강조	가족구조를 강조
다른 사람을 적 혹은 경쟁자로 봄	다른 사람은 동료임. 그들은 우리와 동등한 사람이고 우리의 협동자이며 인생에서 도움을 주는 사람임
여성은 남성의 성기를 선망하기 때문에 열등감을 느낌	여성의 열등감은 사회 문화적인 환경에서 과소평가되기 때문임. 남성의 특권의식과 지위는 사회문화적 환경이 더 큼
신경증은 성적인 원인을 가짐	신경증은 학습의 실패이며 왜곡된 지각의 산물임

출처 : 권육상 · 이명재(2002), pp. 183-184 재인용.

프로이트와 에릭슨 이론의 차이를 비교해 살펴보면 아래 <표 2-16>과 같다.

〈표 2-16〉 프로이트와 에릭슨 이론의 차이

관 점	프로이트	에릭슨
행동 동기	원초아에 두고 본질적으로 충동적이다.	의사결정과 문제를 해결하는 합리적 · 이성적 존재인 자아 강조
성격 구조	5세 이전까지의 유아기의 경험이 더 중요하다.	전체 생애를 통한 사회적 경험에 의하여 발달한다.
아동의 성장 발달 대상	부모와의 관계성에서 경험이 발달에 중요함	부모뿐만 아니라 가족, 친구, 사회, 문화적 배경도 중시함
성격 발달 배경	심리성적 발달 5단계에서 형성	사회적 관계에서 인간의 전 생애를 거쳐서 8단계로 성격발달
발달단계의 실패	발달단계의 실패를 고착으로 보며 수정이 어렵다고 봄	발단단계에서의 실패의 수정은 언제라도 적절한 사랑과 보살핌으로 가능
병리와 건강성	정신생활의 무의식을 강조하며 초기 외상 경험의 억압을 정신병리의 원인으로 봄	자아의 능력이나 자질, 사회적 지지체계의 기능이 중요함

출처 : 권육상 · 이명재(2004), pp. 170-172 재인용.

Chapter 03

인지행동이론

인지행동주의 이론에서는 개인의 내적인 동기와 욕구, 지각에 초점을 두기보다는 구체적으로 관찰 가능하고 측정 가능한 행동에 초점을 둔다. 인간의 사고과정인 인지발달과 인간의 행동은 대부분 학습에 의하여 수정 가능하다는 것이다. 인간의 사고, 감정, 행동은 역동적으로 상호작용하며 한 부분의 변화는 다른 한 부분의 변화를 초래한다. 중요한 것은 각 이론들을 따로 분리해서 보지 말고 인간의 행동에 서로 어떤 연관성이 있으며 상호작용하는지 통합적으로 살펴볼 필요가 있다는 점이다.

먼저 스키너의 행동주의 이론에서는 인간의 행동에 대한 환경결정론적인 관점과 자극에 대한 반응, 외적인 강화의 역사 속에서 인간의 행동이 학습되고 수정된다고 보았다. 다음으로 반두라의 사회학습이론에서는 인간의 행동은 얼마든지 자기강화와 자기효능성, 모델링을 통하여 변화가 가능하다고 보았다. 또한 피아제의 인지발달이론에서는 영유아 아동에 이르기까지 사고의 발달과정과 기능에 초점을 두고 개인의 현실을 재구성하는 창의적인 능력이 환경 속에서도 적극적이고 능동적으로 변화된다고 본다. 마지막으로 콜버그의 도덕성발달이론에서는 미국에서 아동과 청소년을 대상으로 연구한 도덕성 발달단계인 6단계를 다룬다. 이 장에서는 각 이론마다 주요 인물 소개와 주요 개념, 사회복지실천과의 연관성을 중심으로 살펴보고자 한다.

구체적인 내용에 앞서 인지행동이론의 주요 학자들과 주요 내용들을 제시하면 다음과 같다.

〈표 3-1〉 인지행동이론의 주요 학자들과 주요 내용

주요 이론	스키너	• 행동주의이론
	반두라	• 사회학습이론
	피아제	• 인지발달이론
	콜버그	• 도덕성 발달이론
인간관 및 가정	스키너	• 인간의 행동은 외적인 자극에 의해서 더 동기화됨 • 인간의 행동에 대한 환경론적 기계론적 입장 • 모든 인간의 행동은 통제 가능 • 인간행동은 환경의 자극에 의해 동기화, 행동의 결과인 강화에 의해 결정 • 인간행동에 대한 기본 가정은 ABC 패러다임이라고 함
	반두라	• 인간의 행동 또는 성격의 결정요인으로 사회적 요소가 중요 • 대부분의 학습은 다른 사람의 행동을 관찰・모방한 결과로 이루어짐 • 스키너와 다른 점은 인간의 인지적 능력 중시 • 인간의 행동은 자신이 처해 있는 상황과 그 상황에 대한 해석에 의해 결정 • 인간의 행동은 많은 부분 자기강화에 따라 결정되며, 자기효율성도 성격발달에 중요한 영향
	피아제	• 인지발달은 개인이 환경과 상호작용에서 이루어지는 적응과정 • 특정 연령에서 각 개인의 특정 영역의 인지적 유능성은 개인이 기능하는 맥락에 따라 차이 • 인지는 개인이 환경적인 경험에 의하여 습득되고 개인이 이러한 경험의 의미를 능동적으로 구성한 결과 • 개인은 환경적 사건을 인지적으로 표상하고, 이에 따라 행동함 • 사고, 감정, 행동 그리고 그 결과는 원인적으로 관련성을 지님 • 개인의 인지적 표상모델은 사회적 기능과 정서적 변화에 영향을 미치며 변화가 가능 • 인지변화는 정서적 변화와 행동변화에 영향
	콜버그	• 도덕적 판단의 결과보다는 도덕적 판단의 과정을 중요시하며 상황에 따른 인간의 자유판단을 최대한 고려 • 아동의 도덕성 발달은 인지발달 수준에 따라 그 단계가 결정 • 도덕성 발달도 인지발달처럼 낮은 수준에서부터 순차적으로 다음 발달단계로 이어짐 • 도덕성 발달은 청소년기를 거쳐 계속 발달 • 6단계 도덕성 발달단계

<table>
<tr><td rowspan="4">주요 개념</td><td>스키너</td><td>• (파블로프식 조건형성) 고전적 조건반사와 고전적 조건형성
• (스키너의 조작적 조건형성)
반응적 행동과 조작적 행동, 변별자극, 강화, 강화계획, 벌, 소거, 행동형성 / 행동조성, 타임아웃, 토큰경제, 체계적 둔감화</td></tr>
<tr><td>반두라</td><td>• 모델링과 모방, 인지, 자기조정과 규제, 자아강화와 자아효능감, 상호결정론
• 관찰학습과정 : 주의집중과정, 보존과정, 운동재생과정, 동기과정</td></tr>
<tr><td>피아제</td><td>• 인지, 인지능력, 보존, 도식, 지식의 습득과정
• 적응 : 동화, 조절, 평형상태, 조직화
• 인지발달단계 : 감각운동기－전조작기－구체적 조작기－형식적 조작기</td></tr>
<tr><td>콜버그</td><td>• 도덕성 발달단계
: 전인습적 수준(1단계)－전인습적 수준(2단계)－인습적 수준(3단계)－인습적 수준(4단계)－후인습적 수준(5단계)－후인습적 수준(6단계)</td></tr>
</table>

1. 스키너의 행동주의 이론

학습목표

1. 행동주의 이론의 주요 개념을 이해한다.
2. 행동주의 이론을 이해한다.
3. 행동주의 이론을 사회복지실천에 적용할 수 있다.

생각할 과제

1. 행동주의 이론의 스키너의 조작적 조건화에 입각하여 행동변화를 한 사건에 대해서 나누어 봅시다.
2. 행동주의 이론의 행동조성을 적용하여 다이어트를 성공할 수 있는 방안을 생각해 보고 논의해 봅시다.
3. 유치원에서나 학교에서 공부시간에 선생님 말을 잘 안 듣고 저항하는 아이를 달래는 방법으로 적용할 수 있는 방법들을 논의해 봅시다.

1) 부루스 프레드 스키너(Burrhus Frederick Skinner, 1904~1990)의 소개

스키너는 1904년 3월 미국 동북부 펜실베이니아의 서스퀘한나(Susquehanna)에서 태어났다. 그의 아버지는 정치적 야망을 가진 변호사였고 어머니는 엄격하고 규범을 지키며 아름답고 머리 좋은 여성으로 가정에서는 여러 면에서 지배적이었다. 어릴 때 스키너의 가정은 유복한 편이었으며, 그의 가정교육은 종

교교육과 부모에 의한 교육이었다. 스키너는 1922년 뉴욕 주 클린턴에 있는 해밀턴 대학에 입학하여 영문학을 전공하게 되었고 문학가가 되기로 결심했다. 그러나 부모는 스키너의 문학가에 대한 결정에 가난할 것이라고 충고하였지만 문학가인 로버트 프로스트(Robert Frost)로 부터 좋은 평가를 받고 문학가가 되기로 결심하였다.

스키너가 심리학자가 된 것은 러셀(Bertrand Russell)이 『다이얼 : *Dial*』에 발표한 논문인 행동주의자 왓슨(John B. Watson)에 대한 책의 서평을 통해서다. 1927년 뉴욕타임지에 실린 파블로프(Ivan Pavlov)에 대한 업적을 읽고 심리학을 공부하기로 결심을 하면서 문학에서 심리학으로 방향을 전환하였다. 1931년 심리학 박사 학위를 받고 그는 당시의 손다이크(E. E. Thorndike, 1874~1949)의 학습이론, 커브나 톨만(Edward Chance Tolman, 1886~1959)의 의도적 행동주의(Purposive behaviorism) 그리고 파블로프의 실험 등을 바탕으로 심리학의 행동주의 학습이론을 체계화시켰다. 스키너는 1936~1945년까지 미네소타 대학에서 강의하였고 1941년 구겐하임의 연구원으로 재직하였으며 1942~1943년까지 제너럴 밀스 회사에서 전쟁연구 지휘자로 역임하였고, 1945년 인디애나 대학의 심리학과 학과장이 되었다. 1948년 하버드 대학교로 다시 돌아와 심리학 교수로 활동하다가 1974년 은퇴 후에도 정규적으로 하버드 대학교에 나가서 새로운 프로젝트에 다양하게 개입하였다. 그는 방대한 양의 책들을 집필하였고 1990년 8월 18일 86세를 일기로 세상을 떠났다.

그는 행동주의 이론에서 중요한 『과학과 인간의 행동』, 『강화의 조건』, 『행동의 분석』, 『행동주의와 사회에 대한 고찰』 등 다수의 저서들을 남겼다.

2) 주요 개념, 이론의 내용

(1) 행동주의 이론의 초점

20세기 초에 인간의 행동을 설명하던 구조주의와 기능주의에 대한 반발로 행동주의가 등장했다. 구조주의는 정신의 구조를 밝히는 것이며, 기능주의는 인간의 정신을 전체적이고 기능적으로 밝히려는 것이다. 이에 대한 반발로 등장한 행동주의는 인간의 행동을 자극과 반응의 심리과정으로 파악하려 했다. 행동주의는 관찰이 가능한 행동만을 연구하였다. 행동주의는 자극변수가 조작되고 그 조작에 의해서 반응이 예측될 수 있는 객관적이고 과학적인 방법으로 연구했다.

파블로프는 개의 소화기관에 관해 연구하던 중 고전적 조건형성이론 모형을 제안하였다. 개에게 고기를 줄 때마다 개의 침샘에 타액이 고였는데 고기는 무조건자극이고 타액 분비는 무조건반응이었다. 그런데 고기를 주지 않아도 개의 침샘에 타액이 분비된다는 사실을 알아냈다. 고기는 무조건자극인데 고기를 주는 시간에 벨소리나 실험실 조교의 발소리가 조건자극이 되어서 침을 흘리는 조건반응이 나타난 것이다.

고전적 행동주의자와 달리 1950년대에 나타난 헐, 스키너 등 신행동주의자들은 인간의 학습을 자극과 반응의 결합체로 보았다. 헐은 가설적 추론방법(hypothetic-deductive method)을 제안했다. 가설적 추론방법이란 어떤 사실을 설명하는 몇 가지 기본 가정을 정확히 진술하고 이 가정을 실험을 통해 검증하고 추론하는 방법이다.

반두라는 인간이 직접 경험이 아니고 관찰만으로도 학습이 된다는 관찰학습이론을 제안하였다. 폭력행동을 경험하지 않았더라도 또래 간 폭력을 보거나 가정폭력을 관찰하는 것만으로도 폭력행동을 학습한다는 것이다.

학습을 통하여 인간은 지식과 언어를 습득하고 태도와 가치를 형성하며 다양한 감정을 경험한다. 인간의 행동을 사회적인 맥락에서 이해하게 된 것이다. 인간의 행동은 학습에 의하여 수정 가능하다고 보기 때문에 학습이론이라고도 한다.

(2) 인간에 대한 관점

① 인간의 행동은 내적인 동기나 욕구보다는 외적인 자극에 의해서 더 동기화된다.

② 인간의 행동은 강화의 역사인 보상과 처벌에 따라서 유지되고 변화하는 환경론적 기계론적 입장이다.

③ 모든 인간행동은 법칙으로 결정되고 일어날 행동에 대하여 예측 가능하므로 통제가 가능하다.

④ 인간행동은 환경의 자극에 의하여 동기화되며 행동의 결과인 강화에 의

하여 결정된다고 보았다.

⑤ 스키너의 인간행동에 대한 기본 가정을 ABC 패러다임이라고 한다. 인간의 특정 행동은 선행사건과 뒤이어 일어나는 사건, 즉 결과에 의하여 일어난다고 본다(이성진, 1995; 권중돈 · 김동배, 2006).

- 선행사건 A(Antecedents) : 행동 이전에 발생하는 사건을 말한다. 일어날 행동의 단계를 설정한다.
- 행동 B(Behavior) : 직접 관찰 가능하고 측정 가능한 반응 혹은 행동이다. 행동은 사고, 생리적 반응, 감정 등을 포함한다.
- 결과 C(Consequence) : 행동에 따르는 강화나 벌에 의하여 전적으로 행동이 결정된다.

(3) 파블로프의 고전적 조건형성

러시아 생리학자인 파블로프(Ivan Pavlov, 1849~1936)는 포유류의 소화과정을 연구해서 1904년에 노벨의학상을 수상하였다. 파블로프는 심리학자도 아니고, 특별히 학습에 관심을 가졌던 것도 아니지만, 그의 연구 결과는 영 · 유아 교수 방법에 대한 사고에 혁명적인 선풍을 일으켰다. 파블로프의 주요 개념은 고전적 조건반사와 고전적 조건형성이다.

① 고전적 조건반사와 고전적 조건형성

파블로프(1927)는 러시아의 생리학 교수로 노벨 생물학상 수상자로 원래 개의 소화액 분비에 관한 실험을 시작하였다. 그는 『조건반사 : *Conditioned Reflexes*』라는 책에서 '고전적 조건형성'을 설명하고 있다. 음식에 대한 반응으로 개가 타액을 얼마나 많이 분비하는가를 측정하는 과정에서 파블로프는 개가 음식을 보거나 냄새를 맡기 이전에 이미 침을 흘리기 시작한다는 사실을 발견하였다. 개는 음식을 주러 오는 사람의 발자국 소리에도 타액을 분비하였고 이러한 사실을 확인하기 위하여 파블로프는 배고픈 개에게 먼저 종소리를 울리고 몇 초 뒤에 먹이를 먹도록 주었다. 배고픈 개에게 하루에 5~10회씩 계속하여 3~30

초씩 종소리를 들려주면서 고기를 주었더니 나중에는 드디어 종소리만 듣고도 개는 타액을 분비하였다. 여기서 음식은 무조건자극(UCS : Unconditioned Stimulus)이다. 무조건자극은 어떤 학습이나 경험 없이 반응을 자연적으로 만들어 낸다. 무조건자극의 또 다른 예는 무릎반사나 강한 빛에 동공이 수축하는 동공반사, 맛있는 음식에 침이 나오는 것 등이 해당된다. 개의 타액 분비는 무조건자극에 대한 반응으로 무조건반응(UR : Unconditioned Response)이라고 부른다. 종소리 자체만으로는 개가 타액을 분비할 수 없었던 중립적 자극에 대해 이러한 학습된 타액분비 반응을 조건반사(Conditioned Reflex)라고 부르며, 이 과정을 고전적 조건형성(classical conditioning)이라고 한다. 이렇게 개가 종만 울려도 개는 타액을 분비하게 되는데, 이때 종소리는 조건자극(CS : Conditioned Stimulus)에 해당하며 개의 타액 분비는 조건반응(CR : Conditioned Response)이라 한다(송길연 외 공역, 2000).

(4) 스키너(Skinner)의 조작적 조건형성이론

① 반응적 행동과 조작적 행동

스키너는 인간의 모든 행동은 두 가지 범주로 나눌 수 있다고 한다. 첫 번째 유형은 반사(reflex)로서 반응을 유발하는 자극으로 구성된다. 이때 자극과 반응과의 관계는 생물학적이고 선천적인 것이다. 모든 유기체가 보이는 단순한 반사를 포함하는 반응을 스키너는 반응적 행동(Respondent Behaviors)이라고 부른다. 파블로프의 실험에서 개가 음식을 보고서 침을 흘리는 반응이 그 예이다. 반응적 행동의 특징은 자극이 있으면 반응하고, 자극이 없으면 반응하지 않는 매우 단순한 모형이다. 인간에게 있어서 반응적 행동은 영·유아기에 특히 현저한데, 아기 입에 젖꼭지를 물리면 빨기 반응을 보이고, 손바닥에 어떤 물체를 놓으면 잡기 반응을 보인다. 아동이나 성인도 눈 깜박이기, 재채기와 같은 단순한 생리적 반응과 공포, 분노, 성적 흥분 등의 정서적 반응 형태로 반응적 행동을 보이기도 하지만 그 종류는 매우 적다.

두 번째 유형인 조작적 행동(operant behavior)은 어떤 행동이 야기하는 결과에 의해서 통제된다. 일반적으로 긍정적인 결과는 그 행동이 다시 일어날 가능성을 높이고, 부정적인 결과는 행동의 가능성이 낮다(Skinner, 1953).

스키너(1953)에 의하면 자극과 반응이 연결되는 또 다른 방법은 조작적 조건형성을 통해서이다. 즉, 행동은 그것의 결과에 의해서 결정된다는 것이다. 아동의 어떤 행동이 강화를 받게 되면, 그 행동이 다시 발생할 확률이 높아지고, 어떤 행동이 처벌을 받게 되면, 그 행동이 다시 발생할 확률이 낮아진다. 조작적 조건형성에서는 강화와 처벌의 역할이 중요하다. 습관은 조작적 학습경험의 결과라고 믿는다. 아동이 습득하게 되는 대부분의 습관이 아동의 독특한 '성격'을 형성하게 되는 것은 자신의 행동의 결과에 의해 형성된다.

② **조작적 조건화**(Operant Conditioning)

스키너의 조작적 조건화는 외부 자극을 받지 않고 어떤 행동이 자발적으로 일어나는 행동의 결과에 의해서 학습이 이루어진다. 손다이크(E. L. Thorndike)의 도구적 조건화(instrumental conditioning) 실험에서 유래된 것으로 더 확대한 것이다. 아기가 처음으로 엄마라고 말하는 것은 우연적인 것이고 자발적인 것이다. 그때 엄마가 미소를 짓고 감탄한다면 아기는 그 소리를 반복하는 것을 학습하게 된다. 이와 같이 원하는 행동은 강화를 하고 바람직하지 않은 행동은 무시하거나 벌을 주게 하는 것이다. 조작적 조건형성은 스키너의 상자실험에서 조건반응(지렛대를 누르는)이 먹이(강화)를 얻기 위한 수단 또는 도구가 되었기 때문에 도구적 조건화(instrumental conditioning)라고도 한다.

조작적 행동은 우연히 일어난 행동으로 상자 안의 쥐가 이리저리 돌아다니다가 그 속에서 가끔 발판을 누르는 행동을 말하는 것이다. 스키너의 조작적 조건화는 자극의 강화가 반응 후에 일어난다고 하는 것이 특징이다. 즉, 동물이 먼저 요구하는 반응을 일으켜야 하고, 그 다음에 보상이 주어진다. 보상은 반응을 강화하며, 반응은 강화를 이끌어 오는 데 있어 도구가 된다. 스키너의 상자실험에서 지렛대를 밟는 반응은 먹이가 떨어지는 자극이 있었기 때문이며, 이 자극에 의해 지렛대를 밟는 습관, 즉 강화가 우연히 발생했다고 보는 것이다(김영채 역, 1983; 송길연 외 공역, 2000).

조작적 조건형성은 자발적·능동적인 반응을 특징으로 조작적 행동(operant behavior)의 결과에 의해서 학습이 이루어진다는 것을 기본으로 한다. 인간의 행동은 동물보다 복잡하지만 같은 원리를 따르고 있다. 스키너는 인간행동도 동물과 마찬가지로 환경에 대한 자발적 반응이 강화로 작용하여 이루어진다고 하였다. 조작적 조건반응은 어떤 행동으로 인해 만족스러운 결과가 발생 시 더 반복되며 행동의 결과가 만족스럽지 못하면 소거된다는 것이다. 조작적 조건화는 인간의 행동 변화를 학습으로 본다면, 학습이론으로서 충분히 설득력을 가지고 있으나, 경우에 따라서는 잘 적응되지 않는 경우가 있다. 그것은 유기체에는 선천적인 행동 경향이 존재하고 있음을 무시할 수 없기 때문이다.

③ **강화**(Reinforcement)

강화는 반응 이후에 주어지는 것으로 좋다 또는 나쁘다라는 판단보다는 행동의 제시 또는 철회를 반영한다. 긍정적 강화는 유쾌한 것으로 그것의 제시가 행동이 다시 발생할 확률을 증가시키는 자극이다. 강화는 반응과 함께 제시되는 것으로서 행동의 빈도를 증가시킨다. 강화에는 두 가지 유형이 있다.

- 정적 강화(Positive Reinforcement) : 행동에 대한 보상으로 앞으로 그 행동을 다시 할 확률을 증가시키는 자극이다. 예를 들면, 자기 방 청소를 한 아동에게 용돈을 주거나 칭찬을 하는 것은 그 행동을 반복하도록 하는 매우 효과적인 방법이 될 수 있다. 물질적 강화로는 용돈, 선물, 음식 등, 사회적 강화로는 칭찬, 인정, 미소, 안아주기 등이 될 수 있다.
- 부적 강화(Negative Reinforcement) : 부적 강화는 특정 행동의 빈도를 증가시키기 위하여 불쾌하거나 혐오스러운 자극을 주지 않으므로 바람직한 행동을 더 하도록 하는 것이다. 학생들이 숙제를 잘 하면 그 날 청소를 면제해 주는 것이다. 부적 강화는 처벌과는 다르다. 처벌은 어떤 행동이 발생할 확률을 감소시키는 반면, 부적 강화는 긍정적 강화와 마찬가지로 어떤

행동의 빈도를 높이는 것이다.

강화는 모든 사람에게 동일하게 적용되기보다는 개별화해서 칭찬이라도 누가 해주느냐에 따라서 강화 효과가 다르게 나타난다. 개인에 따라서 적절한 강화요인을 잘 파악하여야 한다.

④ **강화 계획**(Schedule of Reinforcement)

강화를 주는 유형에도 반응이 있을 때마다 지속적으로 강화를 주는 '연속적 강화'는 새로운 행동을 학습할 때 사용된다. 이와는 대조적으로 강화를 간격이나 비율에 따라서 다르게 주는 '간헐적 강화'가 있다. 이것은 일단 학습된 행동의 유지에 사용된다(Skinner, 1974).

시간을 기준으로 한 간격 강화스케줄과 수나 빈도를 기준으로 한 비율 강화스케줄이 있다.

- 고정간격 강화스케줄(Fixed Interval Schedule) : 일정하게 정해진 시간에 따라서 강화를 준다. 정해진 시간 간격이 가까워지면 높은 반응을 보이지만 강화가 끝나면 바로 반응이 떨어진다(예 주급, 월급).
- 가변간격 강화스케줄(Variable Interval Schedule) : 강화시간 간격이 평균점을 중심으로 다양하게 지정되며 꾸준한 비율로 반응이 나타난다. 가변간격 스케줄은 강화시행 간의 간격이 다른데 평균적으로 확인할 수 있는 시간 간격이 지난 후 강화되는 것이다. 예를 들면, 평균 2시간에서 10분 후, 1시간 후, 30분 후에 일정하지 않게 강화를 주는 것이다.
- 고정비율 강화스케줄(Fixed Ration Schedule) : 어떤 특정한 반응빈도가 나타날 때마다 강화를 주는 것으로 행동과 강화가 고정된 비율로 주어진다. 예로 세일즈맨이 자동차 한 대당 수당을 받는 것이다. 일한 만큼 자신의 수당이 많아진다(보험업계나 다단계의 세일즈맨, 성과급 보수제도).
- 가변비율 강화스케줄(Variable Ration Schedule) : 평균적으로 몇 번의 반응이 일어난 후 강화의 반응 수가 결정된다. 다음 강화가 언제 일어날지 몰라

반응률은 높고 지속적이다. 고정비율 강화스케줄과 비슷하지만 강화에 요구되는 반응 수가 다르다. 카지노의 자동도박기계로 돈을 잃을 것은 예상하지만 강화를 받기 위하여 얼마나 많은 반응(돈을 넣는 것)을 하는지는 예상하지 못한다. 예상을 못하게 강화 계획이 짜여 있다는 것이다.

스키너의 연구에서 강화스케줄은 반응을 나타내는 비율에 영향을 주는데 가장 높은 반응을 보이는 것으로는 가변비율 강화스케줄, 그 다음으로는 고정비율, 가변간격, 고정간격 스케줄이었다.

⑤ **소거**(Extinction), **벌**(Punishment)

- 소거(Extinction) : 소거는 이미 강화된 행동이 더 이상 강화된 결과를 갖지 못하여 차후 그 행동이 더 이상 발생하지 않도록 하는 것이다. 행동이 더 이상 강화를 받지 않기 때문에 행동이 소거되었다고 말할 수 있다. 예를 들어, 침대에서 혼자 잠자기를 무서워하는 아동에게 매번 엄마가 함께해 주었지만 어느 날부터는 엄마가 혼자 잘 자라고 하면서 함께해 주지 않는다면 아동은 더 이상 기대하지 않고 혼자서 자게 될 것이다.
- 벌(Punishment) : 어떤 행동을 했을 때 혐오스럽거나 불쾌한 자극을 제시함으로써 행동이 감소하도록 하는 것을 말한다. 벌에도 두 가지 유형이 있는데 하나는 정적 벌(positive punishment)로 특정 행동 뒤에 불쾌한 자극을 받도록 하는 것으로 체벌이나 감금시키는 것으로 행동의 빈도를 줄이는 것이다. 다른 하나는 부적 벌(negative punishment)로 유쾌한 자극이나 강화를 주지 않는 것으로 행동이 일어날 가능성을 줄이는 것이다. 예를 들어, 컴퓨터만 하는 아이에게 용돈을 주지 않는 것이나, 숙제를 안 하면 텔레비전을 볼 수 없도록 하는 것이다. 벌의 효과에 영향을 미치는 요인으로는 즉시성으로 행동 후에 결과가 즉시 따르도록 하는 것이다. 행동이 일어날 때마다 매번 벌 자극이 주어져야 한다. 그리고 벌 결과의 성격이다. 자극이 벌 인자로 기능하는가는 그것의 강도에 달려 있다. 스키너는 바람직하지

않은 행동을 없애기 위해서는 혐오적인 자극을 제시하는 벌의 사용보다는 긍정적인 강화를 통해 행동을 조건화하는 것이 더 효과적이라는 입장이다(송길연 외 공역, 2005).

〈표 3-2〉 긍정적 강화, 벌, 소거

	강화		벌	소거
행동접근의 유형	정적	부적		
무슨 일이 일어났는가	긍정적 사건 나타남	부정적 사건 사라짐	혐오적 자극 제시	강화중지
어떤 결과 초래	행동빈도가 증가함		행동빈도가 감소함	행동빈도가 감소함

⑥ **변별 자극**(Discriminative Stimulus)

행동에 영향을 미치는 특정한 반응이 보상되거나 보상되지 않을 것이라는 단서나 신호로 작용하는 자극이다. 변별 자극은 바람직한 결과를 얻기 위하여 어떤 행동이나 반응을 보여야 할지 알려주는 신호다. 스키너의 상자실험에서 쥐는 불빛이 켜지면 먹이가 나오고 불빛이 켜지지 않으면 먹이가 나오지 않는다는 것을 안다. 그래서 쥐는 불빛이 켜질 때만 막대누름을 하여 먹이를 먹는다. 이때 불빛은 변별 자극이다(홍숙기, 2003).

변별 자극은 인간의 행동을 완전히 통제하기는 어렵지만 더 바람직한 결과를 성취하기 위하여 어떤 행동을 해야 하는지를 알려준다. 도로에 설치된 무인 속도 측정기도 하나의 변별 자극으로 운전자가 속도를 줄여야 한다는 것을 암시해 주므로 안전운전을 유도한다.

⑦ **행동조성**(형성, Shaping)

행동조성은 복잡한 행동이나 기술을 배울 때에 단순한 것에서부터 점차적으로 복잡한 단계로 학습되도록 강화를 하여 만들어 가는 것이다. 인간의 행동도 마찬가지로 처음부터 잘 할 수는 없다. 조금씩 점진적으로 학습되어서 익숙하게 숙달된다. 언어치료에서 말더듬 내담자에게 단어를 말하는 빈도수를 늘리기 위하여 행동조성을 사용하고, 재활치료 현장에서 지적장애아에게 생활훈련을 혼자서 하도록 학습과정을 행동조성으로 사용한다.

3) 스키너의 행동주의 이론과 사회복지실천

(1) 행동주의 이론의 가정과 원조기술

행동주의 학습이론은 손다이크(Thorndike)의 시행착오설, 파블로프(Pavlov)의 조건반사설, 그리고 스키너(Skinner)의 조작적 조건형성을 들 수 있다. 행동주의 이론의 기본 가정은 다음과 같다.

첫째, 인간의 행동은 자연법칙의 지배를 받기 때문에 과학적으로 연구되어야 하며, 겉으로 나타나는 행동을 연구의 대상으로 할 수 있다.

둘째, 환경은 행동이 이루어지도록 작용하는 변인이다. 따라서 행동의 변화를 목표로 하는 학습도 환경이 개체에 작용하여 나타난 결과로 볼 수 있다.

셋째, 환경을 조절하므로 인간의 행동을 변화 또는 수정할 수 있다. 환경을 적절히 조절하면 학습도 의도한 대로 조절이 가능한 것이다(김영채 역, 1983; 임의영, 1993).

스키너는 심리학이 관찰 가능하고 측정 가능한 행동만을 연구해야 한다고 믿었다. 그는 우리가 관찰하는 사람이 왜, 어떻게 지금과 같은 행동을 하는가를 이해할 수 없기 때문에 그 사람 내면의 어떤 요인에 의한 것으로 돌려버린다고 보면서, 인간은 어떤, 무엇(마음의 상태, 느낌, 목적, 기대 등)이 내부에서 진행되고 있다고 믿어서는 안 되며, 행동은 그 행동의 결과에 의해 형성되고 계속 유지되는 것으로 이해하여야 한다고 보았다. 그렇기 때문에 인간의 행동이란 마치 화학반응처럼 정확하게 형성되며 이러한 자극을 주었을 때 이러한 행동이 일어날 것이라는 예측이 가능하게 된다. 스키너의 인간행동 통제원리와 실험은 많은 논란의 대상이 되었지만 그의 아이디어는 이미 학교에서, 정신병원에서, 그리고 회사에서 실제적으로 널리 사용되었다(이성진 외, 1990).

스키너는 딸의 초등학교 4학년 산수시간을 관찰하고 학생들이 정신력을 낭비하고 있다고 생각하여 프로그램 학습을 위한 학습기계(teaching machine)를 창안하였다. 어린이들도 비둘기가 핑퐁을 배우는 것과 똑같은 방법으로 수학이나 철자법 등을 배워야 한다고 본 것이다. 어린이들은 주어진 문제에 답을 하게 되면 즉시 강화가 주어진다. 이러한 학습방법은 완전 학습방법으로 유행하였다. 그 외 정신병원에서 식사시간 통제, 소년원에서 범죄자들이 좋은 일을 하였을 때 점수를 주는 제도를 실시했을 때 도덕성이 좋아지고 재범률이 떨어졌다. 아기를 키우는 어머니는 나쁜 행동에 벌을 주는 대신 선행에 상을 줄 때 아이들과 안락한 시간을 가질 수 있었다(이관용 · 김기중 공역, 1999; 이성진 외, 1990).

스키너의 조작적 학습이론은 인간발달의 방향은 본능, 욕구, 생물학적 성숙과 같은 내적인 힘보다는 외적인 자극(강화와 처벌)에 따라 좌우된다고 주장한다. 조작적 학습은 외적 자극을 받지 않고 어떤 행동이 자발적으로, 능동적으로 일어나는 행동의 결과에 의해서 학습이 이루어진다고 본다. 조작적 조건형성에서 어떤 행동이 다시 발생하도록 만드는 과정을 '강화'라고 부르며, 어떤 행동이 다시 발생할 가능성을 증가시키는 자극을 '강화인'이라고 부른다(Skinner, 1953). 사회복지실천가는 클라이언트의 바람직한 행동의 변화를 위하여 지지적이고 긍정적인 강화를 사용하여야 한다는 것이다. 또한 소거 같은 강화인을 주지 않으면서도 가능하며 유쾌한 자극을 철회하는 방식으로도 부적응 행동을 줄여나갈 수 있다.

(2) 치료적 기법

클라이언트의 행동수정 절차는 대부분 사회복지실천가가 클라이언트의 행동을 수정하기 위하여 원조한다. 행동을 변화시키기 위하여 사용되는 치료기법들을 보면 아래와 같다(안병환 외 공역, 2003; 윤영애, 2007).

① **체계적 둔감화**

울프(Joseph Wolpe)가 고안한 것으로 클라이언트의 불안이나 두려움을 감소하기 위한 것으로 두려움이나 불안 상황에 대한 위계목록을 작성한다. 이완하는 가운데 점차적으로 상상하면서 학습하여 두려움이나 불안의 반응을 감소시키는 기법이다.

② **토큰 경제**

토큰 경제의 목적은 구조화된 치료환경, 혹은 교육적 환경 내에서 매우 드물게 나타나는 클라이언트의 바람직한 행동을 강화하고 바람직하지 않은 행동을 감소시키는 것이다. 청소년이 바람직한 행동을 하였을 때 받은 점수가 토큰이다. 토큰은 교환강화물로 원하는 것을 얻을 수 있다. 예를 들면, 비디오나 TV 시청, 스낵이나 음료수, 게임하기 등이다. 시설에 수용된 사람이나, 교도소 내에서 생활하는 사람들을 통제하는 데에 매우 효과적이다.

③ **혐오기법**

문제행동에 수반하여 정적 벌인 혐오자극이 동반되어 바람직하지 못한 행동의 빈도를 줄이는 것이다. 원치 않은 전기쇼크, 구토를 유발하는 약물, 소음, 비난, 언어적 처벌 같은 혐오적 자극이 주어진다. 혐오기법은 주로 알코올중독자, 약물중독자, 흡연, 과식, 이상 성행동자, 자기파괴자, 도박이나 게임중독자들에게 적용된다(안병환 외 공역, 2003).

- 과잉교정법 : 지적장애인들이 보이는 공격적이고 혼란스러운 행동을 감소시키기 위하여 개발하였다. 문제행동을 할 때마다 연장된 어느 기간 동안 더 힘든 행동을 하게 하므로 공격성이 감소하도록 한다.
- 유관연습 : 클라이언트가 문제행동을 하는 경우 신체연습을 하도록 하는 것이다. 그 결과 미래에 문제행동의 발생 가능성을 줄인다. 유관연습에서

혐오행동은 문제행동과 무관한 신체연습이어야 한다.

- 타임아웃(Time Out) : 문제행동이 발생하였을 때 짧은 기간 동안 긍정적인 강화인에 접근하지 못하도록 한다. 타임아웃은 긍정적 강화로부터의 격리로서, 특정 문제행동의 빈도를 줄이기 위함이다. 예를 들어, 모두가 비디오를 시청하는 방에서 또는 즐겁게 게임하는 장소에서 일어나 나가도록 한다(배제적 타임아웃).
- 반응대가 : 문제행동 발생 시 강화인을 제거하여 자신에게 이익이 되는 물건이나 권리를 대가로 치르게 하는 것이다. 반응대가 사용 시 어떤 강화인을 제거할 것인가, 강화인의 상실이 즉시인가 아니면 나중인가, 강화인 상실이 윤리적인가, 반응대가가 실제적인가 수용적인가를 고려한다. 위의 혐오기법에서 부정적 벌 사용 시 주의점으로는 다음과 같다.

㉠ 먼저 기능적이고 비혐오적인 절차를 이용하기
㉡ 처벌강화를 벌과 함께 사용하기
㉢ 문제행동의 기능을 고려하기
㉣ 혐오자극을 주의 깊게 선택하기
㉤ 치료법을 결정하기 위한 자료를 수집하기
㉥ 벌 사용 시 윤리적인 문제를 고려하기(사전 동의, 대안적 치료법, 문제의 심각도, 실시지침, 훈련 및 감독, 동료의 검토, 책임성)(윤영애, 2007)

④ 인지적 행동수정기법

행동수정은 외현행동을 분석하고 수정하는 데에 초점을 둔다. 그러나 어떤 표적 행동은 외현적이기는 하지만 다른 개인에 의하여 쉽게 표출되지 않는다. 인지행동수정에서는 표적행동이 무엇이고 언제 발생하는지, 확인하고 기록해야만 한다. 행동하는 사람이 사고, 상상, 자기진술을 분명히 하여야 한다. 표적행동으로는 행동과다와 행동부족이 포함된다. 부정적인 감정이나 문제행동을 더 좋게 변화시키기 위하여 사고를 바꾸는 것이다. 인지적 행동수정기법으로는 인지재구조화와 인지적 대처기술훈련이 있다(안병환 외 공역, 2003).

- 인지재구조화 : 특정한 부정적, 부적응적인 사고와 행동을 적응적인 행동으로 대체하기 위하여 재구조화를 한다.
  - 클라이언트를 괴롭히는 사고나 그것이 발생하는 상황을 명확히 확인하도록 한다.
  - 괴롭히는 사고에 뒤따르는 정서적 반응, 불쾌한 기분이나 문제행동을 정의한다.
  - 괴롭히는 사고를 멈추도록 돕기 혹은 합리적이거나 바람직한 사고를 생각하도록 돕는다.
- 인지적 자기지시 : 자신의 내면의 대화와 겉으로 드러나는 자기진술을 하게 함으로써 힘든 사건이나 상황을 적절하게 대처하고 행동문제를 해결하도록 한다.
- 인지적 심상기법 : 클라이언트의 두려움이나 불안의 감정을 심상으로 이미지화해서 상상하게 하므로 대면하고 직면해 보면서 감정의 변화를 시도한다.
- 자기주장훈련 : 클라이언트가 자기 의사나 견해를 잘 표현할 수 있도록 훈련시키며 다른 사람의 감정이나 욕구에도 민감하게 알아차리고 반응할 수 있는 능력을 키우므로 대인관계를 잘 할 수 있도록 한다.

2. 반두라의 사회학습이론

학습목표

1. 사회학습이론의 인간관을 이해한다.
2. 사회학습이론의 주요 개념을 이해한다.
3. 사회학습이론을 사회복지실천현장에서 적용할 수 있다.

생각할 과제

1. 사회학습이론의 모델링을 적용하여 춤, 운동, 악기연주 등 관심분야에 도전하였던 성공경험을 나누어 봅시다.
2. 나의 자아효능감을 높일 수 있는 방법들을 논의해 보고 토론해 봅시다.
3. 사회학습이론의 모방은 아동이나 유아에게 매우 중요하다. 예를 들어, 어린이집교사가 유아에게 미칠 긍정적인 모방행동은 어떤 것들이 있는지 나누어 봅시다.

1) 앨버트 반두라(Albert Bandura, 1925~현재)의 소개

반두라는 1925년 캐나다에서 앨버타 주에서 태어나 아주 작은 마을에서 성장하였다. 그 당시 초등학교부터 고등학교까지 통합된 작은 학교에서 고등학교까지 졸업을 하였다. 그는 친구들과 함께 스터디그룹을 만들어 독학으로 스스로 공부하였다. 이것은 졸업생들이 성공적인 직업을 갖는 데 많은 도움이 되었다고 회상한다. 자기관리를 중요시하는 신념을 갖게 된 동기가 되기도 하였다. 캐나다 브리티시 컬럼비아 대학에서 1949년 심리학 학위를 마쳤다. 미국 아이오와 대학에서 석사와 박사 학위(1952년)를 받았다. 그 후 스탠포드 대학에서 심리학과 교수로 지금까지 재직 중에 있다. 반두라는 아이오와 대학에서 교육심리학자로 유명한 케네스 스펜스(Kennth Spence)에 의하여 학습이론적, 실험적 접근에 많은 영향을 받았다. 그는 초기에 임상심리학

에 많은 관심을 가지고 심리치료 과정이나 가족상황에서 아동의 공격성에 대한 것이나 아동의 모방학습을 관찰하였다. 그는 스펜서의 영향으로 행동수정이나 모델링, 관찰학습, 자기관리, 자기효능감에 더 많은 연구를 하게 되었다.

그의 저서로는 리처드 월터스와 공저 『청소년의 공격성(1959)』, 『사회학습과 성격발달(1963)』, 『행동수정의 원칙(1969)』, 『공격성 : 사회학습의 분석(1973)』, 『사회학습이론(1977)』 등이 있다. 그는 1980년 미국 심리학회로부터 우수과학자상을 수상하였고, 전문적인 연구자, 교사, 이론가의 탁월한 모델, 혁신적인 실험자로 사회학습이론에 많은 영향력을 끼친 인물이다.

2) 주요 개념, 이론의 내용

(1) 인간관

상호결정론은 인간이 환경의 동물이지만 성격이나 행동이 환경에 지배되어 결정되는 것을 반대하는 입장이며 자신의 고유한 내적인 특성에 의해서만 결정되는 것도 거리를 두는 입장으로 개인의 내적인 요인과 환경과의 상호작용을 중요시한다. 이런 반두라의 관점을 사회학습이론이라 말한다. 한 개인의 행동을 이해하기 위해서는 관련된 환경, 또는 상황을 파악해야 하며 그리고 환경에 반응하는 개인의 내적인 요인들과 간접적인 경험들도 중요시해야 한다.

인간의 행동은 개인(person), 행동(behavior), 환경(environment)과의 지속적인 상호작용의 결과로 보며 개인적 요인과 사회적·상황적 요인들의 영향에 의하여 이루어진다. 어떤 상황에서 개인의 행동은 상황적인 조건들과 자신의 개인적인 요인들(지각, 사고, 기대, 열망, 선호도) 간의 상호작용의 결과로 나타난다.

반두라의 사회학습이론에서는 개인의 행동과 사고방식들은 자신의 환경적인 조건들에 의하여 형성된 것으로 본다. 개인 자신의 내적인 욕구나 동기, 특성보다는 어떤 행동과 관련된 구체적인 환경적인 조건들과 개인의 인지적인 요인들이 더 중요하다고 본다. 행동주의 이론처럼 직접적인 강화 없이도 관찰 또는 대리학습을 통해 학습 습득이 가능하다고 본다.

(2) 관찰학습

사회학습 이론가인 반두라는 사회적 환경과 아동의 인지능력이 학습과 발달에 중요하다고 강조한다. 아동의 행동은 다른 사람의 행동을 관찰함으로써 학습효과를 나타내며 모델을 흉내 내기도 한다(Bandura, 1977). 반두라와 월터스는 아동의 공격성은 상당 부분 부모로부터 학습되며 또한 또래집단이나 대스컴을 통해서도 배운다. 특히 공격성이 학습되는 것은 긍정적인 강화와 모방을 통해서다. 다른 아이를 때리고 왔을 때 부모가 '용감하다'고 말하면 긍정적인 강화가 작용하여 아동은 공격성향이 더 나타난다. 부모와 교사들이 사용하는 신체적인 처벌이나 꾸중 같은 부정적인 강화도 관심을 끌려는 아동에게는 공격성을 강화시키는 방법이 될 수 있다. 공격행동은 다른 사람의 행동을 보고 관찰학습으로 모방하여 나타나기도 한다. 이와 같은 관찰학습을 '사회적 모델링'이라고 한다(Bandura & Walters, 1963).

반두라에 의하면, 관찰학습에는 주의, 기억, 운동재생, 동기유발의 네 가지 과정이 필요하다고 한다. 이 중 한 과정이라도 빠지면 사회학습이론의 모델은 불완전한 것이 되며, 성공적 모방이 이루어지지 않는다. 관찰학습의 4단계 과정은 상호연관된 과정으로 다음과 같다(이훈구 역, 1983 : 278; 엄신자, 2007 : 386).

① 주의집중(Attention)과정 : 모델행동을 정확하게 어떤 특성을 지각하기 위해서는 주의집중해야 한다. 어떤 행동을 보는 것만으로는 효과가 없고 필요한 정보를 끌어낼 수 있는 주의집중력이 필요하다. 이 단계에서 관찰자는 행동의 어느 것을 선택적으로 지각하고 어느 것을 습득할 것인가를 결정한다. 반두라는 무엇을 선택적으로 관찰할 것인지 결정하는 단계로 아동이 사회적 모델로 선택할 가능성이 높은 대상으로는 일반적으로 다정하고 친절하게 보살펴 주는 사람, 또는 유능하고 강력한 힘을 가진 사람, 개인적인 매력, 보상이나 처벌을 주는 사람 등이었다.

② 기억(Memory)과정(파지과정, 보유과정) : 관찰을 통하여 얻은 중요한 정보를 기억(memory)하는 능력이다. 이 같은 측면은 필요에 따라 회상될 수 있고, 유용하게 이용될 수 있다. 기억은 시각적인 이미지 같은 심상(imagery)의 상징적인 형태로 저장되어야 하고 관찰한 사건에 대한 언어적 부호화로 모델의 행동이 언어적으로 묘사되면서 더 많은 관찰학습이 촉진된다. 이러한 기억의 요소는 한 사건을 내면화하고 나중에 그 순서를 재생하도록 해준다.

③ 운동재생(Motoric Reproduction)과정 : 모방하고자 하는 행동의 상징적으로 부호화된 기억을 적절한 행동으로 전환하는 과정이다. 학습자가 완전한 행동을 하기 위해서는 지속적인 연습과 피드백을 받으며 자기수정으로 이어질 때에 가능하다.
여기서는 행동의 신체적 수행능력이 학습자에게 필요하다. 예를 들면, 야구 공치기 학습은 공을 보고, 공의 정확한 각도와 시간에 맞추어 방망이 휘두르기로 구성된다. 성공적인 모방을 하기 위해서는 아동이 이 모든 행동을 하나하나 수행할 수 있어야 한다.

④ 동기유발(Motivation)과정 : 모델행동에서 충분한 긍정적인 보상이나 동기는 행동을 수행하려는 데에 중요한 요인이다. 동기를 유발하는 데에는 직접 강화 또는 대리강화의 형태를 취한다. 직접강화의 동기유발은 전통적 자극 - 반응 모델이나 관찰학습에서 제시하는 강화와 같은 형태이다. 그러나 대리강화(vicarious reinforcement)는 사회학습이론적 접근에서는 잠재적인 학습자가 다른 사람이 강화받는 행동을 관찰하고 자신도 그러한 행동을 하는 현상을 말한다. 모델의 행위가 가치 있는 결과로 이어지고 긍정적인 보상을 가져오면 자기도 보상을 얻게 될 것이라는 동기유발로 타인을 모방한다.

〈표 3-3〉 관찰학습과정

주의집중과정	• 무엇을 선택적으로 관찰할 것인지 결정하는 단계 • 모델의 행위에 주의를 집중하는 단계
기억(혹은 보유)과정	• 관찰한 내용(모방할 행동)이 기억되는 과정 • 파지과정 혹은 보존과정이라고도 함
운동재생과정	• 모델을 모방하기 위해 심상 및 언어로 기호화된 표상을 외형적인 행동으로 전환하는 단계
동기유발과정	• 강화를 통해 행동의 동기를 높여주는 단계 • 동기는 행동을 수행할 가능성을 높이며, 학습 후 그 행동을 수행할지 여부를 결정하는 데 중요한 역할을 함

(3) 모델링(Modeling)

다른 사람의 행동을 관찰하여 그 행동을 모방하는 것을 관찰학습, 또는 모델링이라고 한다. 모델링의 효력은 반두라와 월터스(Bandura & Walters, 1963)에 의해 충분히 입증되었다. 교사들의 말과 행동은 아동들에게 강한 영향력을 행사한다. 교사의 행동과 특히 인기 있는 친구나 나이가 많은 영유아들의 행동은 좋은 행동이든 나쁜 행동이든 강한 영향력을 발휘한다.

반두라의 연구에 의하면 아동은 훌륭하다고 생각하는 사람의 행동을 훌륭하지 않다고 생각하는 사람보다 모방을 더 잘하며 자기와 이성적인 모델의 행동보다는 동성적인 모델의 행동에 더 잘 모방하며 돈, 명성, 높은 사회경제 연령이나 지위에서 자기와 비슷한 모델을 더 잘 모방하는 경향이 있었다(Bandura & Walters, 1963).

(4) 자아강화(Self-Reinforcement)와 대리강화

① 자아강화

개인이 자신의 감정, 사고, 행동을 통제할 수 있는 능력을 가지고 있다고 보며 이런 능력으로 자신의 행동을 유지하거나 변화시키는 과정을 자아강화라고 한다. 스스로 자신을 위하여 보상이나 처벌로 통제를 한다. 즉, 자신의 기대치나 목표를 이루었으면 자신에게 보상을 주고 원하는 목표를 수행하지 못했을 때는 스스로 처벌을 하는 형식이다. 이런 자기강화의 역사가 개인 간의 성격차이를 만들어 낸다(김현택 외, 2003).

반두라는 인간의 행동은 보상이나 처벌에 의해서가 아니라 스스로 정한 개인의 내적 동기나 목표에 의해서 조정될 수 있다고 본다. 자기행동의 적절성에 대한 판단기준은 다른 사람들의 성과와 비교하고 자신의 과거의 행동과 현재의 행동의 성과를 비교함으로써 합리적인 기준을 찾는다.

② **대리강화**

자기 자신에게 직접적인 보상이나 처벌이 없이도 다른 사람인 모델의 행동의 강화나 처벌을 보고 자신의 행동을 촉진시키기도 하며 통제할 수 있다.

(5) 자아효능감(Self-Efficacy)

반두라는 우리가 자신과 타인들을 포함한 사회적 자극들을 지각하고 알고 이해하는 방법을 사회적 인지라고 말한다. 사람들은 자신의 감정과 행동에 대한 '인식자', '지각자'로 초점을 맞추며 인간의 행동을 '자기조절 체계(Self Regulatory System)' 속에서 이해하려고 한다(Bandura, 1986). 반두라는 대표적인 사회인지적 동기로 '자아효능감'을 말한다.

자아효능감은 특정한 시기에 특정한 유형의 과제를 수행할 수 있는지에 대한 자신의 능력에 대한 판단을 말한다. 자아효능감은 행동수행에서 동기로도 작용하며 시도한 행동의 질을 결정하는 요인이 되기도 한다. 자기 자신이 어떤 일에 능숙하며 잘 할 수 있다고 믿는 사람은 새로운 것에 도전하는 정신이나 모험심도 가능하다. 또한 주어진 일에 대한 성공적인 처리는 자신의 자아효능감을 더 크게 부각시킨다.

(6) 효율감 동기(Effectance Motivation)

인간이나 동물이 전통적으로 생리적 욕구나 행동주의의 강화(보상과 벌)와 상관없이 어떤 행위에 몰두한다는 것이다. 예를 들어, 새끼 고양이가 공을 주면 탐색해 보고 가지고 노는 것처럼 아동들의 기차놀이, 의사놀이, 인형놀이, 퍼즐게임놀이 등은 생리적인 욕구나 강화로는 설명이 안 되는 행동들이다. 화이트(White, 1959)는 동물이나 인간이 단순한 호기심이나 탐색, 놀이와 같은 욕구들이 존재하며 이런 행위들은 내적 동기에 의한 것으로 보았다. 반두라는 이러한 욕구를 구체적으로 효율감 동기(effectance motivation)로 설명한다.

이런 행동들은 유기체가 본능적으로 자신이 처한 환경을 효율적으로 다루려는 욕구를 말한다. 아이들이 뛰어다니며 뒹구는 행동들은 자신의 신체가 주어진 환경에 능숙해지려는 동기와 연관이 있다. 또한 자극을 추구하며 행동하는 것도 내적 동기와 관련이 있다. 무서운 영화를 보면서 공포심 유발이나 놀이기구를 타며 고도의 흥분상태를 추구하려는 내적 욕구가 있다. 인간의 행동은 강화요인에 의한 것보다는 탐색, 호기심, 효율감, 자극추구 같은 욕구가 내적 동기를 불러일으킨다고 보았다(김현택 외, 2003).

3) 반두라의 사회학습이론과 사회복지실천

반두라는 사회학습이론에서 클라이언트의 사회적 환경을 중요시 여기며 환경 속의 개인, 행동, 환경과의 지속적인 상호작용에 의하여 결정된다고 본다. 개인은 타인의 행동을 관찰하므로 학습이 가능하며 변화가 가능하다고 본다. 즉, 다른 사람의 행동을 모방하기만 해도 행동에 대한 학습이 이루어진다. 또한 직접관찰뿐만 아니라 텔레비전, 책, 라디오, 신문, 다른 사람 이야기를 통해서 알게 된 행동도 학습효과가 있다. 그러나 어떤 행동을 학습하기 위해서는 연습이나 강화가 필수적이 아니라 그 행동이 강화되는 것을 관찰하는 것이 필수적이라고 본다. 강화는 관찰하는 사람의 주의를 끌기 때문에 학습을 촉진시키며 유사한 상황에서 행동의 선택과 수행에 영향을 끼칠 뿐이다. 사회학습이론에서도 행동을 유발하는 자극조건이나 상황에 관심을 두지만 상황에 대한 개인의 지각이나 기대, 평가 등 개인적 요인을 더 중요시 여긴다.

반두라(1973)는 공격행동은 강화에 의하지 않고도 모델의 행동을 관찰하여 모방함으로써 학습된다고 주장한다. 이런 사실은 아동들이나 청소년들에게 공격적 폭력물인 TV나 컴퓨터 게임, 영화들은 공격행동 자체와 공격행동 방법에 대한 모방이 가능하다고 본다. 이런 의미에서 아동과 청소년들에게 공격적인 폭력물들에 대한 접근을 적절하게 통제하는 방법이 강조된다.

반두라의 사회학습이론은 다음과 같은 의의가 있다.

① 개인의 신념이나 가치형성에 기여하는 자아효능감이나 자기강화는 변화의 과정에 필수적으로 적용할 수 있는 방법들이다. 불안이나 우울감을 가진 클라이언트에게 긍정적인 사고와 자기효능감은 효과적이라고 볼 수 있다.

② 부모교육에서 사회적 모델링을 통하여 문제행동을 적절하게 수정하는 데에도 적용될 수 있다. 부모들의 자녀양육방식을 좀 더 바람직한 의사소통방식이나 반응하는 방식으로 자녀의 감정을 코치하는 기술을 보여주고 자녀에게 어떤 변화가 나타나는지 모델링을 통하여 부모교육을 할 수 있다.

③ 아동들에게 미래의 직업이나 원하는 사람에 대한 모델링을 부여하고 모방하고 닮아가도록 학습하는 것도 효과적이다. 성공한 삶의 모델, 행복한 가정의 모델, 위기를 극복한 용감한 사람의 모델, 장애를 이겨내고 자기 꿈을 이룬 사람들의 모델들은 항상 도전과 공감을 불러일으킬 수 있다.

3. 피아제의 인지발달이론

학습목표

1. 인지발달의 주요 개념을 이해한다.
2. 인지발달의 발달단계를 이해한다.
3. 인지발달이론을 사회복지실천현장에 적용할 수 있다.

생각할 과제

1. 전조작단계의 유아들의 인지발달단계의 특성에 맞게 학습과 놀이를 한다면 어떤 것들이 효과적인지 생각해 봅시다.
2. 조원들이 일주일에 한 번씩 1장의 사진을 찍어서 공유하고 왜 이 사진을 찍었는지 설명해 보며 논의해 봅시다.
3. 나의 비합리적 신념으로 인하여 대인관계에서 가졌던 어려움이나 갈등상황을 이야기해 봅시다.

1) 장 피아제(Jean Piaget, 1896~1980)의 소개

아동발달 심리학자인 장 피아제는 1896년 스위스의 뉴사텔(Neuchatel)에서 태어났다. 아버지는 뉴사텔 대학 중세문학 교수였고 어머니는 아주 지성적이고 감성이 풍부한 여성이었다. 그가 11살 때, 알비노(Albino)라는 참새의 서식을 관찰하고 쓴 글은 뉴샤텔(Neuchatel)의 박물학 학술지에 게재된 적이 있다. 그는 어린 시절부터 자연현상에 남다른 관심을 가지고 자연 속에 서식하는 새, 물고기 등의 생물학에 비범한 재능을 보인 학생이었다. 그는 22살인 1918년에 뉴사텔 대학에서 동물학으로 박사학위를 받았다. 생물학에 비범한 재능과 흥미를 보인 피아제에게 사무엘 코넛(Samuel Cornut)은 다른 학문분야에 관심을 갖게 된 중요한 계기가 되었다. 피아제는 철학, 종교, 논리학에 이르기까지 관심분야가 넓혀졌다. 1920년 파리의 비네(Alfred Binnet) 실험

실에서 아동용 지능검사를 만들면서 아동의 오답에 주목하여 아동의 사고에 독특한 특성이 있음을 알아내고 아동이 어떤 사고를 하는가를 연구하게 되었다.

피아제는 먼저 그의 아이들이 노는 것을 보면서 인간의 적응에 관심을 돌렸다. 그는 아이들은 놀이를 통해서 적응하는 것을 배우고 있다는 사실을 발견했다.

1920년에 「정신분석학과 아동심리학」이라는 논문을 발표했으며, 그 다음 해에 프랑스의 파리로 가서 2년 동안 논리학, 인식학, 철학, 그리고 이상심리학 등을 연구하게 되었다. 그때 그는 파리에 있는 시몬(Simon)과 함께 지능문제에 관해서 연구하게 되었는데, 연구과제는 표준화 추리검사를 개발하는 것이었다. 표준화 추리검사는 모든 아동에게 동일한 문항을 주어 모든 아동이 이에 반응하도록 요구된 검사이다. 그는 아동들이 나이에 따라서 사고의 질이 서로 다르다는 결론을 내린다. 아동의 지능문제가 아동의 사고구조를 규명하는 방향으로 연구되어야 하며, 지능 연구의 방법으로서 표준화 검사방법은 부적당하며 비구조화된 임상적 방법이 효과적이라고 판단하게 되었다.

피아제는 유아의 감각운동성 활동은 바로 지능활동의 원형이라는 것도 밝혀낸다. 이후 30여 년 동안 그는 임상학 연구방법을 사용해서 아동의 인지과정을 이해하는 일에 사망하기까지 아동들의 논리발달, 인과관계의 추론, 사고, 도덕성의 발달, 아동의 세계에 대한 인식 등 영아기와 아동 초기의 심리적 발달에 전념하였다.

2) 주요 개념, 이론의 내용

(1) 인지이론의 기본 가정

인지(cognition)란 인간이 외부세계를 이해하고 파악하는 지각능력이며 인식능력으로 지식, 의식, 학습, 사고작용, 개념화, 지각, 학습 등 모든 정신적 과정을 말한다. 인식은 자신의 경험을 조직화하고 의미를 부여하는 과정으로 말한 것을 주관적으로 해석하고 문제를 해결하며 정보를 종합하고 복잡한 과제를 분석하는 포괄적인 인지활동을 말한다(이인정 외, 2000). 워너(1982)는 생각하기에 따라 행동은 달라질 수 있다고 하여 인지를 사고라는 좁은 의미로 사용하고 있다. 최근에는 인지를 지식, 지능, 사고, 환상, 상징, 합리화, 개념화, 환상, 지각, 기억, 주의집중학습 등 인지에 속하지 않는 심리적 과정은 없다고 말할 정도로 광범위하게 받아들인다(Flavell, 1985).

인지이론은 인간의 성장과 변화 그리고 잠재력에 대하여 가능성을 보이는 비결정론적 입장이다. 개인적인 의미로 구성하는 인지과정은 타인을 지각하고 이해하는 것, 외부세계를 이해하는 것, 보상이나 처벌로써 경험하는 것, 어느 것에 주의집중하거나 간과하는 것 등이 있다. 세상이 어떠하느냐보다는 개인이 세상을 어떻게 지각하고 이해하느냐가 더 중요하다. 개인의 인지왜곡은 사실을 그대로 보지 못하고 왜곡하여 자기방어를 하며 대인관계를 어렵게 만들고 사회생활의 적응을 어렵게 만든다.

〈표 3-4〉 인지이론의 기본 가정

① 인지발달은 개인이 환경과 상호작용에서 이루어지는 적응과정이다.
② 특정 연령에서 각 개인의 특정 영역의 인지적 유능성은 개인이 기능하는 맥락에 따라 차이가 있다.
③ 인지는 개인이 환경적인 경험에 의하여 습득되고 개인이 이러한 경험의 의미를 능동적으로 구성하여 만들어 낸 결과다.
④ 개인은 환경적 사건을 인지적으로 표상하고, 이에 따라 행동한다. 예를 들어, 개인이 사건의 어떤 측면에서 선택적으로 주의를 기울이며, 어떤 의미를 부여하는가에 따라 행동이 달라진다.
⑤ 사고, 감정, 행동 그리고 그 결과는 원인적으로 관련성을 지니고 있다.
⑥ 개인의 인지적 표상모델은 사회적 기능과 정서적 변화에 영향을 미치며 변화가 가능하다.
⑦ 인지변화는 정서적 변화와 행동변화에 영향을 미친다(김동배・권중돈, 2005).

(2) 도식(Schema)

도식은 개인이 사물이나 사건, 사실에 대한 전체적인 이해의 틀을 말한다. 생리적으로 가지고 태어난 것이 아니라 환경과의 접촉을 통하여 반복되는 행동과 경험에 의하여 만들어진다. 도식은 반복되는 행동을 통해서 더 세분화되고 통합되며 수많은 도식과 복합적인 고차원의 도식이 만들어진다. 도식은 인간으로 하여금 사고를 조직하게 하고 환경에 적응하게 하는 심리적 구조이다.

도식이란 한마디로 아동 자신의 경험적 활동에 의해 조직화한 행동양식이라고 말할 수 있다. “도식은 행동이 유사한 상황 속에서 반복되거나 전이되면서 일반화되는 행동의 구조나 조직이다”(Piaget & Inhelder, 1969 : 4). 피아제는 아동의 모든 행동이나 사고의 목적은 보다 만족스러운 방법으로 환경에 적응하도록 하는 것으로 보았다. 도식은 유아가 손가락을 입에 넣는 것과 같은 단순한 것에서부터 수의 개념을 이해하는 것, 언어발달의 과정, 성인이 자동차를 운전하는 사고와 행동의 통합성이 필요하기도 한 경우도 있다. 모든 도식이 발전하는 과정은 동화(assimilation)와 조절(accommodation)이 서로 상호보완적이면서 동시적인 정신과정을 통해서 일어난다(Piaget & Inhelder, 1969).

(3) 지식의 습득과정

동화와 조절과정은 유기체의 생물학적인 과정을 말하는데 피아제는 아동의 인지과정을 인용하여 설명하였다. 피아제의 이론에 의하면, 아동의 사고는 동화와 조절의 두 과정을 통해서 발달해 나간다. 동화란 개인이 이미 갖고 있는 도식을 이용해서 새로운 자극이나 정보를 그 도식에 맞게 이해하는 사고과정이다. 동화는 새로운 정보가 들어왔을 때, 아동이 기존에 있던 도식으로 잘 받아들이는 통합과정을 말한다.

그러나 새로 들어오는 정보가 반드시 현존하는 도식으로 잘 이해할 수 없을 때에 아동은 자신이 가지고 있는 현재의 도식을 수정해서 새로운 도식을 만들어 가는 것을 조절이라고 한다. 이러한 과정은 인지적 이해의 틀을 변화시킴으로써 발달해 간다.

동화와 조절은 상보적인 형태로 동시에 일어나게 된다. 즉, 어떻게 할 것인가라는 문제에 직면했을 때, 이미 알고 있는 지식을 적용시키는 동화의 과정과 무엇인가 새로운 방법을 습득하는 조절의 과정이 우리의 사고 과정에서 동시에 일어나고 있는 것이다.

동화가 조절보다 더 훨씬 많이 일어난다면 사고는 자기중심성 내지 자폐적인 방향으로 발전할 수 있다. 가장 좋은 예가 아이들의 상징놀이다. 반대로 조절이 동화보다 더 우세하면 행동은 모델이 되는 사물이나 행동을 그대로 따라 하며 대표적인 것이 모방행동이다. 발달단계의 향상이나 인지발달 수준이 높아진다는 것은 모방이 점차적으로 지연반응으로 변하여 모방행동이 내면화, 상징화되는 것을 의미한다(김현택 외, 2003).

인지의 평형화(equilibration)는 동화와 조절이 균형을 이루지만 시간이 지나면서 자기 자신의 환경이 변화하게 되면 불균형이 발생하는데 이때 다시 새로운 평형상태로 도달하려고 노력하는 것을 인지의 평형화라고 한다. 즉, 인지구조에 갈등이 생기면 그 갈등이나 문제를 해결하기 위하여 인지구조화를 통해서 인지적 균형을 유지하면서 새로운 환경에 적응과 조직화의 기능을 조절하는 기능을 담당한다.

피아제 이론에서 강조하는 것이 "아동이 주체적인 조작(operation)활동을 통하여 자신의 인지구조(cognitive structure)를 형성"하는 것이다. 아동의 지능이 발달한다는 것은 내적 심리구조, 즉 인지구조가 복잡해지는 것이다. 이 구조는 아동의 발달단계에서 복잡해지는 방향으로 구성되며 재구성된다. 구조 내부에 새로운 것이 생겨나며 구조가 이루어지는 상황이 변화하는 과정을 통하여 점차 정교해진다(김현택 외, 2003).

이 구조는 아동이 초기에는 감각-운동적인 협응행동이 일차적으로 나타나는 것은 감각-운동이 우리의 사고를 특징짓는 결정적인 구조라고 보았다. 피아제의 통찰은 구조를 지능의 생성·발전에 의한 것으로 보았고 인간이 자신의 발달을 만들어 내는 것이라고 보았다. 인지발달에 관한 피아제의 사고는 유기체와 환경과의 끊임없는 상호작용에 의한 인간발달로 후기 구성주의(constructivism) 이론에도 수용되었다.

(4) 인지발달단계

피아제는 아이의 인지가 감각이나 운동발달에서 시작하여 논리적 사고의 습득과정인 형식적 사고로 이어지는 인지발달단계를 네 단계로 설명한다. 즉, 감각운동기－전조작기－구체적 조작기－형식적 조작기를 통하여 적응하는 것으로 본다. 각 단계별로 인지발달은 개인의 지능이나 사회환경에 따라 차이는 있을 수 있으나 발달순서는 뒤바뀌지 않는다고 설명한다.

각 단계의 사고 과정은 서로 다르며 시간이 경과함에 따라서 더욱 복잡하고 객관적이며 심리적 구조를 통합한 것으로 나타난다.

피아제의 인지발달단계를 프로이트와 에릭슨의 발달단계와 연관지어 살펴보면 다음과 같다.

〈표 3-5〉 피아제의 인지발달단계

<table>
<tr><th>연 령</th><th colspan="2">인지발달단계</th><th>특 징</th><th>프로이트</th><th>에릭슨</th></tr>
<tr><td>0～2세</td><td colspan="2">감각운동기</td><td>자극에 대한 반응, 직접적인 신체감각과 경험을 통한 환경 이해, 대상영속성 발달, 사회적 애착 확립</td><td>구강기
항문기</td><td>신뢰－불신</td></tr>
<tr><td rowspan="2">2～7세</td><td rowspan="2">전조
작기</td><td>전개념적
사고기</td><td rowspan="2">자아중심성, 직관적 사고, 물활론, 상징적 기능, 타율적 도덕성, 중심화(집중성), 비가역적 사고, 대상영속성 획득, 보존개념</td><td rowspan="2">항문기
남근기</td><td rowspan="2">자율성－수치심
주도성－죄의식</td></tr>
<tr><td>직관적
사고기</td></tr>
<tr><td>7～11세</td><td colspan="2">구체적 조작기</td><td>경험에 기초한 사고, 논리적 사고, 보존개념 획득, 분류화, 서열화, 탈중심화, 가역적 사고, 자율적 도덕성</td><td>잠복기</td><td>근면성－열등감</td></tr>
<tr><td>12세～성인기</td><td colspan="2">형식적 조작기</td><td>추상적 사고, 가설, 연역적 추론, 조합적 사고</td><td>생식기</td><td>자아정체감－
역할혼란</td></tr>
</table>

피아제와 인헬더가 설명하는 인지발달단계별 특징을 구체적으로 살펴보면 아래와 같다(Piaget & Inhelder, 1969).

① **감각운동기**(Sensory Motor Stage, 0~2세)

출생부터 약 2세까지 피아제가 감각운동기라고 말한 것은 이 단계에서 유아는 반사적이고 감각기능과 운동능력을 통해서 세상이나 사물에 대한 탐색을 하기 때문이다. 유아가 사물에 눈을 맞추거나 손가락으로 입에 넣고 빠는 행위나 붙잡는 행위들은 가장 기본적인 지적 발달의 시작으로 본다. 감각운동을 통하여 지식이 발달하는 것이다. 유아는 자신의 감각을 이용하고 운동능력을 활용하여 자신의 결과에 민감하게 반응하며 흥미를 느낄 때는 이것을 반복한다. 유아가 행동하고 그 행동의 결과가 또 다른 반복적인 행동을 보이게 하는 '순환적인 행동'이다. 이 시기 유아의 주요 발달과업으로는 ① 주변의 여러 대상으로부터 자신을 분리시키기, ② 빛과 소리에 반응하기, ③ 흥미 있는 일을 계속하기, ④ 조작을 통한 물체의 속성 알기, ⑤ 대상영속성 개념 알기이다.

〈표 3-6〉 감각운동기의 인지발달단계

세부단계	연 령	인지발달
반사기	출생~1개월	① 빨기, 파악반사, 웃음, 울음, 미소반사, 움직이는 것을 보기 등 타고난 반사행동을 통하여 자극에 그대로 반응한다. ② 가슴에서 젖을 찾기 위하여 머리를 움직이는 것, 혀를 조절하는 것이 조절의 시작이다.
1차 순환반응기	1~4개월	① 우연히 어떤 행동을 하여 흥미 있는 결과를 얻었을 때 이러한 행동을 반복한다(예 손가락 빨기). ② 수많은 반복운동으로 다른 동작과 도식을 만든다. ③ 반복동작은 어떤 행위나 기술을 익히려는 목적행동이다.
2차 순환반응기	4~8개월	① 외부의 흥미로운 사건을 발견하면 다시 반복하려 한다(예 손을 움직여 딸랑이 흔들기). ② 자신의 행동과 예상되는 결과를 예측하며, 자신의 욕구 충족을 위하여 의도적으로 행동한다. ③ 의도적으로 전에 알게 된 행동을 새로운 상황에 이용하려는 것이 특징이다.

세부단계	연 령	인지발달
2차 도식의 협응기	8~12개월	① 친숙한 행동이나 수단을 통해 새로운 결과를 얻으려 하므로, 이 단계의 행동은 의도적이고 목적적이다. ② 장애가 나타날 때 장애물을 치우고 원하는 물건을 잡는 행동을 하는 분리된 도식을 협응시킨다. ③ 반복적인 행동은 정신적인 초벌그림으로 도식을 만들어 준다. 사고활동의 기초가 된다.
3차 순환반응기	12~18개월	① 친숙한 행동으로 목표에 도달할 수 없을 경우 새로운 행동 유형을 찾아내서 한다. ② 도식 자체가 크게 변화하게 되고, 능동적으로 새로운 수단을 발견한다. ③ 시행착오적 행동을 함으로써 상황에 맞게 변형시킨다.
통찰기	18~24개월	① 행동하기 전에 생각을 함으로써 사고를 통하여 해결한다. ② 수단과 목적의 관계에 대한 정신적 조작이 가능해진다. ③ 대상영속성 발달은 정신발달의 기초로 물체가 보이지 않아도 존재한다고 믿는 것은 생각기능이다.

참고 : 김동배 · 권중돈(2005); 권육상 · 이명제(2004).

② **전조작적 사고단계**(Preoperational Stage, 2~7세)

이 단계는 2세부터 7세까지 지속되는데, 조작(operation)이란 정보의 전환을 이해하는 정신능력을 의미한다. 이 단계에서 아동은 보이지 않는 것도 생각할 수 있고 사물을 나타내는 새로운 상징을 만드는 것을 즐거워하기도 한다. 사고는 비논리적이며, 환상이나 놀이를 통한 개념적 · 상징적 양식으로 수행할 수 있다(권중돈 · 김동배, 2005). 예를 들어, 막대기를 가지고 아이들은 총으로도 기타로도 변신하여 상징놀이를 한다. 이 시기의 아동은 대상의 특성은 알 수 있지만 대상에 대하여 아직 논리적으로 어떤 행동(조작)을 할 수 없다. 공 모양으로 된 찰흙 덩어리를 소시지 모양으로 만든 것을 보고 내용은 알지만 조작과정은 아직 이해하지 못한다. 똑같은 양이 모양만 바뀌는 과정에 대한 사고를 아직 하지 못해서 전조작단계라고 한다. 아이는 이 단계에서 조작의 변화된 사물에 대하여 많은 호기심과 놀라움을 가지고 즐거워하기도 한다. 이런 반복적인 경험들에 의하여 도식을 만들어 가며 다음 단계로 발달할 수 있게 된다. 이 시기의 사고단계를 전개념적 사고단계와 직관적 사고단계로 나누어 서술하면 다음과 같다.

■ 전개념적 사고단계 (2~4세)

이 단계에 유아는 발달한 도식이 내적으로 표상되는 전환기로서 다양한 언어발달과 신체활동에 적극적이다. 유아는 자기중심적이며 잘못된 개념과 현실적이지 못한 개념을 가지고 있다. 특성들을 보면 아래와 같다.

- 또래 간의 상호작용은 초기에는 자기중심적이다. 자신의 마음속에 있는 것에 대해서만 말한다.
- 물체를 하나의 준거에 의해서 수집할 수 있다(많은 단추 가운데 빨간색 고르기는 가능하나, 빨간색에 동그란 것 고르기는 어렵다).
- 수의 보존개념 : 같은 수의 동전을 길이를 달리 배열하였을 때는 긴 줄에 동전이 많다고 생각한다.
- 길이의 보존개념 : 같은 길이의 막대기를 달리 배열하였을 때에 옆으로 나온 것이 더 긴 막대기라고 생각한다.

■ 직관적 사고단계 (4~7세)

유아는 언어화되지 않은 모호한 인상이나 직관에 의존하여 잘못 판단하는 경우가 종종 많다. 지각에 의한 직접적 경험으로 사물이나 사건을 이해한다. 직관적 사고단계의 특성은 다음과 같다.

- 액체 보존개념 : 같은 양의 물을 다른 모양의 용기에 담았을 때 양이 다르다고 믿는다.
- 유목화 : 하위개념, 상위개념을 완전하게 구분하지 못하므로 분류능력이 불완전하다.
- 자아중심성 : 내가 생각하는 대로 남도 그렇다고 본다. 타인의 관점이나 입장을 고려하지 않은 채 자기 입장만 생각하고 행동하는 경향이다.
- 상징놀이 : 감각운동기 6단계에서 최초로 나타나 전조작기에서 가장 많이

발달한다. 이 시기의 아동은 베개를 아기라 하면서 업고 다니고 손을 문질러 씻는 흉내를 내면서 비누라고 하기도 한다.

- 물활론적(animistic) 사고 : 아동의 자연관을 특징짓는 것으로 모든 사물에 생명이 있고 생각이 있으며 감정이 있다고 믿는 것이다. 움직이는 것에 생명을 부여하고 움직이지 않는 것에는 부여하지 않는다. 탁자나 꽃은 움직이지 않으므로 죽은 것이고, 구름이나 자동차는 움직이므로 살아 있는 것으로 본다.
- 도덕적 실재 : 아동들의 놀이규칙에 관한 연구로 규칙은 지키지 않으면 벌을 받기 때문에 절대적으로 지켜야 하는 것으로 본다. 잘못을 하면 벌을 받아야 하는 결과에 더 치중한다.
- 인공론적 사고 : 유아는 모든 세상의 사물이나 자연현상을 사람들이 필요에 의해서 만든 것으로 생각한다. 사람들이 집이나 교회를 짓듯이 해와 달도 우리를 비추기 위해서 만든 것이라고 생각한다. 비가 오는 것은 하늘에서 누군가 커다란 스프링클러로 물을 뿌리기 때문이라고 믿는다(송길연 외 공역, 2005).

③ **구체적 조작단계**(Concrete Operational Stage, 7~12세)

이 단계는 7세에서부터 12세까지 지속되며, 구체적인 상황을 정신적으로 조직화하거나 변화시킬 수 있는 아동의 능력에서 유래한다. 아동의 진정한 논리는 조작에 관해 생각하고 이해할 수 있을 때 시작한다. 조작은 '가역적인 행동(reversible action)'이 가능하므로 새로운 추론능력이 발달할 수 있게 된다. 아이의 조작적 도식의 능력은 가역성에 있다. 진흙 덩어리로 소시지를 만들었다면 그것을 다시 둥그런 진흙 덩어리로 만들 수 있는 것이 가역성이다. 보존개념에 대한 이해가 발달하게 된다. 아동은 동일성, 보존개념과 가역성 세 가지 개념을 사용하여 사고할 수 있다고 본다. 아동은 더 붓거나 덜지 않았을 때는 액체의 양이 똑같다고 답할 수 있는 동일성과 이 컵은 길지만 저 컵은 넓어서 양이 결국 같다는 것을 볼 수 있는 양의 보존개념과 또 이것을 전에 있던 컵에 다시 부을 수 있기 때문에 두 컵의 양이 동일하다고 말할 수 있는 가역성 개념을 인식하는 것이 가능하다(Piaget & Inhelder, 1969).

초등 시기의 아동은 또래 친구들을 통하여 어느 정도 객관성을 가지고 보며 자기 생각 외에 여러 생각이 있을 수 있으며 자기 것이 옳다고 주장하는 자기 사고의 한계도 인식하고 배려나 양보도 가능하다. 그러나 여전히 아동의 사고와 정신적인 조작은 구체적으로 눈에 보이는 사물이나 현상에만 국한하여 피아제는 이것을 '구체적'이라는 단어를 사용하였다.

㉠ 보존개념의 획득 : 형태와 위치가 변화하더라도 물질의 양은 동일하게 유지된다는 개념의 논리를 사용할 수 있게 된다.

㉡ 역조작성(또는 가역성) : 어떤 변형된 상태를 반대 절차를 거쳐서 본래 상태로 되돌릴 수 있다고 상상할 수 있는 힘이다.

㉢ 분류개념 : 전체와 부분과의 관계, 상위유목과 하위유목과의 관계를 이해하는 능력이다.

㉣ 탈중심화 : 자아중심성으로부터 벗어나게 된다. 언어에서도 자기 말만 일방적으로 하던 의사소통방식에서 벗어나 타인의 입장, 감정을 생각할 수 있다. '세 산 모형 실험'에서 자기와 다른 위치에서 보는 산의 모양을 공간적 시각적으로 추론할 수 있다. 탈중심화는 언어의 발달로 의사소통이 이루어지면서 더 활발해진다.

㉤ 자율적 도덕관 : 또래들과의 상호작용을 통해 발달하며 협동을 하기 위해 규칙적으로 변화할 수 있음을 알 수 있게 된다.

㉥ 관계성 이해 : 대상과 대상 간 공통점과 차이점을 이해하는 능력이 가능하다.

- 서열화 : 사물들을 크기, 무게, 밝기와 같은 여러 특성의 양적 차원에 따라 차례로 나열하는 것이다.
- 유목화(분류) : 물체의 속성에 달라 분류하고 한 대상이 하나의 유목에 속하는 것으로 분류할 수 있는 능력이다(정옥분, 2004).

④ 형식적 조작단계(Formal Operational Stage, 12~15세)

형식적 조작기는 12세부터 15세까지 지속되는 단계로서 아동은 세상에 대한 다양한 종류의 개념에 대한 추상적 사고와 사물의 인과관계를 이해할 수 있다. 자신의 지각이나 경험보다는 경험하지 못한 사건에 대한 가설적이고 추상적인 합리화를 통하여 과학적 사고를 할 수 있게 된다. 이 시기의 도식은 실제 경험에서는 가역적이지 않던 것을 이론적으로 가능한 것에 대해서는 조작적 사고가 가능하다. 형식적 내용을 지닌 수학이나 이론적인 과학이 이 시기부터 가능하게 된다.

논리적인 가설검증 능력이나 추리력, 적응력이 발달하여 이 시기에 발달한 인지구조는 대체로 성인기까지 유지된다. 그러나 청소년기는 성인보다 자기중심적이고 논리적으로 행하지 않는 성인세대들을 보면 모순적인 현실을 수용하기가 어려워서 비판과 저항을 한다. 청소년기의 자아중심성을 자신의 사고에 무한한 힘을 부여하는 데에서 볼 수 있고 현실검증을 거치지 않고 거대한 미래구상이나 관념을 통한 변혁이나 유토피아를 꿈꾸고 자신이 좀 더 성인이 되었을 때는 비로소 자신의 사고에 대한 한계나 문제를 알게 되며 현실적인 수용을 하게 된다(송길연 외 공역, 2005).

이 시기의 인지발달의 특성으로는 아래와 같다(Piaget, 1965; 권중돈 · 김동배, 2005 : 355).

㉠ 청소년기는 더 추상적, 이상적, 논리적으로 추론이 가능하다.

㉡ 가설설정과 미래사건의 예측이 가능하며, 제시된 문제가 자신의 이전 경험이나 신념과 어긋난다 할지라도 처리가 가능하다.

㉢ 이 시기 아동은 추상적이고 가설적인 범위까지 확장하여 사고할 수 있다.

㉣ 조합적인 사고(combinational thinking)로 문제 직면 시 적용 가능한 해결책들을 논리적으로 모색하므로 적절한 문제해결 방법을 찾아낼 수 있다.

3) 피아제의 인지발달이론과 사회복지실천

발달심리학은 어떤 행동과 심리과정에 대한 질문으로 특정 행동과 심리과정이 어떻게 출현하며 이것이 어떻게 변화하는가에 더 관심을 둔다. 피아제의 아동 인지발달은 기억, 학습, 언어, 사회인지 등의 다양한 분야에, 특히 아동발달심리학자와 교육심리학자들에게 지대한 영향을 미쳤다. 피아제의 연구는 아동과 성인이 세상을 얼마나 다르게 지각하고 이해하는지 보여주는 것이 되었다. 아이는 어른의 축소판이 아니라 최적의 발달과정을 이루기 위하여 환경과 상호작용하며 개방적인 활동으로 성장하는 것이다. 피아제 이론의 핵심은 아동이 자신의 행동과 환경세계가 어떤 관계를 맺는지를 이해하려는 지적인 노력, 즉 개인이 스스로 확장된 세계에서 의미 있는 틀을 만들어 간다는 데에 있다(김현택 외, 2003).

인지이론은 행동과학 분야에 많은 영향을 미쳤으며, 임상적 영역에서도 인지 이론을 활용하는 경향이 높아지고 있다.

① 사회복지실천가들은 아동대상의 개입에서 아동의 인지발달단계를 잘 이해하고 아동 주도적인 활동이 훨씬 더 직접적인 환경과의 상호작용으로 교육에 효과가 크다는 것을 적용할 수 있어야 한다. 아동의 나이나 발달에 적합한 교육이나 놀이, 치료 프로그램이나, 학습방법들을 개발하여 발달장애 아동이나 학습지체 아동들에게 적절한 개입을 할 수 있어야 한다(엄신자, 2007).

② 아동 초기발달에서 정상적인 감각, 지각발달에 있어서 결정적인 시기가 있는 것으로 추정된다. 절적한 시기에 적절한 경험을 통해서 뇌가 정상적으로 발달되는데 이런 자극의 결핍으로 이 시기를 놓쳐버리면 발달에 장애가 온다는 사실에 부모교육이 절대적으로 필요하다.

③ 피아제가 주장하는 감각-운동기가 바로 유아들에게는 지식의 원동력이며 인지도식의 시작이라고 본다. 영유아기의 발달에서 사회복지실천가는

양육자로서의 역할을 기능적으로 수행할 수 있도록 아이의 반응에 적극적으로 반응하며 자극을 주므로 발달을 촉진할 수 있도록 하여야 한다.

④ 아동의 이해를 촉진하기 위해서는 같은 연령대의 아동이라도 발달속도에 차이가 있으므로 아동의 현재 기능수준을 파악하고 개별적인 맞춤식 교육을 강조하는 것은 사회복지실천가에게 아동에 대한 접근 방안을 제시해 준다.

⑤ 개인 도식은 개인이 스스로 확장된 세계에서 의미 있는 틀을 만들어 간다는 데에 있다. 이를 통해 생득적·경험적 마인드의 변화라는 관점에서 마음과 현실은 어떻게 상호 협력하느냐에 따라 마인드에 대한 관점이 변화할 수 있다. 사회복지실천가는 클라이언트가 자신의 경험의 의미를 이해하고 재해석하므로 변화를 시도하도록 원조해야 한다.

4) 엘리스의 합리적 정서적 행동치료(REBT)

(1) 주요 개념

① 자기언어 : 모든 정서적 문제의 주요 원인은 자기사고에서 말하는 자기언어에 달려있다. 자기언어에 따라 감정과 행동이 달라진다고 본다. 자기언어는 그 사람의 신념에서 나오는데 엘리스는 비합리적인 신념이 정서적 문제의 원인이라고 주장한다. 정서적인 문제는 개인이 독단적이고 무력하게 믿고 있는 비논리적이며 타당성 없는 사고 때문이며, 자기패배적인 감정에 휩싸이게 되어 나타나는 행동으로 본다(박경애, 1997).

② 합리적 신념 : 행동을 합리적이고 효과적으로 통제하는 것이다.

③ 비합리적 신념 : 주로 어린 시절부터 부모나 문화로부터 영향을 받아 형성된 것들로 자신은 언제나 성공적이어야 하며, 어떤 위험과 위협도 있어서는 안 된다는 식의 신념들이 여기에 해당된다. 이러한 신념들은 깨지기 쉽고 정서적으로 행동적 문제를 불러일으킨다. 비합리적이고 자기 패배적인 경

향의 특징은 인간은 모든 것이 자기 뜻대로 이루어지기를 바라고, 그렇게 되어야 한다고 믿고 있으며, 그것이 즉시 이루어지지 못했을 때는 자기 자신과 타인 및 세상을 비난하는 경향이 나타난다(권중돈 · 김동배, 2005).

④ 성격형성 : 자기언어의 반복은 태도, 가치, 신념을 형성하게 된다. 이것이 자아개념에 영향을 주고 개인의 전반적인 감정과 행동을 결정하게 된다. 이것이 성격이라 할 수 있다.

(2) 치료과정

인간의 문제는 잘못된 비합리적인 사고나 신념에 의해 야기되며 인간의 신념이나 생각들이 정서와 행동에도 크게 영향을 미친다. 엘리스(Ellis)의 합리적 · 정서적 · 행동치료(REBT : Rational-Emotive-Behavior Therapy)는 사회복지실천과 연관성이 높은 이론이다. 이 이론은 클라이언트가 비합리적이고 부적절한 자기 신념을 인식하고 보다 합리적이고 긍정적인 사고로 변하도록 돕는 것이다. 엘리스는 아래와 같이 비합리적인 신념이 부적응적인 정서와 행동에 영향을 미치는 과정을 ABCDE로 설명하였다(홍경자, 1995 : 295-296).

- A－선행사건(Activating event) : 개인이 당면하는 어떤 사건이 상황으로 정서적인 혼란을 야기하는 사건을 의미한다.
- B－신념체계(Belief system) : 어떤 사건이나 행위 등과 같은 환경적인 자극에 대해 개인이 갖는 태도, 사고방식을 의미한다.
- C－결과(Consequence) : 사건을 신념에 의거, 해석해서 느끼게 되는 정서적 결과이다.
- D－논박(Dispute) : 클라이언트가 가지고 있는 비합리적인 신념이나 사고에 도전하고 사리에 맞는지 검토해 보는 것으로 치료자가 촉구하는 과정이다.
- E－효과(Effect) : 클라이언트의 비합리적인 신념에 대해 논박하여 합리적인 신념으로 바꾼 뒤에 느끼게 되는 수용적이고 긍정적인 감정의 결과를 갈한다.

(3) 치료기법

사회복지사는 클라이언트의 신념이 어떻게 정서적 장애를 불러일으키고 있는지 설명해 준다. 합리·정서·행동치료자는 내담자의 변화를 위해 내담자의 비합리적인 절대주의적 생각을 최소화하도록 하기 위해 인지적 기법, 정서적 기법, 행동적 기법으로 나눈다(Ellis, 1989).

① 인지적 기법

클라이언트의 생각 중 비합리적인 생각과 그에 근거한 언어를 찾아서 합리적 생각과 언어로 바꾸는 것으로 이를 위해 논박을 사용한다. 논박은 상담과정 중 비합리적인 생각과 언어를 확인한 후 이를 합리적인 생각과 언어로 재구성하기 위해 아래와 같이 사용되는 기술이다.

〈표 3-7〉 인지적 기법의 단계

1단계	확인된 합리적 생각과 그에 근거한 자기 언어에 대해 규정하여 다시 진술하도록 하는 것이다.
2단계	규정하여 재구성한 생각이나 언어가 합리적인가를 묻고 답하는 것이다.
3단계	비합리적 생각이나 그 생각에 근거한 언어를 내담자가 하고자 하는 일에 도움이 되는 생각이나 언어로 대치토록 하는 것이다.

② 정서적 기법

정서적 기법이란 내담자가 선호하는 것과 당위적 사고를 구별할 수 있도록 정서적으로 이러한 사고 간의 차이를 극대화하는 다양한 수단을 이용한다.

〈표 3-8〉 정서적 기법의 유형

인지·정서 심상	• 내담자로 하여금 습관적으로 부적절한 느낌이 드는 장면을 생생하게 상상하도록 한 후에, 부적절한 느낌을 적절한 느낌으로 바꾸어 상상하면서 부적절한 행동을 적절한 행동으로 바꾸어 보는 것이다. - 이를 통해 비합리적 생각을 버리거나 합리적 생각으로 대치시키는 계기를 마련할 수 있다.
역할연기	• 역할연기에는 정서적 요소와 행동적 요소가 있다. - 역할연기 기법은 그 장면과 관련된 불쾌감의 밑바탕이 되는 비합리적 생각을 알도록 하는 데 중점을 둔다.
수치공격 연습	• 행동에 대해 주위 사람이 어떻게 생각할지에 대한 두려움 때문에 하고 싶은 행동을 하지 못하는 행동에 대해 실제로 행동을 해보도록 하는 기술이다. - 그 결과 주위 사람들이 내담자가 생각한 것보다는 관심이 없음을 알게 된다.
무조건적 수용	• 내담자의 어떤 말이나 행동을 무조건적으로 수용하는 기술이다. - 이러한 수용은 상담자의 언어나 비언어적 표현을 통해 내담자에게 전해질 수 있다.

③ **행동적 기법**

클라이언트에게 어떤 행동을 하게 하여 그의 신념체계를 변화시키고, 증상에서 벗어나 보다 생산적인 행동을 할 수 있도록 돕는 기법이다.

〈표 3-9〉 행동적 기법의 적용

• 일을 미루는 습관을 교정하기 위해서 당장 일을 착수하도록 유도한다. • 내담자가 실생활에서 새로운 행동의 시도를 통해 새로운 경험을 함으로써 비능률적인 습관을 버리도록 한다. • 조작적 조건형성, 자기관리, 체계적 둔감화, 자기표현 훈련, 이완, 강화와 처벌 등의 기법이다. • 행동치료는 행동의 변화가 주요한 목적이나 합리·정서·행동치료는 행동의 변화뿐만 아니라 생각, 더 나아가 정서까지도 변화시키려는 데 강조점을 둔다.

(4) 실천에 미친 영향

합리적 정서적 행동치료 이론이 사회복지실천에 미친 영향은 구체적으로 다음과 같다.

① 사회복지실천에서는 개인과 환경의 상호작용을 중요시 여긴다. 개인이 환경 속의 다른 사람의 행동이나 사건, 상황에 어떤 의미를 부여하고 있는가에 접근할 수 있는 이론적 틀을 제시하고 있다.

② 인지적 사고는 현실을 해석하여 정서와 행동에 영향을 주는 요인으로 작용한다. 문제를 클라이언트가 보는 관점으로 이해하고 클라이언트가 구성한 현실에 사회복지실천가가 개입하여야 한다는 것을 의미한다(Greene & Ephross, 1991 : 130).

③ 매우 위축되고 박탈된 집단이 모든 문제를 자신의 탓으로 돌리며 사회적 영향을 전혀 고려하지 못할 경우, 인지와 신념을 변화시키는 권한부여(empowerment) 접근의 근거가 되었다는 점에서 사회복지실천에 중요한 함의를 갖는다.

4. 콜버그의 도덕성 발달이론

학습목표

1. 콜버그의 도덕성 발달이론을 이해한다.
2. 도덕성 발달단계별 특성을 이해한다.
3. 도덕성 발달이론을 사회복지실천현장에 적용할 수 있다.

생각할 과제

1. 하인츠의 딜레마에 대해서 모두 답을 생각해 보고 토론해 봅시다.
2. 아동들의 도덕성과 지능발달과는 어떤 연관성이 있는지 생각해 보고 논의해 봅시다.
   - "공부 잘한 아이가 도덕성도 높다"
3. 나의 도덕성 지수에 대해서 구체적인 상황의 예를 들어 말해봅시다. 그리고 도덕성 지수를 높이기 위한 방안에 대해서도 나누어 봅시다.

1) 로렌스 콜버그(Lawrence Kohlberg, 1927~1987)의 소개

콜버그는 1927년 뉴욕 주의 브롱크빌(Bronxville)에서 부유한 집안의 아들로 태어나서 성장했으며, 매사추세츠에 있는 명문 사립고등학교인 앤드버 아카데미(Andover Academy)를 졸업했다. 제2차 세계대전이 종전될 무렵, 그는 고등학교를 졸업하였으나 곧바로 대학에 진학하지 않고 이스라엘의 난민들을 돕는 일에 앞장서게 되었다. 그러나 콜버그는 영국 군대에 의해 곧바로 체포되어 사이프러스에서 2년 동안 감금생활을 하면서 자신을 되돌아볼 수 있는 기회를 가졌다(Kohlberg, 1948). 이런 경험이 콜버그에게는 도덕성 발달이론과 도덕적 딜레마를 심리학적으로 연구하는 데에 많은 영향을 미쳤다.

콜버그는 1947년 시카고 대학에 아주 좋은 성적으로 입학했기 때문에 대학을 졸업하는 데 몇 과목만 수강하면 되었다. 이로 인해 4년간의 학업과정을 2년

만에 우수하게 마칠 수 있었다. 그는 거기서 심리학 과정을 마치고 임상심리학자가 되려고 하였으나, 곧바로 피아제에게 흥미를 가지게 되고 아동과 청년들을 대상으로 도덕성에 대한 면담을 하였고 그 연구 결과로 그는 1958년 12월 박사학위를 받게 되었다. 그는 박사학위논문 대상자들을 20년 동안 추적 조사하여 장기간에 걸친 도덕성 발달의 종단적 연구를 수행한 특별한 논문이었다. 그 후 콜버그는 보스턴에 있는 소아병원에 '러셀세이 레지던트(Russsell Sage Resident)'로서 잠시 머무른 후에 1959~1961년까지 예일 대학에서 심리학과 조교수로 활동을 하였고, 1968년 이후부터는 하버드 대학교 교수로 교육학과 사회학에서 연구와 후진을 양성하였다. 그는 대학원에서는 1987년 1월까지 그가 1947년 설립한 '도덕교육과 발달연구소'를 이끌었다. 그러나 그는 60세에 불치의 열대병을 비관하여 자살함으로써 자신의 생애를 마감하게 되었다(Garz, 1999). 콜버그는 솔직하고 겸손한 사람으로 도덕성을 중심으로 철학의 여러 논제에 대하여 심리학과 연계시켰으며 교육자이자 철학자인 루소, 존 듀이, 볼드윈 등의 선구자들의 사상을 재평가하고, 그들이 이해하기 쉽게 소개하는 데도 큰 도움을 주었다.

그의 주요 저서로는 『도덕성 발달의 의미와 측정(1979)』, 『도덕성 발달의 철학(1981)』 등이 있다.

2) 주요 개념, 이론의 내용

(1) 이론의 특성

콜버그는 피아제의 도덕성 판단연구에 관심을 갖고 종단연구와 비교문화연구로 도덕성 발달이론을 더 세분화하고 체계화하였다. 연구 방법론을 달리하여 '하인즈의 딜레마' 같은 가상적인 도덕적 딜레마를 아동들에게 제시하고 연령별로 개인이 그러한 상황에 처했을 때에 어떻게 행동할 것인지 그리고 왜 그러한 판단을 하게 되었는지 아동의 도덕적 추론적 사고에 중점을 두었다. 그는 도덕적 딜레마를 해결하는 데에 옳고 틀린 내용보다는 사고의 틀이나 추리 양상에 따라 도덕성 발달단계가 결정될 수 있다고 보았다. 아동의 도덕성 발달은 인지발달 수준에 따라서 그 단계가 결정되기 때문이다(허혜경 · 김혜수, 2002; 이근홍, 2006). 예를 들어, 10～11세 아동은 결과에 따라서 도덕적 판단을 내리는 데 반해, 나이 든 아동은 행동의 동기를 근거로 잘못을 판단한다. 엄마를 도우려다 접시 다섯 개를 깨뜨린 아이와 과자를 훔치려다 컵을 한 개 깬 아이의 이야기를 통해서 누가 더 나쁜 아이인가 질문하였을 때에 어린아이들은 첫째 아이라고 말하지만 나이가 든 아이들은 두 번째 아이라고 말한다. 콜버그는 도덕성 발달도 인지발달처럼 낮은 수준에서부터 순차적으로 다음 발달단계로 이어질 수 있다고 보았다. 지적 발달은 16세까지 계속 발달하며 도덕적 문제에 대한 사고도 청소년기를 거쳐 계속 발달한다고 보았다. 콜버그는 그래서 아동과 청소년을 대상으로 연구하여 도덕성 발달단계를 6단계로 나누어 제시하였다. 전반의 3단계까지는 피아제와 유사한 점이 많다(송길연 외 공역, 2005; 엄신자, 2007).

(2) 도덕성 발달단계

① 도덕성 발달수준

콜버그의 도덕성 발달 6단계를 구분해 제시하면 <표 3－10>과 같으며 각 단계별 특징을 구체적으로 살펴보고자 한다.

〈표 3-10〉 Kohlberg의 도덕성 발달 6단계

수준 및 단계 구분		도덕적 발달 특성
전인습적 도덕기	1단계(3～7세)	• 벌과 복종 지향의 도덕성 : 보상과 처벌의 기준에 따라 행동을 판단, 벌을 피하고자 규칙을 지킨다.
	2단계(8～11세)	• 목적과 상호교환 지향의 도덕성 : 자신이나 사랑하는 사람에게 이익이 되는 정도에 따라 행동을 판단, 아동은 칭찬이나 보상 등의 쾌락을 얻기 위해 도덕적인 행동을 판단한다.

수준 및 단계 구분		도덕적 발달 특성
인습적 도덕기	3단계(12~17세)	• 착한 아이 지향의 도덕성 : 권위적 인물의 기대를 충족시키고, 인정받는 정도에 따라 도덕적 행동을 판단한다.
	4단계(18~25세)	• 법과 질서 지향의 도덕성 : 아동은 권위나 사회적 규칙에 따라서 질서 자체를 중시함, 사회의 법률이나 규칙을 지지하는 정도에 따라 행동을 판단한다.
후인습적 도덕기	5단계(25세 이상)	• 사회계약 지향의 도덕성 : 개인의 권리를 존중하고 사회계약을 유지하는 정도에 따라 행동을 판단, 사회공동체, 공익 우선으로 자신의 양심적인 판단이 도덕적 행동의 궁극이 된다.
	6단계	• 궁극적 보편적 원리 지향의 도덕성 : 시대와 문화를 초월한 보편적 원리에 근거하여 행동을 판단, 양심적인 판단이 궁극적인 원리, 판단의 일관성·보편성이 중시된다.

㉠ **전인습수준**(Preconventional Level, 4~11세)

이 시기는 주로 초등학교 아동들에게 나타나는 도덕적 발달 수준이다. 이 수준에서 주로 도덕적 행위 근거는 부모나 교사와 같은 권위자로부터의 보상이나 처벌에 의하여 옳고 그름을 판단한다. 아직까지 타인의 입장을 고려하는 수준이 자신의 이익을 극대화시키려는 목적으로만 이용될 뿐이다. 인습적이라는 것은 그 사회, 권위자의 규칙, 기대, 관습에 따르는 것을 의미하는데 이 시기에 아동은 아직 인습적 또는 사회적 규칙과 기대를 이해하지 못한다.

■ 제1단계 : 처벌과 복종 지향

아동의 행동이 도덕적으로 옳고 그른 것은 권위자의 보상과 처벌에 달려 있다. 어떤 행동으로 인하여 벌을 받으면 그것은 옳지 않은 것이고 해서는 안 되는 것으로 안다. 그리고 처벌을 받지 않으면 해도 된다는 것이다. 권위자에게 무조건 복종하는 것은 도덕적으로 가치 있는 것으로 여긴다.

■ 제2단계 : 목적과 상호교환 지향

아동은 이 시기에 보상을 얻기 위하여 다른 사람의 규칙이나 기대에 동조하며 자신과 타인의 욕구를 만족시키기도 한다. 공정성, 동등한 분배, 오는 정이 있어야 가는 정이 있다는 것처럼 상거래로 이해한다. 자신의 욕구와 쾌락에 따라 도덕적 가치를 판단한다.

ⓛ **인습수준**(Conventional Level, 12~25세)

인습적인 도덕 발달 수준은 약 10살 이후의 아동기에 주로 나타난다. 이 시기에 아동들은 가족, 집단, 사회의 규범이 존재한다는 것을 알고 그 기준을 따라야 한다는 것도 이해하기 시작한다. 또한 이 단계를 지나 점차적으로 사회적인 질서 유지를 위하여 규칙의 필요성을 인식하게 되는 단계에 이르게 된다. 즉, 인습수준에서 개인의 가족이나 집단, 국가가 지키려 하는 권위를 존중하며 진정한 사회화가 나타나기 시작한다(이효선, 2003).

■ 제3단계 : 착한 어린이 단계

도덕이란 다른 사람을 기쁘게 하거나, 또 다른 사람으로부터 착한 아이라는 인정(승인)과 칭찬을 받는 행동을 도덕적이라고 생각한다. 타인의 반응이 도덕성 판단 기준이 되지만 심리적인 인정 여부가 더 중요하다. 이때부터 아동은 사회적 규제를 수용하고 행동의 의도에 따라서 옳고 그름의 판단을 한다.

■ 제4단계 : 법과 질서 유지

법과 사회적 질서와 규범을 지키고 자신의 의무를 다하는 것을 옳은 행동으로 생각한다. 선한 행동이란 사회적인 규범이나 질서를 따르는 것으로 본다. 도덕적 판단의 근거가 타인중심에서 사회적 규범으로 바뀌어진다.

ⓒ **후인습수준**(Post-conventional Level, 25세 이상)

후인습적 도덕발달 수준에 이르게 된 사람은 도덕적인 의무와 상호 간의 서약을 통하여 행위의 동기화가 이루어진다. 서로 간의 합의된 '공공의 선'의 개념은 개인의 행동을 규정하는 도덕적 계약에 근거한 것이다. 여기서 더 도덕적으로 성숙한 단계에 이르게 되면 공평함과 정의의 원리, 모든 사람들을 위한 존경에 근거한 윤리적인 규범에 의해 행동하게 된다. 이 수준은 25세 이후 극히 소수 성인들의 도덕 수준으로서 개인의 도덕적 가치나 윤리가 보편성을 갖는다고 할 수 있다.

■ 제5단계 : 민주적 법률

도덕적 행동이란 사회적 계약을 의미하는 것에 근거한 권리와 의무를 공유하는 기능에 의해 이루어진다. 개인적인 가치와 견해는 상대적이며 합의점을 찾거나 사회적 유익을 위해서는 법을 바꾸는 절차가 있음을 강조한다.

■ 제6단계 : 보편적인 원리

도덕적 판단은 개인의 양심이나 자기 선택에 의한 윤리적 원칙에 따라 정의된다(Schriver, 1995 : 78). 이러한 원칙들은 법, 가치, 사회적 계약을 초월하여 인간의 존엄성, 기본적인 인권, 보편성, 공정성 등을 지니고 있다. 이 단계는 최고 수준으로 보통사람들이 지향하는 목표들이다.

콜버그의 도덕발달의 단계 모델은 과학적이고 객관적인 대전제에 기초한 것이다. 그러나 그의 도덕성 발달이론은 전통적이고 지배적인 패러다임의 일관성을 나타내 보이고 있어 인종이나 계층의 근거한 발달적인 실험이 다르게 나타날 수 있다는 인식이 포함되지 않았다(Schriver, 1995).

(3) 도덕적 판단력 검사

콜버그는 도덕을 도덕의 위기 상황에서의 딜레마를 해결하려는 의사결정 또는 도덕적 판단능력이라고 하였다. 그는 사람들이 어떤 선택을 해서 어떤 행동을 하게 되었으며, 왜 그러한 선택을 하게 되었는지 그 선택의 이유에 관심을 두었다(이효선, 2003). 이에 따라 사람들은 두 개의 도덕적 규범이 갈등 상황을 일으키는 가설적 딜레마 상황에 놓이게 함으로써 그들의 도덕적 판단 능력을 측정하는 콜버그식 인터뷰를 실시하게 되었다.

이러한 콜버그식 인터뷰는 반구조화된 인터뷰로 그 중심에는 가설적인 도덕적 딜레마가 있으며 그 딜레마 상황 속에는 두 개의 도덕적 사회규범이 서로 갈등을 일으키는 상황이 묘사되어 있다. 즉, 갈등을 해결하기 위해 각각의 대상이 스스로 판단하고 결정하도록 하는 도덕 판단력 조사 방법이라 할 수 있다.

인터뷰는 적어도 두 개의 도덕적 가치가 대립되어 있는 가설적 딜레마 상황의 제시로부터 시작되며, 질문을 받은 응답자는 서로 상충되는 두 가지 가치 중 하나를 선택해야 하는 갈등에 놓이게 된다. 즉, 진행자는 갈등의 상황을 설명하고 난 뒤 인터뷰를 통해 어떻게 대처하면 좋을지에 대하여 연구 참여자들에게 물어본다. 이때 언급된 대처 방법에 대한 이유도 계속해서 인터뷰가 진행되는 과정을 통해 반영되어야 하며 일관성 있게 언급해야 한다. 사회적 또는 도덕적 갈등이 주제가 되는 일상생활의 상황과는 달리 인터뷰 상황에서는 반사적으로 결론에 도달하는 과정이 언어를 통해 이루어진다는 점이 다르다. 응답자의 사회적 인지적 능력과 의사소통 능력 여하에 따라 문제 상황은 응답으로 제시한 상황 또는 인터뷰 응답자의 이야기 속에 내포된 응답자의 근거가 다음 질문의 대상이 된다. 여기서 주의할 점은 진행자는 응답자의 표현을 평가하지도, 그 내용에 관해서는 질문하지도 않는다는 방법학적 원칙이 지켜진 가운데 조사가 실시되어야 한다(Suttert, 2005).

3) 콜버그의 도덕성 발달이론과 사회복지실천

사회 전체적으로 만연해 있는 부정부패나 도덕성의 부재는 가정과 교육, 사회적인 책임이 크다고 본다. 사회복지실천에서 사회복지실천가는 아동의 도덕적 사고와 윤리의식들을 아동의 인지수준에 맞는 교육으로 활발하게 해야 한다. 일상생활 속에서 민주적 공동체 의식을 함양하기 위하여 기본적인 질서를 지키기, 정직하고 솔직하기, 예의범절과 시간을 잘 지키기, 다른 사람에게 피해를 주지 않기, 폭력을 사용해서는 안 되는 일 등이 실천될 수 있도록 해야 한다. 민주사회의 자율적인 인간이 되기 위해서는 콜버그가 주장하는 후기인습단계인 6단계로 개인의 도덕적인 판단은 양심의 결정에 따른 보편적이고 공명정대의 원칙, 기본적인 인권의 동등성, 개인 존엄성을 존중해야 한다. 인간발달에서 도덕성과 윤리, 양심의 발달은 사회의 민주적 공동체를 형성하고 책임감 있는 자율적 시민으로 성장하기 위해서는 더욱 중요하다. 콜버그는 도덕적 판단의 결과보다는 도덕적 판단의 과정을 중요시하며 상황에 따른 인간의 자유판단을 최대한 고려하였다.

비행청소년의 경우 사회적 규범을 중요시 여기는 것보다도 또래집단의 소속감이나 공동행위 같은 관계중심적 태도가 더 우선시되어 감정이나 욕구에 의해서 우발적이고 충동적인 행동이 나타난다고 보는 것이 중요하다. 그래서 청소년들의 자아중심적인 사고에서 먼저 도덕적인 판단과 윤리의식을 강화해야 하며 개인의 문제행동의 배경과 환경들 간의 상호작용하는 역동성을 통합적으로 다룰 수 있어야 한다.

사회복지실천가는 개인의 직업윤리나 가치, 정의는 다양한 클라이언트를 만나면서도 윤리적 딜레마를 보편적이고 내담자 중심적인 정의를 실현할 수 있어야 사회복지 전반적으로 정의로운 문화가 뿌리를 내리고 정착되리라 믿는다. 이런 의미에서 사회복지실천가를 위한 윤리와 도덕교육은 학교와 현장에서 평생교육처럼 실시되어야 한다.

한편 콜버그의 도덕성 발달단계 이론에 대한 비판은 아래와 같다(이광자 외 1999; 엄신자, 2007).

첫째, 콜버그는 남성만을 대상으로 연구하였다. 캐롤 길리건은 여성은 남성과 다른 도덕적 기준을 가지고 있다고 보며 여아들이 남아들보다 도덕성에서 열등하다고 보는 콜버그의 관점을 비판하였다. 남성은 법을 통한 정의 초점, 여성은 인간복지에 대한 책임이나 배려 초점이 다르고 역할 기대나 사회화의 경험, 성격발달도 연관된다고 보았다. 특히 성별에 따른 차이를 넘어 개인의 상황적 맥락과 특수성을 이해하는 데에 초점을 맞추었던 것이 길리건(G. Gilligan)의 이론이다(이효선 & Garz, 2007).

둘째, 콜버그는 도덕성이 한 단계에서 다음 단계로 이행하는 것이 자발적 행동의 결과라고 하였으나 도덕적 태도는 부모와 가정의 환경, 학교나 사회의 문화적 영향도 중요함에도 불구하고 교육과 사회화를 간과하였다는 비판을 받고 있다.

셋째, 콜버그는 도덕적 사고를 지나치게 강조하고 도덕적 감정이나 행동 간의 관계에 대한 연구가 부족하다는 비판이다. 도덕적 추리단계가 어느 정도 도덕적 행동을 예측할 수 있는지 알기 어렵다. 왜냐하면 도덕적 행동은 일반적으로 도덕적 추리 이외에 개인의 다른 특성과 많은 상황적 요인들에 의해 영향을 받기 때문이다.

넷째, 콜버그의 도덕성 발달단계는 미국이라는 다양한 문화권에서 성장한 사람들을 대상으로 연구하였지만 모든 문화권에서 보편적인 이론으로 수용하기는 어렵다는 견해다. 서구사회의 이상적인 정의 실현을 반영하고 있어서 개인의 권리를 높이 평가하지 않는 동양권에서는 불리할 수 있다.

〈표 3-11〉 하인츠 딜레마의 예

유럽 어디에선가 암에 걸린 부인이 죽음을 눈앞에 두고 있다. 의사들이 생각하는 약이 있는데 그 약이 부인을 구할 수 있다고 한다. 한 약사가 그 도시에서 얼마 전에 라듐을 결합한 약을 발명하였다. 그렇지만 약값은 너무 비쌌다. 약사는 라듐제조에 대하여 400달러를 지불했지만 약값으로는 4,000달러를 요구했다. 병든 부인의 남편, 그가 아는 모든 사람에게 돈을 꾸어보았지만 단지 돈의 절반밖에 구할 수 없었다. 그는 약사에게 그의 부인이 죽어가고 있고 그에게 약을 싸게 팔 것과 아니면 약값을 나중에 지불하게 해달라고 부탁했다. 그러나 약사는 거절했다. 하이츠가 모든 가능한 방법을 시도했지만 그 약을 구할 수가 없었다. 그래서 그는 자기 부인을 구하기 위하여 약을 훔치기 위하여 약국에 침입하기로 생각하고 있다.

1. 하인츠가 약을 훔쳐야만 하는가? 그렇다면 왜/ 왜 안 되는가?
2. 하인츠가 약을 훔치는 것은 실제로 옳은 일인가 아니면 옳지 않은 일인가?
   왜 옳다고 생각하고 왜 옳지 않다고 생각하는가?
3. 하인츠가 그의 부인을 사랑하지 않는데도 불구하고, 그가 그녀를 위해 약을 훔쳐야 할까? 하인츠의 행동은 부인을 사랑하는가 하지 않는가에 따라 달라야 하는가? 그렇다면 왜 그렇고, 그렇지 않다면 왜 그런가?
4. 죽어가는 사람이 그 부인이 아니라 낯선 사람이라는 것을 한번 생각하자. 하인츠가 약을 낯선 사람을 위하여 훔쳐야 할까? 그렇다면 왜 그렇고, 그렇지 않다면 왜 그런가?
5. 다른 사람의 생명을 구하기 위하여 할 수 있는 모든 것을 하는 것은 중요한가?
   그렇다면 왜 그렇고, 그렇지 않다면 왜 그런가?
6. 만약 애완견이 죽어가도 약을 훔쳐야 하는가? 그렇다면 왜 그렇고, 그렇지 않다면 왜 그런가?
7. 하인츠가 훔치는 것은 법을 어기는 것인가? 그것은 도덕적으로 잘못된 것인가?
8. 그렇다면 왜 그렇고, 그렇지 않다면 왜 그런가?
9. 일반적으로 사람들은 법에 따르기 위하여 최선을 다해야 하는가?
   그렇다면 왜 그렇고, 그렇지 않다면 왜 그런가?
10. 이 딜레마를 재고하면서 하인츠가 가장 책임을 져야 하는 일은 무엇인가?
    또 그 이유는 무엇인가?

출처 : 엄신자(2007), p. 348, 이효선 & Garz(2006), p. 210 재인용.

Chapter 04

인본주의 이론

학습목표

1. 인본주의 이론의 인간관을 포함한 기본 가정을 이해한다.
2. 인본주의 이론의 주요 개념과 특징을 이해한다.
3. 인본주의 이론을 사회복지실천에 적용할 수 있는 방안을 이해한다.

생각할 과제

1. 어린 시절에 부모에게서 가장 많이 받았던 금지령(금지사항)은 무엇이며 그것이 현재 자신의 행동이나 사고, 감정에 어떤 영향을 미쳤는지를 분석해 봅시다.
2. 자신의 욕구는 어느 단계의 욕구까지 충족되었는지, 아직 충족되지 못한 욕구는 무엇인지 생각해 봅시다.
3. 주위에서 매슬로우 자아실현을 한 사람의 특성을 지닌 사람이 있는지 살펴보고 그 사람의 삶의 과정과 특징을 살펴봅시다.
4. 매슬로우 욕구단계이론이 사회복지서비스의 우선순위 설정에 어떻게 작용하는지 생각허 봅시다.
5. 자신이 인식하는 자기의 모습과 가족 혹은 친한 친구가 인식하는 자신의 모습이 어떻게 같고, 다른지를 비교해 봅시다.

인본주의 이론은 무의식적 결정론에 근거한 정신분석이론과 환경결정론에 근거한 행동주의 이론의 입장에 반대하는 '제3세력의 심리학'에 속한다. 인본주의 이론은 키에르케고르, 사르트르, 카뮈와 같은 사상가들이 발전시킨 유럽의 실존주의 철학에 기원을 두고 있다. 그러나 실존주의 이론이 인간의 소외, 무의미 등과 같은 인간존재의 제한성에 초점을 두고 있는 반면에, 인본주의 이론에서는 사랑, 선택, 창조성, 의미, 가치, 자아실현과 같은 인간의 자아실현경향과 긍정적 측면에 초점을 둔다(Corey, 2000). 인본주의자들은 각 개인이 자신의 행동과 경험의 중요한 결정자임을 강조한다. 즉, 인간은 경험하고 스스로 결정하며 자신의 행동을 자유롭게 선택하는 의지를 지닌 사람이라는 것이다. 또한 인간은 근본적으로 선하며 존경받을 만하고 환경조건이 적당하기만 하면 자신의 잠재능력을 실현해 나갈 수 있는 존재라고 보았다(최옥채 외, 2006).

인본주의 이론의 발달에 기여한 대표적 학자들로는 칼 로저스(Carl Rogers), 고든 올포트(Gordon Allport), 아브라함 매슬로우(Abraham Maslow), 샤롯 뷜러(Charlotte Buhler)를 들 수 있다. 이들 대표 학자들 중에서 칼 로저스는 모든 인간이 긍정적 방향으로 성장하고자 하는 경향과 자기결정 및 자아실현경향을 갖고 있으며, 자신의 운명을 스스로 결정하고 자유롭게 선택하는 존재라는 점을 중시하는 인간중심적 접근방법(personal-centered approach)을 제시하였다. 또한 매슬로우 역시 인간을 자아실현을 위하여 노력하는 존재로 규정하고 욕구계층 이론을 제시하고 있다. 이에 이 장에서는 인본주의 이론의 대표 학자로서 로저스의 현상학[1] 이론과 매슬로우의 욕구단계이론에 대해 살펴보고자 한다. 구체적인 내용기술에 앞서 인본주의 이론의 주요 학자와 내용들을 비교하여 제시하면 <표 4－1>과 같다.

1 현상학(phenomenology)은 철학의 한 조류로서 '지금 여기'의 주관적 체험, 의식현상(지각, 사고) 등을 강조하는 관점을 말한다. 심리학 분야에서는 무의식, 객관적 환경, 자극－반응의 중요성을 부정하고 개인의 의식적 선택, 경험과 환경에 대한 주관적인 해석을 강조하는 견해를 말한다(홍숙기, 2002 : 305).

〈표 4-1〉 각 이론의 주요 내용 요약정리 및 비교

<table>
<tr><th>구 분</th><th>매슬로우</th><th>로저스</th></tr>
<tr><td>등장 배경</td><td colspan="2">인본주의 이론은 행동주의 이론이 인간은 환경자극에 의해 조건화되었다는 주장을 비판, 정신분석이론의 인간은 무의식적 본능과 생의 초기 경험이 현재의 행동에 경향을 주어 일생을 지배한다는 것에 반대</td></tr>
<tr><td>인간관 및 가정</td><td>① 각 개인은 통합된 전체로 간주되어야 함
② 인간의 본성은 본질적으로 선하며, 인간의 악하고 파괴적인 요소는 나쁜 환경에서 비롯됨
③ 창조성은 인간의 잠재적 본성임. 즉, 성장, 자아실현, 건강에 대한 열망, 정체감과 자율성의 추구, 향상을 위한 노력을 보편적 성향으로 간주</td><td>① 인간은 통합적 유기체로 기본적으로 신뢰할 수 있으며, 개인의 내적 준거 틀에 따라 세계를 지각함
② 인간의 본성은 합목적적이며 현실적임
③ '지금-여기에', '자기(self)'를 중요시함
④ 건강한 성격발달을 위해 무조건적인 긍정적 관심이 중요함
⑤ 현상학적 장 : 경험적인 세계 또는 주관적인 경험, 어떤 특정한 순간에 개인이 지각하고 경험하는 모든 것, 개인에게 있어서 현상학적 장은 곧 현실
⑥ 과거사건 그 자체가 아니라, 과거 경험에 관해 현재 어떻게 해석하는지가 바로 현재의 행동을 결정함</td></tr>
<tr><td>주요 개념</td><td>'욕구-단계의 개념'
① 인간은 욕구(동기)를 가지고 태어나며 그것들이 강도와 중요성에 따라 계층적 단계로 나누어져 있다고 설명함
-1단계 : 생리적 욕구
-2단계 : 안전의 욕구
-3단계 : 소속과 사랑의 욕구
-4단계 : 자존감 욕구
-5단계 : 자아실현의 욕구
② 이러한 욕구들은 낮은 단계에 있는 욕구가 어느 정도 만족되어야 더 높은 단계의 욕구를 의식하거나 동기가 부여된다고 보았으며, 인간을 자아실현을 위해 노력하는 존재로 봄</td><td>① 자아실현의 경향
-인간의 능력을 최적으로 발달시키고자 하는 힘
② 주관적 경험과 행동
-인간 개개인은 자기 자신과 주변의 세계에 관한 주관적인 인식이 일치하는 방향으로 행동
③ 자기의 중요성
-자기개념은 현재 자신이 어떤 존재인가에 대한 개인의 개념
④ 긍정적 관심
-무조건적인 긍정적 관심과 존중이 중요
⑤ 가치의 조건
-타인에게 부여받은 가치로 인해 자기 자신에게 긍정적이든 부정적이든 간에 가치를 두는 것
⑥ 완전히 기능하는 사람</td></tr>
</table>

1. 로저스의 현상학 이론

1) 칼 로저스(Carl Ransom Rogers, 1902~1987)의 소개

로저스는 1902년 1월 8일 미국의 일리노이 주에 있는 시카고 근교인 오크파크(Oak Park)에서 5남 1녀 중 넷째로 태어났다. 그의 집안은 유복한 기독교 집안이었으며 기독교 신앙과 근면의 덕을 중시한 엄격한 집안으로 가족 외에는 가까운 친구가 없어 외로운 청소년기를 보냈다.

1919년 로저스는 위스콘신 대학교(University of Wisconsin)에서 중세 역사를 전공하였고 교회활동에 열정적이었다. 특히 그는 대학시절에 목사가 될 것을 결심하여 당시 중국의 북경에서 개최되었던 세계기독학생연합회에 미국 대표 중 한 사람으로 참석하였다. 6개월 동안 북경에서의 생활은 그의 인생을 크게 바꾸는 계기가 되었다. 다양한 종교와 문화 특성을 지닌 외국인들을 만나면서 그의 사상과 종교관이 보다 자유롭게 바뀌는 경험을 하였다. 1924년 대학교를 졸업한 로저스는 유니온 신학교(Union Theological Seminary)에서 2년간 공부하였고, 그 후 1931년 콜럼비아 대학교에서 임상과 교육심리학으로 박사학위를 받았다.

로저스는 박사학위를 취득한 후 로체스터에 있는 사회기관의 아동연구부서에서 심리학자로 일하였다. 여기서 그는 12년간을 보냈는데, 이 기간 동안에 로저스는 사회사업가들을 통하여 오토 라니(Otto Rani)의 사상을 접하게 되었으며 그의 영향으로 로저스는 개인의 존엄성을 강조하게 되었다. 1940년 1월 오하이오 주립 대학교(Ohio State University) 임상심리학 교수가 된 로저스는 이 대학에서 '비지시적 상담'을 발전시켰고 1942년에 그의 유명한 『상담과 심리치료』라는 저서를 발표하였다. 1945년에는 다시 시카고 대학교로 옮겨 상담센터를 설립하여 책임자가 되었다. 이곳에서 그는 왕성한 연구활동을 하였고, 그 결과 1951년에 『클라이언트 중심요법 : *Client Centered Therapy*』을 출판하였다. 비지시적 카운슬링 개념은 이후 클라이언트 중심 치료로 개념화되었다.

1964년에 로저스는 대학의 교수직을 그만두고 캘리포니아 주 남단 샌디에이고 근교의 라 호야(La Jolla)에 있는 '서부행동과학연구소'의 연구원으로 취임하였다. 그리고 그 후 1968년에는 동료들과 더불어 같은 지역에서 '인간연구센터'를 창설하였다. 이 기간 동안에 로저스는 참만남집단, 대인관계 등에 초점을 두고 활동하였으며 그의 클라이언트 중심의 원리를 과학철학, 교육, 소외와 무기력의 문제에까지 확대 적용하려고 노력하였다. 1974년에 로저스와 그의 동료들은 '클라이언트 중심 상담'을 '인간중심 상담'으로 고쳐 부르고 그의 상담이론을 상담 장면뿐만 아니라 생활지도, 교육, 사회사업, 종교, 산업경영, 조직개발, 심지어 국제관계에까지 적용하려 애썼다. 토저스는 1987년 2월에 86년간의 생을 마감하였다.

2) 주요 개념, 이론의 내용

(1) 기본 가정(인간관 포함)

로저스는 오랜 임상경험을 바탕으로 하여 인간은 기본적으로 자유로우며 자신의 행동에 책임을 지고, 유목적적이며, 합리적이고 건설적인 방향으로 지속적으로 성장해 나가는 미래지향적 존재라고 보고 있다. 따라서 이러한 선천적 잠재력을 발휘할 수 있는 조건들이 적절히 갖추어진다면 인간은 무한한 성장과 발전이 가능하다고 결론지었다. 로저스의 인간관을 좀 더 자세히 살펴보면, 먼저 로저스는 인간은 선천적으로 타고난 성장 가능성을 실현하는 과정에서 자신의 인생목표와 행동방향을 스스로 결정하고 이러한 결정에 따른 책임을 수용하는 자유로운 존재로 규정하고 있다. 그리고 로저스는 모든 인간이 자신의 내부에 자기이해, 자기개념과 기본적 태도의 변화 및 자기지향적 행동을 위한 거대한 자원을 갖고 있다고 하였다. 이러한 선천적 능력의 표현이 바로 자아실현경향이다. 로저스는 이러한 자아실현의 경향을 실현하기 위하여 인간은 항상 노력하고 도전하고 어려움을 극복함으로써 진정한 한 개인이 되어간다고 보고 있다. 이와 아울러 로저스는 인간을 항상 전체성과 통합성을 향하여 발전해 가는 통합적 존재로 규정하고 있다.

로저스의 현상학 이론의 인간관은 <표 4−2>와 같다.

〈표 4−2〉 로저스의 현상학 이론의 인간관

① 다양한 주관적인 경험들을 통해서 성격이 형성됨 ② 정해진 성격발달 패턴은 없고 삶의 경험에 따라 각 개인의 성격이 달라짐 ③ 각 사람이 갖는 성격의 독특성 강조 ④ 인간의 성장과 자기실현을 강조(매우 긍정적인 접근) ⑤ 삶은 성장하고 발전하는 기회의 총체

한편 로저스가 제시한 인간중심의 접근방법이 지니고 있는 기본 가정은 다음과 같다(Greene & Ephross, 1991; 권중돈・김동배, 2005; 최옥채 외, 2006).

〈표 4−3〉 로저스의 인간중심적 접근방법의 기본 가정

① 인간은 믿을 수 있고, 능력이 있으며, 자기이해와 자기실현을 위한 잠재력을 지니고 있다. ② 자아실현은 일생을 통하여 이루어지는 과정이다. ③ 만약 신뢰하고 존경하는 분위기가 형성된다면 인간은 궁극적으로 발달하고 성장한다. 개인적 성장은 치료적인 관계나 다른 형태의 관계를 통해서 발전한다. ④ 진실성, 수용성, 감정이입적인 관심 등을 포함하는 원조자의 긍정적 태도는 효과적인 원조관계를 위한 필수조건이다. ⑤ 클라이언트의 주관적인 경험을 존경하고, 자유와 개인적인 책임감, 그리고 자율성을 고양하고 선택권을 부여하는 것은 클라이언트의 성장을 촉진시킨다. ⑥ 사회복지실천가는 권위적인 인물이 아니다. 원조자는 존경과 긍정적인 관심을 통하여 긍정적인 성장을 증진시키는 사람이다. ⑦ 클라이언트는 자기인식(self-awareness)을 할 수 있는 능력이 있고, 더욱 적절한 행동을 할 수 있는 능력을 지니고 있다. 클라이언트는 모든 사람들과 마찬가지로 부적응적인 상태에서 벗어나서 심리적으로 건강한 상태로 옮겨갈 수 있는 성향을 가지고 있다. ⑧ 사회복지실천가는 원조관계에서 나타나는 '여기 그리고 지금'의 행동에 초점을 두어야 한다. 원조관계에서는 클라이언트가 자신의 세계에서 어떻게 행동할 것인가에 초점을 두어야 한다. ⑨ 진정한 자아에 대하여 아는 것이 원조관계의 중요한 목적이다. ⑩ 원조관계의 목적은 클라이언트가 더욱 독립적이고 통합된 상태로 변화하게 하는 것이다.

로저스는 사람이 어떻게 행동하는가 하는 것은 그 사람이 세계를 어떻게 지각하느냐에 달려 있다고 보았으므로 인간의 행동을 잘 이해하기 위해서는 그 개인의 내적 준거 틀(internal frame of reference)을 이해할 필요가 있다고 하였다(최옥채 외, 2007; 김동배, 2005; 이근홍, 2003). 현상학적 이론이 지니고 있는 주요 개념들을 소개하면 다음과 같다.

(2) 주요 개념

① 자아실현의 경향

로저스는 자아실현의 경향을 유일하고도 기본적인 인간의 동기라고 하였다. 그는 인간에게는 많은 욕구와 동기가 있지만 가장 기본적 욕구는 자기를 유지시키고, 향상시키기 위하여 자신의 능력을 개발하는 경향성을 지니고 있는데, 이를 일컬어 '자아실현경향'이라고 하였다. 로저스는 이러한 '자아실현경향'을 모든 인간이 선천적으로 지니고 태어난다고 보고 있다. 그러므로 인간의 삶에 있어서 최우선의 동기는 그 자신을 실현하고 보존하거나 개발하기 위한 것이다. 즉, 인간은 출생 이후부터 자아실현을 향해 생산적으로 성장하도록 되어 있으며, 가능한 한 자신의 잠재력을 최대한 발휘하려 한다는 것이다(Nye, 1991 : 150). 이러한 자아실현의 과정은 자신을 창조하는 과정이기 때문에 이러한 과정을 통하여 모든 인간은 삶의 의미를 찾고 주관적인 자유를 실천해 감으로써 점진적으로 완성되어 간다고 보았다.

② 주관적 경험과 행동

로저스는 개개인의 현실지각에 관한 지식이 인간행동을 이해하는 데 필요하며, 인간 개개인은 자기 자신과 주변의 세계에 관한 주관적인 인식이 일치하는 방향으로 행동한다고 주장한다. 그러므로 인간행동의 결정인자는 객관적인 현실이 아니라 오히려 개인이 현실을 보는 방식에 기초한다는 점이다(Nye, 1991 : 142).

로저스는 인간의 행동이 과거에 일어난 어떤 것에 의해 결정되는 것은 아니며, 현재행위에 영향을 미치는 것은 과거경험의 사실적 존재가 아니라 과거경험에 대한 현재적 해석이라는 것이다. 따라서 인간의 행동을 이해하기 위해서는 행동이란 과거에 일어난 어떤 것에 의하여 결정된 것이라고 보아서는 안 되고, 현재 처해 있는 환경과의 관계성을 파악하는 것이 필요하다.

③ 자기의 중요성

자기(self)는 로저스의 성격이론에서 중요한 구성개념이며, 인간행동을 이해하는 데 불가결한 요소이다. 자기개념은 현재 자신이 어떤 존재인가에 대한 개인의 개념으로, '나는 무엇인가', '무엇이 될 수 있는가' 등 자신의 존재와 본질에 대해 직관적으로 그리고 직접적으로 인식할 수 있는 지각을 포함하며, 자기 자신에 대한 자아상(self image)이다. 로저스는 이와 같은 자기개념은 현재 자신의 모습에 대한 인식, 즉 현실자기(real self)와 앞으로 자신이 어떤 존재가 되어야 하며, 어떤 존재가 되기를 원하고 있는지에 대한 인식, 즉 이상적 자기(ideal self)로 구성되어 있다고 본다.

자기(self)는 인생 초기에는 존재하지 않지만, 분화과정을 통해서 나를 제외한 나머지 세계와 자신을 구분하기 시작하면서 출현한다. 자기의 구조는 환경과의 상호작용을 통해서 형성되고 발전되며, 특히 부모, 형제, 친척, 친구 등과 같은 중요한 타자들을 통해 가장 큰 영향을 받는다. 인간의 자기개념은 사회적 상호작용의 산물로서 인간이 인지적·지각적인 능력이 성숙해 감에 따라 점차적으로 분화되고 복잡해진다(이근홍, 2006).

④ 긍정적 관심

긍정적 관심(positive regard)은 자기개념이 나타남에 따라 발달하며, 인간이 보편적이며 영속적으로 갖게 되는 욕구이다. 이것은 부모를 비롯한 다른 사람들로부터 받게 되는 수용, 사랑, 승인, 존중 등을 포함하는 개념이다(Schultz & Schultz, 1994 : 307). 긍정적 관심에 대한 욕구는 다른 사람에 의해 인정될 때 개인이 갖게 되는 만족과 인정받지 못할 때 갖게 되는 좌절 속에서 점차 나타나게 된다. 긍정적 관심은 학습되거나 생득적으로 타고난 것이며, 이것의 특성은 상호관계의 성질을 가지고 있다는 점이다. 로저스에 의하면 인간은 타인으로부터뿐만 아니라 자기 자신으로부터 긍정적 관심을 요구한다는 것이다. 긍정적 자기 관심은 자신을 인정할 때의 개인적 만족과 인정하지 않을 때의 불만족을 통해 발달하는 욕구이다(이근홍, 2006).

무조건적인 긍정적 관심(unconditional positive regard)은 아동에 대한 부모의 사랑처럼 어느 개인의 행위에 부여된 가치와는 무관하게 긍정적인 관심을 주거나 받는 것을 말한다. 무조건적인 긍정적 관심은 다른 사람에게 무조건적인 가치를 부여한다는 것이며 타인으로부터 긍정적인 관심을 획득하고 유지하기 위해 자신의 경험의 어떤 측면을 부정하거나 거부하지도 않는다. 이것은 실제로 적용하기가 매우 어렵지만, 타인과의 상호작용의 특성과는 관계없이 타인에 대한 관심 및 수용과 존중에 대한 사고와 감정을 유지해야 하는 것이 중요하다(Nye, 1991 : 158-159).

〈표 4-4〉 로저스 이론의 주요 개념

유기체	① 유기체, 즉 전체로서의 개인은 모든 경험의 소재 ② 경험은 어떤 주어진 순간의 유기체 내에서 진행되는 잠재적으로 자각에 이용될 수 있는 모든 것을 포함 ③ 이러한 경험의 전체가 현상학적 장을 구성
자기 (self)	① 로저스의 성격이론에서 핵심적인 구조적 개념 ② 개인은 외적 대상을 지각하고 경험하면서 그것에 의미를 부여하는 존재임을 강조 ③ 자기 혹은 자기개념은 조직화되고 일관된 지각의 패턴을 나타냄 ④ 개인은 행동을 통제하는 어떤 자기를 가지고 있는 것이 아니라 현상학적 장의 일부로서 조직화된 일련의 지각인 자기를 가짐 ⑤ 자기로서 알려진 경험과 지각의 패턴은 일반적으로 자각이 가능
실현화 경향성	① 유기체는 하나의 기본적 경향성과 추구를 가지고 있는데 그것은 경험하는 유기체를 실현하고 유지하고 향상시키는 것 ② 실현화 : 유기체가 단순한 실체에서 복잡한 실체로 성장해 나가고 의존성에서 독립성으로 고정성과 경직성에서 유연성과 유통성으로 변화하고자 하며, 자유롭게 표현하고자 하는 유기체의 경향성을 포함
자아 실현 경향성	① 인간은 자아를 유지하고 향상시키고, 실현화시킬 경향성에 의해 동기화되어 있다. ② 자아실현 경향성은 모든 생리적 · 심리적 욕구를 포함하는 유기체 실현화 경향성의 부분

가치의 조건화	① "경험은 나에게 최고의 권위이다"라고 말한 것처럼 우리 각자는 경험을 통해 가치를 형성하는 것이 중요 ② 부모로부터 긍정적 자기존중을 받기 위해 자기가 하는 경험에 폐쇄적이 되어 실현화 경향성을 방해-심리적 문제 동반

⑤ 가치의 조건

가치의 조건(conditions of worth)은 다른 사람들로부터 거절당할 행동이나 태도를 삼가고 바람직한 행동과 태도를 표현할 때 인정하고 수용할 가치가 있다는 믿음이다(Schultz & Schultz, 1994 : 307).

아동에게 부과된 가치의 조건은 아동이 완전히 기능하는 사람이 되어가는데 결정적인 영향을 준다. 이것은 아동이 현재의 자기나 앞으로 되고자 하는 자기를 찾고 그렇게 되고자 노력하기보다는 타인이 세운 기준에 맞추려고 했기 때문이다. 아동은 인간으로서 그의 가치와 자기 자신을 남이 인정하고 지지해 준 그의 행동, 사고, 느낌 등을 토대로 평가한다. 그러나 가치의 조건은 우리가 활용할 수 있는 이전의 경험을 무시하게 되며, 사람들의 행동을 제한하고 현실을 왜곡하게 한다. 그러므로 가치의 조건과는 무관하게 무조건적인 긍정적인 관심을 주거나 받는 것이 필요하다(Hjelle & Ziegler, 1994 : 461-462).

⑥ 완전히 기능하는 사람

완전히 기능하는 사람(the fully functioning person)은 심리적 발달과 사회적 진화의 바람직한 결과이다(Schultz & Schultz, 1994 : 309). 로저스는 훌륭한 삶이란 인간이 어떤 방향으로든 자유롭게 움직일 수 있는 내적 자유가 있을 때 그가 선택하는 방향으로 움직이는 과정이라는 것이다. 이러한 선택된 방향이 갖는 일반적 자질은 일정한 보편성을 갖는 것으로, 심리적으로 좀 더 자유로운 사람은 좀 더 완전히 기능하는 방향으로 움직인다는 것이다.

'완전히 기능하는 사람'은 ㉠ 경험에 대해 개방적이며, ㉡ 매 순간을 충실하게 사는 실존적인 삶을 살며, ㉢ 자신의 경험을 신뢰하며, ㉣ 자신의 선택에 자유로우며 자신이 미래를 결정하고, ㉤ 독창적 사고력과 창조성을 가진 사람을 의미한다. 이들은 자신의 잠재력을 인식하고 능력과 재질을 발휘하여 자신에 대한 완벽한 이해와 경험을 풍부히 하는 방향으로 이동해 나가는 것이다(Schultz & Schultz, 1994 : 468).

로저스는 훌륭한 삶이란 목적지가 아니라 방향이라고 주장하면서 완전히 기능하는 사람, 즉 자신의 잠재력을 인식하고 능력과 재질을 발휘하여 자신을 완벽히 이해하고, 경험을 풍부하게 하는 방향으로 나아가는 사람이 훌륭한 삶을 사는 것이라고 보았다. 그의 이러한 사상은 상담, 성격, 치료 분야에 실질적으로 많은 공헌을 하였다.

〈표 4-5〉 완전히 기능하는 사람(fully functioning person)의 특성

경험에의 개방성	가치의 조건에 아무런 제재를 받지 않는 상태로 자신의 감정과 태도를 자율적으로 자유롭게 경험할 수 있다. 방어기제의 사용 없이 자신을 개방할 수 있다. (↔방어적인 삶)
실존적인 삶	경직성, 완벽한 조직, 경험에 대한 의도적인 구조가 없는 삶이다. 모든 경험을 이전에는 결코 비슷한 방법으로 존재하지 않았던 것처럼 새롭고 신선하게 느낀다. (↔전에 부모로부터 습득한 방식대로 삶)
자신의 유기체에 대한 신뢰	가장 만족스러운 행동에 도달하는 믿을 만한 수단이 바로 자신이 유기체임을 믿는 상태로 옳다고 느껴질 때 그렇게 행동한다. (↔유기체의 불신)
자유의식	삶에 대한 개인적 지배감을 즐기며 그것은 일시적인 생각이나 환경 또는 과거의 사건들에 의해 결정되는 것이 아니라 자기 자신에게 달려 있다고 믿는다. (↔조작되는 느낌, 자유롭게 선택할 수 없음)
창조성	남들로부터의 인정에 별 관심이 없기 때문에 자기 자신이 존재하는 모든 영역에서 창의적인 소신과 삶으로 스스로를 표현한다. (↔일상적이고 틀에 박힌)

3) 로저스의 현상학 이론과 사회복지실천

로저스의 이론은 주로 클라이언트 중심의 치료적 관계에서 발전되었고 로저스는 '클라이언트(clients)'라는 용어를 처음 사용하였다. '클라이언트'라는 말은 인간이 능동적이고 자발적이며 책임을 지고 참여한다는 점을 강조하기 위해 사용되었다(손병덕 외, 2014). 로저스의 말대로 "참으로 다행스럽게도 불완전한

인간도 다른 불완전한 인간에게 치료적인 도움을 줄 수 있는 것이다". 클라이언트 중심 치료에서 변화에 대한 책임은 클라이언트에게 있다. 즉, 자신의 내적 경험을 회복하고 유기체적 가치부여 과정에 다시 민감해져야 하는 것은 바로 클라이언트 자신이다(손병덕 외, 2014).

로저스의 현상학 이론의 주된 개념이자 특징인 개인의 존엄성과 가치, 자기결정권, 사회적 책임과 상호성을 강조하는 것은 사회복지실천 철학과 맥을 같이하는 원칙이다. 따뜻하게 관심을 갖는 치료적 관계를 통해서 인간은 자기를 이해하고 성장할 수 있으며, 거기에 필요한 자원은 인간 스스로 갖고 있다고 가정한다. 이 점은 사회복지실천에 중요한 의미를 부여하는 것이다. 진실성, 일관성, 클라이언트에 대한 무조건적인 긍정적 관심, 클라이언트의 세계관에 공감해야 한다는 치료적 관계 원칙은 사회복지실천에 크게 기여하고 있다.

2. 매슬로우의 욕구단계이론

1) 아브라함 매슬로우(Abraham Maslow, 1908~1970)의 소개

매슬로우는 1908년 미국 뉴욕의 브루클린에서 가난한 러시아계 유대인 이민 2세로 7남매 중 첫째로 출생하였으며, 어린 시절에는 내성적이고 수줍어하는 소극적 성격의 사람이었다. 그는 부모와 가깝지 않았고 어머니에 대한 미움

과 적의를 자신이 죽기 몇 년 전 어머니가 돌아가실 때까지 갖고 있었다. 수년의 정신분석을 받았어도 어머니에 대한 증오를 극복하지 못했고 어머니의 장례식에도 참석하지 않았다. 매슬로우의 어머니는 독실한 크리스천으로 신으로부터 벌받는다고 어린 매슬로우를 위협했고 이런 위협으로 종교를 불신하고 무신론자가 되었다. 고등학교까지 그런대로 잘 보낸 그는

대학에 적응하는 데 실패하여 뉴욕시립 대학, 코넬 대학, 위스콘신 대학을 옮겨 다녔을 정도였다. 1930년 미국 위스콘신 대학에서 심리학 학사를 받고, 1934년에 심리학 박사학위를 받았다. 매슬로우가 위스콘신 대학에서 심리학을 공부하기로 결심한 것은 왓슨(Watson)의 행동주의에 결정적인 영향을 받아서였다. 한때 손다이크(Thondike)의 연구조교로 일하기도 했으며, 1951년까지 브루클린 대학에서 교수로 재직했다.

졸업(1934) 후 콜롬비아 대학에서 카네기 특별연구원으로 연구활동(1935~1937)을 한 뒤 임상활동에 종사하게 되는데 1934년 그간의 임상결과를 바탕으로 인간의 욕구를 5단계로 구분, 서열화하고 각 단계로의 이동을 결정하는 요소를 분석한 욕구단계이론을 발표하게 된다. 이후 학계로 진출하여 브랜다이스 대학 등 여러 대학에서 심리학을 강의하며 이상심리학을 연구해 오다 인간학적 심리학을 제창한 뒤 창조성과 자기실현 등의 과제에 관심을 두고 동물의 행동이나 병적인 인격보다 성숙하고 건강한 인간에 대해 연구해야 한다고 주장하였다. 미국 심리학회장을 역임하였으며 주요 저서에는 『가능성의 심리학(1966)』 등이 있다.

1970년 62세의 나이에 심장마비로 사망하기까지 매슬로우는 미국 심리학계의 인본주의 운동의 가장 주목받는 인물이었다.

2) 주요 개념, 이론의 내용

(1) 기본 가정

매슬로우는 성격발달에 관한 공식적인 틀을 제시하지 않고 욕구의 계층화를 통하여 동기와 정신병리에 관한 자신의 견해를 제시하였고 로저스처럼 인간의 본성에 대해서 낙관적인 견해를 가지고 있다. 인간은 선하며, 개인의 선천적인 잠재력을 표현할 수 있는 환경이 제공된다면, 건강한 방법으로 자기를 계발할 수 있는 능력이 있다고 믿었다.

〈표 4-6〉 욕구이론의 기본 가정

① 각 개인은 통합된 전체로 간주해야 한다. ② 인간의 본성은 본질적으로 선하며, 인간의 악하고 파괴적인 요소는 나쁜 환경으로부터 비롯된 것이다. ③ 창조성이 인간의 잠재적 본성이다.

매슬로우가 인간에 대해서 가지고 있는 기본 가정은 다음과 같다(Gatchel & Mears, 1982 : 427).

① 모든 인간은 선천적으로 자기실현을 이루고자 하는 노력 혹은 경향이 있다.

② 자신에 대해 좀 더 알고 싶어 하고 자신의 능력을 최대로 개발하고자 하는 것이 인간의 본성이다.

③ 인간의 본성은 선하며, 더불어 자기실현을 긍정적인 과정으로 갈망한다.

④ 인간은 자신의 능력을 다른 사람에게 알리고 스스로를 개발하고 인격이 성숙하는 데서 기쁨을 느끼며 사회에 이익을 돌리는 존재이다.

⑤ 그러나 소수의 사람만이 자아실현에 완전히 도달한다. 따라서 대부분의 사람은 자신의 욕구를 충족시키고자 하는 갈망을 항상 간직하고 있다.

⑥ 자기실현의 욕구 외에 인간은 본능적 욕구를 가지고 태어난다. 이러한 본능적 욕구들은 인간을 성장하게 하고 발달하게 하며 인간 자신을 실현시키고 성숙하게 하는 원동력이 된다.

⑦ 심리적인 성장과 건강에 대한 잠재력은 인간이 세상에 태어날 때부터 이미 갖추어져 있는 것이다. 그 잠재력을 개발할 수만 있다면 누구나 이상적인 실존적 경지에 도달할 수 있다.

⑧ 본능적 욕구뿐 아니라 창조성도 모든 인간에게 잠재해 있기 때문에 특별한 자질이나 능력을 요구하지 않는다.

(2) 인간욕구의 단계

매슬로우는 인간행동을 일으키는 데 직접적으로 영향을 미치는 다섯 가지 욕구의 위계체계(hierarchy of needs)를 제안했다. 인간행동은 개인의 삶을 가치 있게 만드는 개인적인 목표를 추구하려는 경향 속에서 설명할 수 있으며, 이러한 목표는 욕구의 위계체계 속에서 상위욕구를 추구하려는 경향으로 나타난다는 것이다. 매슬로우는 인간의 기본 욕구는 타고난 것이며, 강도, 유용성, 중요성 등의 우선순위에 따라 계층적인 단계로 배열되어 있다고 하였다. 이와 같은 인간의 욕구는 다섯 단계로 구성되어 있으며 이러한 욕구의 위계구조는 절대적인 것은 아니지만, 보편적으로는 대부분의 인간이 하위단계의 욕구가 어느 정도 충족된 후에 상위단계의 욕구를 충족시키기 위한 노력을 경주한다고 보고 있다.

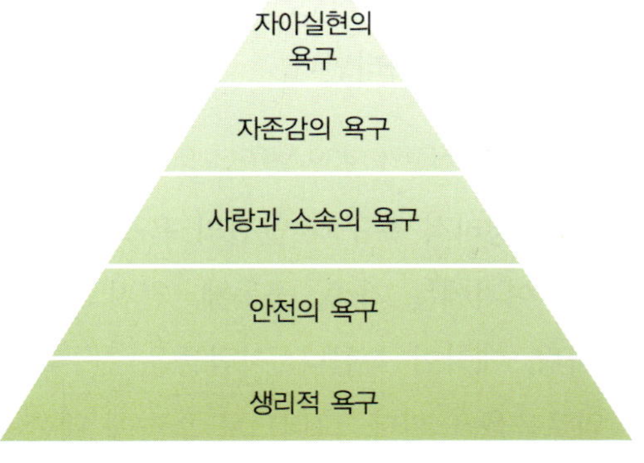

|그림 4-1| Maslow(1970)의 인간욕구 위계체계

① **1단계-생리적**(physiological needs) **욕구**

인간의 욕구 중에서 가장 기본적이고 강한 욕구이다. 이는 음식, 물, 산소, 수면, 단백질, 칼슘 등의 섭취에 대한 필요로서 생명을 유지하는 데 가장 근본적으로 필요하다. 이러한 기본적인 욕구가 만족되지 않으면 더 높은 단계의 욕

구를 충족하려는 시도를 하지 않으려 한다.

생리적 욕구는 인간행동을 이해하는 데 매우 중요하며, 기본적인 생존에 어려움이 있는 사람들에게는 가장 중요한 삶의 동기가 되지만, 대부분의 사람들의 생활에서는 최소한의 역할을 수행하고 있다(Schultz & Schultz, 1994 : 281).

② 2단계－안전의 욕구(safety needs)

일단 생리적 욕구가 만족되면 개인은 안전의 욕구에 관심을 갖게 된다. 여기에는 안정감, 안전, 의존, 보호받음, 공포나 불안과 위험으로부터의 자유, 힘이 있는 보호자의 필요 등이 있다. 안전의 욕구는 상대적 무력감과 어른에 대한 의존 때문에 유아와 아동들에게서 가장 많이 나타나는 보편적인 욕구이다. 성인기에 있어서의 안전욕구는 직업생활을 통하여 의식주를 해결할 수 있는 정도의 재정적 수입을 확보하고, 퇴직이나 실업, 질병 등에 대비하여 저축이나 보험에 가입하며, 종교를 통하여 안전감을 획득하는 행동 등으로 표현된다. 또한 이것은 개인이 전쟁, 범죄, 홍수, 지진, 폭동, 사회해체 등과 같은 실제적 위기에 직면했을 때 특히 강하게 나타난다.

③ 3단계－사랑과 소속의 욕구(love and belongingness needs)

사랑과 소속의 욕구는 생리적 욕구와 안전의 욕구가 충족되었을 때 개인에게 나타나는 욕구이다. 여기에는 가족, 공동체, 친지, 동년배, 친구집단 등에 대한 소속감, 우정, 사랑, 애착이 속한다. 사람들은 친구나 가족, 사랑하는 사람이 없을 때 심한 외로움을 느낀다. 그러므로 소속에 대한 갈망과 소외, 고독, 낯섦, 고립감 등을 극복하고자 하는 욕구는 오늘날 우리 사회의 전통적 집단의 붕괴, 가족의 분산과 해체, 계속되는 도시화와 익명성, 잦은 사회적 이동성의 증가로 더욱 심화되어 간다.

사랑에 대한 욕구는 사랑을 받는 것뿐만 아니라 주는 것을 포함한다. 개인은 사랑을 받고 포용되는 것을 통하여 자기가 가치 있다는 느낌을 갖게 되지만, 사랑을 받지 못하게 되면 공허감, 무가치감, 적대감 등을 갖게 되며 부적응, 신경증, 정신병 등의 원인이 되기도 한다.

④ **4단계–자존감의 욕구**(self-esteem needs)

사랑과 소속의 욕구가 어느 정도 충족되고 나면, 자존감의 욕구가 나타난다. 이것은 자신을 긍정적으로 평가하려는 데에서 생기며, 자기존중과 타인으로부터의 존경으로 분류된다. 자기존중은 첫째는 힘, 성취, 능력, 실력, 적합성, 세상을 직면하는 데 있어서의 자신감, 독립심, 자유 등이고, 둘째는 명예, 지위, 명성, 지배력, 인정받음, 주목받음, 품위를 포함하는 것으로 개인이 자신이 가치 있다고 생각하는 것이다. 이러한 욕구들이 충족되면 사람들은 자기가치감, 확신감을 가지며 자신이 능력 있고 유용하며 중요한 사람이라고 느낀다. 반면에 자존감의 욕구를 충족하지 못하는 사람은 열등의식, 무력감, 나약함 등을 경험한다. 타인으로부터의 존경은 명성, 인식, 수용, 주목, 평판, 인정 등을 포함하는 것으로 타인으로부터 좋게 인식되고 평가받음으로써 자신을 가치 있는 사람으로 간주하게 된다. 매슬로우는 건전한 자존감이란 개인의 실제 능력을 근거로 타인들로부터 얻어낸 존경에 근거한다면서 타인으로부터 받는 존경보다는 자신에 대한 자존감이 더욱 중요하다고 하였다.

⑤ **5단계–자아실현의 욕구**(self-actualization needs)

자아실현의 욕구는 생리적 욕구, 안전의 욕구, 소속과 사랑의 욕구 및 자존감의 욕구가 충족된 이후에 나타나는 욕구이며, 자신의 능력과 재능의 완전한 발현, 자기가 성취할 수 있는 모든 것을 성취하려는 욕구이다. 이 단계에 도달한 사람은 자기 자신의 능력, 재능, 잠재력을 충분히 발휘하기 위해서 노력한다. 여기서 자아실현이란 자아의 완전한 발달을 의미하며, 자신의 잠재력을 최대한 발휘하여 자기가 원하는 사람이 되도록 하는 것이다.

매슬로우에 따르면, 많은 사람들이 자아실현을 달성하고자 하는 것이 목표이지만, 이것은 극히 적은 사람들(인구의 1% 정도)만이 달성할 수 있다고 주장하고 있다. 이렇듯 많은 사람들이 자아실현을 달성할 수 없는 이유로는 그들이 자신의 능력을 의심하고 두려워하여 자아실현을 할 수 있는 기회가 소멸되며, 사회적 환경이 자아실현을 할 수 없게 억누르기도 한다는 것이다.

〈표 4-7〉 매슬로우의 욕구체계의 특성

생리적 욕구	• 모든 욕구 중에서 가장 강력한 욕구가 유기체의 생존과 유지에 관련 • 인간의 생존을 위해 필요한 음식, 물, 공기, 수면성 등에 관한 생리적 욕구가 다른 욕구에 비해서 가장 기본적이고 강력하다.
안전의 욕구	• 질서 있고 안정적이며, 예언할 수 있는 세계에 대한 유기체의 요구 • 안전 욕구의 만족을 위해 안전, 안전성, 보호, 질서, 그리고 공포와 불안으로부터의 자유가 요구된다.
사랑과 소속의 욕구	• 개인은 다른 사람과의 친밀한 관계 특별한 친구 관계, 연인 관계를 맺기를 원하며 특별한 집단에 소속되기를 바란다.
자존감의 욕구	• 자신으로부터의 존중과 타인으로부터의 존경을 필요로 한다. • 자아존중을 이루기 위해 개인은 유능감, 자신감, 숙달, 성취, 독립, 자유, 등을 갖는 것이 필요하다. • 자아존중의 욕구를 충족시킨 사람은 자신의 힘, 가치, 적절함에 대해 확신을 갖는다.
자아실현의 욕구	• 발달의 마지막 단계이며 최고의 단계로서의 자아실현은 자신의 모든 잠재력과 능력을 인식하고 충족시키는 것

한편 매슬로우는 그의 말기 저작에서 위의 5단계 욕구 외에 6단계와 7단계의 욕구위계를 제시했다. 6단계는 알고자 하는 욕구와 이해하고자 하는 욕구(인지적 욕구)이다. 지식을 습득하고 주변 세계를 분석하여 나름대로 이해의 틀을 마련하고자 하는 것은 지적인 인간이 갖는 욕망이라고 설명하였다. 지식추구는 고등동물에서 발견될 수 있는 것으로 특히 인간은 호기심, 설명, 이해와 같은 인지적 충동을 가지고 있다. 7단계는 미적·정서적 욕구(심미적 욕구)이다. 사람들은 기본적으로 미적 욕구를 가지고 있어서 추한 것을 볼 때 아프고, 아름다운 환경에 처할 때 낫는 현상을 보인다. 인지적 욕구와 관련되는 7단계는 질서, 대칭, 체계, 구조 등에 관한 욕구가 이에 해당한다(이효선 & Garz, 2006 : 170).

(3) 욕구의 특성

① 욕구위계에서 하위에 있는 욕구가 더 강하고 우선적이다.

② 욕구위계에서 상위의 욕구는 인생의 나중에 나타난다. 즉, 생리적 욕구와 안전의 욕구는 유년기에, 소속과 존중의 욕구는 청년기에 나타나며, 자아실현 욕구는 인생의 중반에 접어들기까지는 나타나지 않는다.

③ 욕구위계에서 상위의 욕구 만족은 생리적·심리적으로 생산적이고 유용하다.

④ 그것은 심오한 행복감과 마음의 평화, 인생의 내적인 성취감을 제공한다.

〈표 4-8〉 욕구발달단계이론에서 욕구의 특성

① 가장 기본적인 욕구가 충족되면 다음 단계의 욕구를 갈망한다.
② 5가지 욕구는 동시에 일어나는 것이 아니라 특정한 어느 순간에 한 가지 욕구만이 강렬하게 나타난다.
③ 기본적 욕구가 충족되지 않으면 생리적·심리적 역기능이 일어나고 직접적 혼란상태를 야기한다.
④ 욕구충족이 회복되면 역기능이나 혼란상태는 회복된다.
⑤ 기본적 욕구충족이 장기화되면 그 욕구는 감퇴한다.

(4) 매슬로우의 욕구단계이론에서 동기의 작용

매슬로우는 인간이 무엇인가를 항상 원하는 존재이며, 성장·행복·만족 등을 향해 활동하려는 동기를 가지고 있다는 것이다. 매슬로우는 인간이 가지고 있는 이와 같은 동기를 결핍동기와 성장동기로 구분하였다.

① 결핍동기

결핍동기(deficiency motivation)는 기본적인 동기로, 인간이 생활하면서 필요하지만 갖추지 못한 어떤 결핍되어 있는 부분을 만회하려는 욕구를 말한다. 이것은 인간행동의 강력한 결정요소로서, 배고픔과 같은 생리적인 욕구의 결핍에서처럼 그것의 결핍으로 인해 나타나는 신체적·심리적 고통과 불안을 해소하려는 욕구이다. 즉, 결핍동기의 목적은 배고픔, 추위, 불안, 공포, 소외, 무력감,

좌절감, 열등의식 등과 같은 결핍상태로부터 야기될 긴장을 미리 막는 것이다. 결핍동기는 생리적 욕구에만 그치지 않고 인간이 지닌 보편적인 기본 욕구 모두와 관계되어 있다(Schultz, 1990 : 127).

② 성장동기

성장동기(meta motivation)는 자기실현 욕구로서, 인간의 잠재력을 실현하려는 선천적 충동과 연관된 성장경향에 대한 동기이다(Engler, 1991 : 372). 즉, 이것은 기본 욕구 이상의 높은 수준의 욕구인 성장욕구를 충족하고자 하는 동기이다. 오직 자기실현의 욕구에서만 작용하는 동기로 하위 네 가지 욕구가 어느 정도 충족되어야 자기실현의 욕구에 도달할 수 있다.

〈표 4-9〉 결핍동기와 성장동기

결핍동기	유기체 내에 있는 부족한 어떤 것을 충족시키려는 욕구(예 기아, 고통, 공포 등)
성장동기	① 유기체가 일차적으로 현재 상태에서 즐거움과 만족을 느끼면서 긍정적으로 가치 있는 목표를 추구 ② 성장동기는 기본적 욕구가 충족된 후에 나타나는 개인의 독특한 삶을 향상시키는 방향으로 지향된 자아실현 동기

출처 : Liebert & Spiegler(1990), p. 323.

결핍성 욕구를 만족시키면 긴장이 완화되지만 성장욕구를 만족시키려면 오히려 긴장이 증가한다. 예를 들어, 즐거움을 맛보기 위하여 험한 산을 오름으로써 성장욕구를 만족시키려는 것은 위험과 신체적 어려움이 수반된다. 반면에 결핍성 욕구인 안전을 지키기 위해서는 그냥 계곡에 머물면서 산을 오를 때 부딪힐 수 있는 위험으로부터 자신을 보호하면 되는 것이다(최옥채 외, 2007 : 152).

(5) 자아실현자의 특성

매슬로우에 따르면, 자아실현자는 존재가치에 의하여 동기화되며, 성장욕구를 가지고서 자신의 체험을 확장하고 삶을 풍부하게 한다. 매슬로우는 자아실현자의 특징을 다음과 같이 정의하고 있다(Maslow, 1970; Liebert & Spiegler, 1990 : 328-333, 이인정・최해경, 1995 재인용).

〈표 4-10〉 자기실현 욕구를 충족한 사람의 특징

현실의 효율적 지각	자기 주변의 세계 및 사람들을 명확하고 객관적으로 지각할 능력을 가진다.
자신, 타인, 자연의 수용	자신의 강점뿐만 아니라 약점까지도 왜곡하지 않고 있는 그대로 받아들였으며, 실패한 일에 대해서도 지나친 부끄러움이나 죄책감을 갖지 않는다.
자발성, 단순성, 자연성	① 자아실현의 행동은 지극히 개방적이고 솔직하고 자연스럽다. ② 그의 생각은 주관이 뚜렷하고 행동은 인습에 사로잡히지 않는다.
자신 외의 문제에 초점	① 자신의 인생에 대한 사명감을 가지며 자신 밖의 일이나 자신의 범위를 벗어나는 일에 많은 에너지를 쏟는다. ② 열심히 일하면서 큰 기쁨과 흥분을 경험한다.

한편 탁월한 자기실현자라 할지라도 많은 인간적 약점이 있으며 결코 완벽한 인간이라고 할 수는 없다(Maslow, 1970 : 175-176). 자아실현인은 오히려 현실 속에서 분노할 줄 알고 다른 사람으로부터 배우고자 하는 겸허한 자세를 가진 사람이라고 설명하였다(이효선 & Garz, 2006 : 173).

3) 매슬로우의 욕구단계이론과 사회복지실천

매슬로우의 욕구단계이론은 인간 본성에 대한 긍정적인 관점은 인간을 이해하는 데 있어 인간을 전체로 다루고, 환경과 상호작용하는 존재로 보며, 자신의 경험에 대한 해석과 이해를 존중하고, 클라이언트 중심의 개입을 가능하게 한다는 점에서 사회복지실천의 기본적 원칙에 잘 부응한다. 또한 욕구단계이론은 사회복지실천가가 클라이언트의 욕구를 평가하는 데 유용한 지침이 될 수 있으며, 사회복지실천가는 우선 클라이언트의 기본 욕구가 충족되도록 원조하고 기본 욕구가 충족되고 나면, 더 높은 단계의 욕구를 다루어 나가야 한다.

지금까지 살펴본 로저스의 현상학 이론과 매슬로우의 욕구이론은 둘 다 인본주의 이론에 기반해 있다. 이러한 인본주의 이론의 사회복지실천에 대한 기여도를 살펴보면 다음과 같다(최옥채 외, 2006).

첫째, 사회복지실천의 가치관은 기본적으로 인본주의에 근거를 두고 있다. 인본주의는 인간이란 의식 있는 존재로서 이성적으로 생각하고, 선택하며, 자유롭게 행동할 수 있는 능력이 있다고 믿는다. 또한 인간은 삶을 통제하고 살아가는 방법에 대한 생각들을 바꿀 수 있는 개인적인 권한을 가질 수 있는 존재라는 사실을 중시한다.

둘째, 클라이언트 중심의 개입은 사회복지실천의 주된 원리와도 잘 맞는다. 인간을 전체로서 다루고 환경과 상호작용하는 존재로 보며, 자신의 경험에 관한 해석과 이해를 존중한다.

셋째, 이 이론은 사회복지실천에 있어서 다른 이론들보다 더욱 융통성 있게 적용할 수 있다. 또한 클라이언트에 관하여 덜 결정론적이고, 덜 판단적인 이해를 하게 해주는 토대를 제공해 준다.

넷째, 전체 인간에 대한 존중 사상은 효과적인 실천의 기본적인 부분이며, 사회복지실천에 있어서 가치관의 토대를 이루고 있다. 특히 자발적이고 스스로 동기가 있는 클라이언트를 위한 사회복지실천을 할 때에 인본주의 사상과 지식은 포괄적인 접근방법을 할 수 있게 해준다.

다섯째, 사회복지실천가들은 클라이언트가 자신과 자신의 개인적 의미를 탐색할 수 있는 기술을 가질 수 있도록 원조한다. 여기에서 개인적 의미란 자신이 지각하는 세계에 관해 나름대로 부여하는 것으로, 이것은 나중에 다시 자신에게 영향을 준다. 또한 사회복지실천가는 클라이언트와의 경험을 통하여 클라이언트 각자의 경험에 관해 각기 다른 의미를 구성하고, 클라이언트의 자기에 대한 새로운 사고를 창출하는 것에 관하여 다양한 사고를 이끌어 낸다.

그러나 이와 같은 인본주의 이론이 사회복지실천에 미친 긍정적 영향에도 불구하고 그의 이론은 구체적이고 현실적인 방안을 제시하고 있지는 않으며 객관적이고 과학적인 평가가 어렵기 때문에 실천 현장에서 직접적으로 활용되기에는 한계가 있다.

Chapter 05

사회체계이론

학습목표

1. 사회체계이론의 기본 가정을 이해하다.
2. 사회체계이론의 주요 개념을 이해한다.
3. 사회체계이론과 사회복지실천 간의 관계를 이해한다.

생각할 과제

1. 체계가 상위체계이자 동시에 하위체계라는 것은 무엇을 의미하는지 생각해 보고 내가 속해 있는 상위체계와 하위체계는 어떠한지 검토해 봅시다.
2. 체계가 상호의존적이어서 상호 간에 영향을 주고 받을 수 있다는 것은 무엇을 의미하는지 생각해 봅시다.

1. 특 징

사회복지실천에서 체계론적 사고는 폰 버틀란피(von Bertalanffy, 1971)의 일반체계이론에서 시작되었다. 모든 유기체는 체계이며, 하위체계로 구성되어 있는 동시에 상위체계의 부분이라고 보는 관점은 생물학적 이론에서 비롯된 것이다. 일반체계이론은 사회학의 영향을 받기도 하였다.

체계는 앤더슨과 카더에 의하면, 서로 간에 구별되는 방식으로 상호작용하고 일정 시간 동안 지속되는 요소들로 구성된 조직화된 전체를 가리킨다. 버클리(1967)에 따르면, 체계는 일정 기간 동안 어느 정도의 안정성을 갖고 인과관계 속에 직·간접적으로 관련된 구성요소들의 복합체이다. 마틴과 오코노(1989)

는 체계가 조직화(organization), 상호인과성(mutual casuality), 항구성(constancy), 공간성(spatiality), 경계(boundary) 등의 속성을 갖는 것으로 간주하였다. 즉, 체계는 부분 혹은 요소가 상호 관계를 맺고 있으며(조직화), 서로 간에 상호의존적이어서 한 부분에서 일어나는 변화는 모든 부분에게도 영향을 미치고(상호인과성), 지속성을 갖고 있으며(항구성), 물리적인 공간을 점유하고(공간성), 다른 체계들과 환경을 구분하는 특성(경계)을 가지고 있다는 것이다.

사회체계이론은 일반체계이론의 관점을 모든 조직 수준에 적용한 것이라고 할 수 있다. 사회체계도 일반체계와 마찬가지로 체계의 제 속성을 가지고 있는데, 일정 기간에 걸쳐(항구성) 서로 관련을 맺고 있는(조직화), 적어도 두 사람 이상을 포함하며(공간성), 어떤 방식으로든 구성원이 아닌 사람을 분리하면서(경계), 관련 모든 구성원이 서로 영향을 주고받는다(상호인과성)(이인정 · 최해경, 2007). 사회체계에는 개인이 속한 가족, 집단, 조직, 그리고 지역사회 등이 포함된다.

사회체계이론에서 체계의 한 구성요소의 변화는 다른 요소들 간의 상호작용의 속성에 영향을 미쳐 전체 체계의 속성을 변화시킨다는 것이다. 그러나 사회체계이론은 체계의 변화를 인정하면서도 그 체계의 변화가 기능적이고 자동적으로 회복하는 것으로 간주한다. 그린(Greene, 1991a)에 의하면, 사회체계이론의 기본 가정은 다음과 같다.

〈표 5-1〉 체계이론의 기본 가정

- 사회체계는 한 단위 또는 전체를 이루는 상호 관련된 구성원들로 이루어진다.
- 경계는 다른 사회체계들과 구별되는 체계를 의미하며 정체성과 중심점을 규정한다.
- 체계를 둘러싼 환경은 그 체계의 경계선 밖으로 규정되는 것이다.
- 사회체계에서의 삶은 참여자들의 활동의 전체 합 이상이다.
- 사회체계의 성원들 간에는 강도 높은 상호의존과 조직이 형성되어 있다.
- 모든 체계는 그보다 더 큰 다른 체계의 하위체계에 속한다.
- 사회체계 간에는 상호의존과 상호작용이 있다.
- 사회체계는 적응적 또는 목표지향적이다.
- 사회체계의 한 성원에게 발생한 변화는 그 성원이 포함되어 있는 전체 사회체계의 특성에 영향을 미친다.
- 사회체계의 경계를 가로지르는 관계, 즉 사회체계와 외부환경 간의 상호작용이 그 사회체계에 유용한 능력과 내적 구성에 영향을 미친다.

• 성원들 간의 안정된 관계적 패턴인 구조의 불균형이 야기되면 체계를 움직이는 사회체계 내의 변화 혹은 사회체계를 초월하는 범위로부터의 변화가 균형을 재확립하려는 시도를 하게 한다.

2. 주요 개념, 이론의 내용

1) 체계와 구조

체계(system)는 어떤 형태의 규칙적인 상호작용이나 상호의존성에 의하여 통합된 조직으로서 한 체계의 요소들은 상호 간에 작용하고 상호 간에 영향을 미치며(Bardill & Ryan, 1973) 전체인 동시에 부분이라는 속성을 갖는다. 체계는 전체를 형성하기 위하여 서로 조화를 이룬 통합된 부분들로 구성되어 있으며, 독특한 구조(structure)를 가지고 있다. 구조란 체계성원들 간에 지속적으로 나타나는 안정된 관계유형을 의미하며, 하나의 조직은 각각의 구성요소와는 다르고, 구성요소에서는 발견되지 않는 전체로서의 관계적 특성을 갖는다.

2) 경계와 공유영역

체계는 환경과 구별되거나 다른 체계와 구별되는 독립적인 영역을 가지고 있는데 이것을 경계(boundary)라고 한다. 사회체계의 경계는 체계 내·외부의 성원을 규정할 뿐만 아니라 환경과 체계를 구분한다. 사회체계의 경계는 물리적인 구조가 아니라 사회적, 임의적인 것이어서 보거나 만질 수 없으며, 그 체계를 구성하는 성원들이 서로에 대해, 그리고 외부 사람에 대해 행동하는 방식을 보면 알 수 있다. 경계는 행정지역, 정치적 성향, 법적 정의나 인종처럼 객관적인 기준에 의해 이루질 수도 있으나 어떤 사람이나 집단을 열등한 것으로 낙인찍는 것처럼 인위적일 수도 있다(Kuhn & Beam, 1982). 사회체계에서 경계는 그 체계의 정체성을 규정하고, 주변 환경과의 내·외적 교환을 통제하는 기능을 수행한다(Chess & Norlin, 1988).

공유영역(interface)은 서로 다른 체계들이 접촉 또는 의사소통하는 지점이나 한 체계가 다른 체계와 공유하는 경계 부분을 가리킨다(Barker, 1999). 어떤 사회체계든지 상위체계 내에 구성요소들이 있으면 공유영역이 있기 마련이다. 공유영역은 상이한 두 체계가 공통의 관심사나 이익을 추구하기 위해 필요한 반면 경계는 체계의 정체성 유지를 위해 필요하다는 점에서 차이가 있다.

3) 개방체계와 폐쇄체계

체계는 체계 내에서의 자유로운 정보교환과 자원교환을 허용하고 외부로부터, 그리고 외부와 자유로운 에너지 흐름을 인정하는 개방체계(open system)와 외부환경과 아무런 에너지의 상호교환이 이루어지지 않은 채 고립되어 다른 체계로부터 투입도 없고, 다른 체계에 산출도 전하지 못하는 폐쇄체계(closed system)의 속성을 갖는다. 예컨대 경계가 폐쇄적일수록 융통성이 없고, 분화가 이루어지지 않으며, 덜 효과적인 역기능적인 체계(Goldenberg & Goldenberg, 1980)가 되므로 체계의 목적을 달성하기에 충분한 조직을 갖고 있지 않기 때문에 체계를 유지하거나 변화를 이룰 수 없다. 외부와 단절된 체계가 소멸하는 것과 마찬가지의 논리이다. 체계가 폐쇄적이면 시간이 지나면서 모든 요소들이 비슷해져서 결과적으로 조직과의 효과적인 기능상실을 초래하는 엔트로피(entropy) 속성이 나타나게 된다(Compton & Galaway, 1989). 엔트로피는 체계가 소멸해 가거나, 무질서해지고 비조직화되는 과정을 의미한다. 사회체계의 성장과 발달을 위해서 체계는 상호작용하는 다른 체계들로부터의 투입에 어느 정도 개방적이어야 한다. 건전한 체계는 반투과성의 경계를 가지며 이 경계를 잘 유지한다(이인정·최해경, 2007).

4) 대상체계, 상위체계, 하위체계

체계는 부분들 간의 지속적인 상호교환 활동에 의해 조직화되는데, 하나의 체계가 작동하고 기능하기 위해서는 상위체계(suprasystem)에 의존하여야 하며, 그 체계의 하위체계(subsystem)에 방향을 제시해 주어야 한다. 분석의 대상이 되는 사회체계를 대상체계라고 하는데, 예를 들어 부부간 갈등이 관심사인 경우 그 부부가 대상체계(subject system)가 된다. 상위체계(suprasystem)는 대상체계의 외부에 있으면서 그 체계에 영향을 미치는 사회단위들을 가리키며, 하위체계(subsystem)는 대상체계의 내부에 있으면서 내부의 다른 하위체계의 단위들과 상호작용하여 체계를 이루는 체계를 일컫는다. 이들 체계들의 관계는 호론(holon)의 개념을 통해 이해될 수 있다.

호론(holon)은 부분인 동시에 총체(entity)를 의미하는 것으로, 호론의 개념은 체계와 체계성원들이 한 체계 이상의 수준에서 어떻게 작동하고 행동하는지를 이해하는 데 도움이 된다. 사회체계는 부분들 간의 반복적인 상호고환과정을 통하여 체계 내 구성요소들 간에 역할이 분화되고, 하위체계와 위계질서가 형성되는 것이다. 사회체계는 부분성과 전체성을 동시에 갖고 있기 때문이다. 즉, 체계는 부분들로 구성되는데 한 체계의 부분은 이를 구성하는 부분들에 대해서는 전체가 되는 동시에 보다 큰 체계의 부분이 된다는 것이다. 이는 역할에 비유할 수 있다. 역할은 특정한 지위와 연관된 문화적 유형의 총합(Linton, 1936)으로서 모든 사람은 여러 가지 역할을 수행한다(Anderson & Carter, 1984). 예컨대 부모와 자녀로 구성된 가족체계에서 부모는 자녀의 상위체계이면서 동시에 부모는 그 가족이 속해 있는 확대가족의 하위체계인 것이다.

5) 항상성, 균형, 안정상태

체계는 완전한 변화나 완전한 현상유지 상태로 존재하는 것이 아니라 역동적 속성이 있어서 지속적으로 변화를 추구하고 역동적 균형상태를 유지하려

한다. 이를 가장 보편적으로 설명해 주는 개념이 항상성(homeostasis)이다. 항상성은 체계가 균형을 위협받았을 때 이를 회복하려는 경향을 의미한다. 균형(equili- brium)은 외부체계로부터의 투입 없이 균형을 유지할 수 있는 체계의 능력을 말하는데, 이 상태에서는 성장과 발달을 일으키는 일시적 불안정을 유발하기도 한다. 안정상태(steady state)는 전체 체계가 균형을 이루고, 부분들 간의 관계를 유지시킴으로써 체계가 쇠퇴하거나 붕괴하지 않도록 하기 위하여 환경과 융통성 있는 에너지 교환체계를 유지하고 있는 상태를 일컫는다. 이들을 총칭하여 사회체계의 역동적 · 진화적 속성이라고 하기도 한다.

6) 의사소통, 피드백

의사소통이란 두 사람 혹은 그 이상의 개인들 사이에서 정보를 전달하는 체계이며, 개인들 간의 관계를 형성하는 기반이 되는 축적적인 상호교환이다(Bloom, 1984). 의사소통을 통하여 개인은 상호작용과 사회적 의사소통의 바탕이 되는 사회적 경험을 공유하게 되므로 의사소통은 일면 공유의 과정인 동시에 상호보완적 과정이라고 할 수 있다. 의사소통의 유형은 그 기능에 따라 명확하고 직접적인 메시지를 전달하는 기능적 의사소통과 대화내용의 연결성이 없고, 상황과 동떨어진 반응을 하거나 부적절하게 행동하는 역기능적 의사소통으로 구분하기도 한다(Satir, 1972). 한 체계 내에서는 항상 의사소통이 이루어지며, 언어적 의사소통뿐만 아니라 웃음, 눈물, 씰룩거림과 같은 비언어적 의사소통을 통해 정보를 교환할 수 있다는 데에도 관심을 가져야 한다.

피드백(feedback)은 투입된 정보에 대한 일련의 반응을 의미한다. 피드백은 연속적인 행동을 수정하도록 그 행동의 결과를 새로운 정보로 변환시키는 것을 의미한다. 사회체계는 그 체계의 행동을 지시하는 목표로부터 피드백이 파생되기 때문에 피드백을 받는 사회체계는 체계의 목표와 무관한 맹목적인 내적 기제를 따르지 않는 것이 일반적이다(Buckley, 1967). 피드백은 체계가 목표달성과 무관한 방식으로 행동하고 있다는 정보를 주어 목표와 조화를 이루도록 행동을 수정하는 부적 피드백(negative feedback)과 체계가 목표에 부합되는 행동을 하고 있으며, 그러한 행동이 강화될 필요가 있다는 의미를 전달하는 정적 피드백(positive feedback)으로 구분할 수 있다. 예를 들어, 자녀의 행동이 또래 집단과의 대인관계를 저해한다는 부적 피드백을 상담교사로부터 받은 부모는 자녀의 문제행동을 수정하는 데 관심을 기울이게 된다. 부적 피드백은 체계에 대하여 급진적이고 불연속적인 변화를 통해 체계 전체를 변화시킨다. 반면 자녀의 학업능력이 향상되고 있음을 담임교사로부터 전달받은 부모는 자녀에게 그동안 해온 방식을 지속하도록 자신감을 불어넣는다. 정적 피드백은 체계의 항상성을 유지시키고, 변화를 극소화하면서 체계 자체를 유지시킨다. 피드백은 일종의 적응기제라고 할 수 있으며, 피드백을 통해 목표달성을 위해 필요한 노력을 효과적으로 조정할 수 있는 것이다.

7) 투입, 전환, 산출

체계가 외부로부터 정보나 에너지를 받아들여 필요로 하는 자원을 생성해 내는 과정을 투입-전환-산출이라고 한다. 투입-전환-산출은 사회체계의 과정적 속성에 해당한다. 투입(input)이란 체계가 환경으로부터 에너지, 사물, 정보 등을 받아들이는 과정을 말한다. 그 유형은 클라이언트의 문제와 같이 그 사회체계가 관심을 갖는 욕구, 문제 또는 기회로 인해 발생하는 과업 관련 투입과 사회복지실천가에게 필요한 자원이나 원조에 적합한 자원과 같이 욕구를 충족시키거나 문제를 다루거나 기회를 모색 또는 이용하는 데 필요한 자원을 의미하는 유지 관련 투입으로 구분된다.

전환(through put)은 구조와 상호작용으로 구성(Chess & Norlin, 1988)되며, 투입된 에너지를 자신에게 적절한 형태로 변형시키는 재조직화의 과정을 의미한다. 구조는 체계의 투입이 산출이 되는 과정에서 나타나는 일종의 순서를 말하며, 여기에는 역할, 공식적인 행정적 준비, 시간, 예산, 공간, 다른 체계들과의 유대 등이 포함된다. 상호작용(interaction)은 두 사람 또는 그 이상의 사람들 간에 일어나는 연속적이고 상호적인 일련의 접촉을 말하며(Gouldner, 1960), 가족 내의 부모자녀처럼 수평적이거나 자녀와 학교교사 혹은 부모와 직장상사처럼 수직적일 수 있다.

산출(output)은 체계 내에서 변형된 에너지를 환경으로 방출하는 것을 의미한다. 산출은 과업산출, 유지산출 및 소모로 분류된다(Chess & Norlin, 1988). 과업산출은 사회기관에서 원조를 요청한 클라이언트의 문제가 종결된 결과와 같이 과업 관련 투입이 처리된 결과이다. 유지산출은 기능을 습득하거나 능력을 유지하는 것과 관련이 있다. 예컨대 클라이언트가 사회복지기관의 원조를 통해 습득하게 된 부모역할이나 대인관계에 관한 지식과 기술 등을 말한다. 소모는 사회복지실천가의 탈진과 같이 과업산출과 유지산출이 이루어지는 과정에서 자원의 비효과적, 비효율적 또는 부적절한 사용을 의미한다. 에너지 전환과정에 의해 만들어진 산출은 피드백을 통하여 다시 내부 체계로 투입된다(Meyer, 1983).

8) 긴 장

긴장은 체계가 환경과 상호작용과정에서 그 체계가 진화하는 데 수반되는 필수불가결한 속성이다. 긴장은 파괴적이거나 건설적일 수 있으나 사회체계이론에서는 긴장 그 자체에 대해 어떠한 가치를 부여하지는 않는다. 긴장을 복잡한 적응체계의 불가피한 속성으로 간주하기 때문이다(Compton & Galaway, 1989). 예컨대 개방적인 체계의 가족은 스트레스를 경험할 기회가 더 많지만 폐쇄적인 가족보다 스트레스에 대처할 수 있는 충분한 능력을 가지고 있으며 그 결과 성장할 수 있다.

9) 사회체계의 분화와 역동성

분화란 체계가 시간이 지남에 따라 보다 세분화된 구성요소들을 가진, 과거보다 복잡한 형태로 발전한다는 개념이다. 파슨즈(1961)에 의하면, 사회체계는 안정상태를 유지하기 위하여 목적달성, 통합, 적응, 그리고 형태유지의 네 가지 문제에 직면하는데 이를 통해 역동적 평형상태를 유지하게 된다.

첫째, 사회체계는 목적달성, 즉 상위체계의 기대가 충족될 수 있도록 과업목적을 달성하는 데 만족할 만한 진전을 보여야 한다. 이러한 목적달성 문제는 욕구의 충족과 기회모색의 측면에서 완성적 차원의 문제와 관계가 있으며, 체계의 목적을 파생시킨 기회나 욕구가 상위체계에 있다는 점에서 외적 차원의 문제와 관련된다. 둘째, 사회체계는 통합 문제, 즉 체계의 구성원들의 기대를 충족시켜야 하는 체계의 유지 목적을 달성하기 위하여 만족스러운 진전을 해야 한다. 이러한 통합 문제는 체계 자체의 욕구충족을 목적으로 한다는 점에서 완성적 차원의 문제이며, 체계 자체의 욕구에 해당한다는 점에서는 내적 차원의 문제와 관련된다. 셋째, 사회체계는 적응 문제, 즉 과업산출을 달성하기 위한 수단으로서 상위체계를 목적달성에 용이하게 변화시켜야 한다. 적응 문제는 목적달성의 수단으로 상위체계를 조정한다는 점에서 도구적 차원의 문제이며, 상위체계의 변화를 시도하는 점에서는 외적 차원의 문제에 해당한다. 넷째, 사회체계는 형태유지 문제, 즉 체계 자체에서 발생하는 변화뿐 아니라 끊임없이 변화는 상위체계하에서 체계 자체의 기본적 틀을 유지할 수 있어야 한다. 이러한 형태유지의 문제는 체계가 완성적 차원인 목적달성과 통합을 달성하도록 핵심적 기조를 유지시켜야 한다는 측면에서 도구적 차원의 문제이며, 체계 내 구성원 간 관계의 핵심인 구조적 특성을 유지한다는 점에서 내적 차원의 문제이다.

사회체계는 체계들 간의 상호작용과 개방성을 갖기 때문에 정지상태로 존재하기란 거의 불가능하다. 체계는 계속적인 변화에 놓여 있지만 동시에 역동적 평형상태(dynamic equilibrium)를 유지해야 할 필요가 있는데, 이는 체계가 목표를 달성하는 방향으로 움직이면서도 일정 부분 질서와 안정성에 대한 욕구를 갖고 있기 때문이다. 즉, 체계는 양 극단에 귀착하지 않으면서도 현상유지와 변화 간을 이동하는 역동적 평형을 유지하는 속성이 있다는 것이다.

	도구적(수단) 차원	완성적(목적) 차원
외적 차원	적응 기능	목적달성 기능
내적 차원	형태유지 기능	통합 기능

|그림 5-1| 사회체계의 네 가지 기능상 문제 패러다임

3. 사회체계이론과 사회복지실천

체계를 구성하는 각 요소들이 상호 관련되어 있으며 상호 의존적인 속성을 가지고 있다는 측면에서 상호관련성과 상호의존성을 강조하는 일반체계이론(general system theory)은 현실을 관찰하고 구성요소들 간의 관련성을 파악하여 조직화할 수 있는 방법을 제시해 준다(Durkin, 1981; Kearney, 1986; Polsky, 1969).

일반체계이론의 영향으로 사회복지실천에서는 X가 Y를 발생시킨다는 단선적이며 직선적 원인론에 입각한 의료적 모델(medical model)에서 벗어나 인간의 행동은 다양한 원인에 의해 일어난다고 보는 순환적 원인론(circular casuality)으로 전환할 수 있게 되었다(Peter, 1988). 즉, 일반체계이론은 인간의 행동을 단순한 원인에 입각하여 설명하기보다 다양한 변인들 간 상호작용의 결과라는 준거 틀을 제공함으로써 사회복지실천가들로 하여금 개인행동에 초점을 두던 관행에서 탈피하여 체계 성원들 간의 역동적 상호작용에까지 초점을 두게 되었다(Hearn, 1979; Weick, 1981). 또한 사회복지실천과정에서 적용하는 사정이나 개입을 개인뿐만 아니라 그 개인에게 영향을 미치는 다양한 수준의 환경에까지

확대 적용함으로써 클라이언트에 국한하지 않고 클라이언트와 관련된 사회체계의 영향력 모두를 문제의 사정 영역에 포함시키게 되었다. 클라이언트의 문제나 욕구를 상황적・환경적인 맥락을 고려하여 이해할 수 있는 준거 틀을 마련한 것이다. 이는 궁극적으로 클라이언트의 문제나 욕구 사정의 범위와 개입 수준을 한층 더 확대시켜 클라이언트의 문제해결에 필요한 다양한 대안의 제시뿐만 아니라 클라이언트의 변화를 촉진시키기 위한 다양한 수준의 개입을 시도할 수 있게 하였다.

사회복지실천은 위와 같은 체계이론의 영향으로 사회복지실천에서 문제해결이 개인의 문제해결, 개인의 안녕을 위협하는 사회환경의 변화, 개인의 사회적 기능(예 대인관계, 지지관계망)의 회복을 의미하는 것에 이르기까지 폭넓게 확대되었다. 클라이언트에게 발생하는 이러한 변화들이 각각 개별적으로 나타나기보다는 어느 한 요소의 변화를 통하여 다른 요소들의 변화를 촉발시킬 수 있다는 데에도 관심을 갖게 한 것이다. 이에 따라 개인의 내부 성격과 외부 행동, 가족, 개인의 삶에 영향을 주는 보다 큰 사회체계 중 어느 한 부분을 변화시키면 다른 부분에서도 변화가 일어날 수 있으므로 사회복지실천과정에서의 개입 전략이 보다 구체화되었다. 이 밖에 사회복지실천에서 강조하는 개인과 환경은 상호 영향을 주고받는 개방체계이며, 개인의 행동은 그 개인과 상호작용하는 환경이라는 맥락에서 이해되어야 한다는 점 등은 사회체계이론의 영향이다.

Chapter 06

생태체계이론

학습목표

1. 생태학적 이론의 기본 가정을 이해하다.
2. 생태학적 이론의 주요 개념을 이해한다.
3. 생태학적 이론과 사회복지실천 간의 관계를 이해한다.

생각할 과제

1. 자신이 스트레스를 받게 되는 상황에는 어떠한 사례가 있는지 검토해 봅시다.
2. 스트레스 상황에서 자신은 어떻게 행동하거나 대처하는지 생각해 봅시다.
3. 스트레스 상황에서 자신이 종전과는 다르게 행동하거나 대처하였다면 어떠한 상황이 전개될 수 있을지 생각해 봅시다.
4. 다른 사람과 갈등상황을 떠올려 보고 자신의 행동유형과 다른 사람의 행동유형이나 대처방식이 어떻게 다른지 토론해 봅시다.

1. 주요 가정 및 특징

생태체계이론은 생태학, 동물행동학, 자아심리학, 스트레스 이론, 형태심리학, 역할이론, 문화인류학, 인본주의 심리학, 상징적 상호작용이론, 일반체계이론, 권력관계의 역동이론 등과 같은 다양한 이론으로부터 영향을 받았다. 저메인과 지터맨(Germain & Gitterman)이 생태체계이론에 바탕을 둔 생활모델(life model)을 사회복지실천 모델로 제시하면서 사회복지실천의 주요한 지식기반으로 자리 잡게 되었다. 생태체계이론은 지속적으로 인간과 환경 간의 상호교류를 바라보는 렌즈를 제공하며, 순환적이고 적응적인 관점을 가진 생태학 이론은 생활 모델의 실천에 기반이 되는 이론적 기초를 제공하고 있다(Germain, 1981; Germain & Gitterman, 1986, 1987, 1995, 1996). 그린(1991b)이 제시한 생태체계적 관점의 기본 가정은 <표 6-1>과 같다.

〈표 6-1〉 생태체계이론의 주요 가정

- 환경과 상호작용하고 다른 사람들과 관계를 맺는 인간의 능력은 선천적이다.
- 유전적 및 생물학적 요소들은 환경과의 관계의 결과이며 다양한 방식으로 나타난다.
- 개인-환경은 인간과 환경이 서로 영향을 미치는 상호 호혜적 관계에 있다.
- 적합성은 적응적 개인과 지지적 환경 간의 관계를 통해 성취되는 상호 호혜적인 과정이다.
- 인간은 목적지향적이며 유능하기 위해 노력한다. 발달의 핵심은 개인이 환경에 대해 갖는 주관적 의미이다.
- 인간은 자연스러운 환경과 상황 속에서 이해되어야 한다.
- 성격은 개인과 환경 간의 오랜 관계의 산물이다.
- 긍정적 변화는 생활경험에서 비롯된다.
- 생활상의 문제는 전체적 생활공간 속에서 이해되어야 한다.
- 클라이언트를 돕기 위해 사회복지실천가는 클라이언트의 생활공간 어디든 상관없이 개입할 준비가 되어 있어야 한다.

생태체계이론에서는 '환경 속의 인간'이라는 총체적 인간관을 지향한다(Germain, 1979). 생태체계이론에서는 유기체를 환경과 분리할 수 없으며, 양자는 지속적인 상호작용과 상호교환을 통하여 서로에게 영향을 미치고 상호 적응하는 호혜적 관계(reciprocal relationship)를 유지하고 있다고 본다. 또한 인간 본성에 대한 유전적 · 정신적 · 환경적 결정론을 모두 배제하고 인간이 선천적으로 환경적 요구에 적응하며 때로는 자신의 욕구에 맞게 환경을 수정하거나 변화시킴으로써 안정적으로 발달을 성취하며 만족스러운 삶을 영위할 수 있는 존재라고 보는 것이다. 인간이 환경의 모든 요소와 지속적인 상호작용을 하는 존재라는 적응적 · 진화적 관점(Germain & Germain, 1980)을 채택하고 있음을 시사한다.

생태체계이론에서는 인간에 대해 낙관론적 관점을 지향한다. 즉, 인간은 환경과 사회적 지지를 자율적으로 이용할 수 있으며, 환경 속에서 효과적으로 기능할 수 있는 능력이 있으므로 환경과의 상호교류에서 성공적 경험을 획득하고 자율성과 자기규제능력 그리고 유능성을 확보할 수 있다고 본다. 이 이론에 의하면, 인간은 사회문화적 존재이다. 즉, 인간은 생활환경 속에서 타인과 의미 있는 사회적 관계를 맺고 존경과 관심을 주고받는 과정에서 자아를 발달시키고 사회적 역할과 기대를 적절히 수행한다는 것이다.

생태체계이론의 핵심적인 가정은 개인과 환경이 상호 간에 영향을 미친다는 것이다. 개인과 환경 사이의 상호교류(transaction)는 순환적 원인론에 바탕을 둔 것으로 개인과 환경 간의 상호작용적이고 상호 호혜적인 효과에 관심을 갖는다.

생태체계이론에서는 인간행동에 미치는 환경의 영향을 강조한다. 개인-환경 간의 교환은 역동적인 과정이므로 개인-환경은 상호 영향을 미치는 동시에 서로를 형성하는 과정을 통해 이루어진다. 환경은 친밀한 사회망에서 관료조직에 이르는 다양한 사람들로 구성된 사회적 체계인 사회적 층, 자연적 세계와 인위적 구조물의 세계 및 이러한 구조를 담아내고 배열하는 공간과 시간적 리듬인 물리적 층으로 구성된다.

사회적 환경인 관료조직은 사회적 목적을 수행하기 위해 조직의 사명을 발전시키고 구조를 변화시키며, 조직의 사명과 구조는 정치·경제·문화적 영향을 받는다. 경제적·사회적·관료적 힘은 억압받는 사람들의 접근과 이들을 위한 질적 서비스를 봉쇄하기도 한다. 사회적 환경의 또 다른 특징인 사회망은 친족, 친구, 이웃, 동료, 그리고 지인들로 구성되며, 일반적으로 생활 스트레스 요인과 그로 인한 스트레스에 대한 완충제로 작용한다. 그러나 모든 사람이 사회망을 사용하는 것은 아니며, 모든 사회망이 가능한 사회적 지지를 제공하는 것도 아니다. 중요한 것은 접근할 수 있는 사회망이 없다면 생활을 유지할 도구적·정서적 지지를 박탈당할 수 있는 위험이 높다는 것이다. 자연세계는 생존에 필수적인 자원을 제공할 뿐 아니라 일상생활에 특별한 의미를 부여한다.

생태체계이론의 특징은 인간발달과 관련하여 발달하는 개인을 단지 환경의 영향만을 받는 존재가 아니라 환경을 재구성하고 성장하는 역동적 실체로 간주하고, 환경도 상호조절 과정을 통해 인간에게 영향을 주기 때문에 개인과 환경 간의 상호작용을 상호 호혜적 관점에서 바라본다. 또한 이 이론은 환경을 개인과 직접 관련된 것에 국한하지 않고 개인이 직접 참여하는 장(setting) 간의 상호연결을 포함하여 개인이 속하지 않은 외부환경으로부터의 영향까지를 포괄하는 개념으로 이해하고 있다는 점이다. 즉, 개인이 환경에 영향을 주고, 환경이 개인에게 영향을 주는 개인-환경 간의 지속적인 상호교류와 개인과 직·간접으로 연결되어 있는 환경이 인간에게 미치는 영향에 초점을 둔다. 생태체계이론은 인간이 성장하며 환경에 적응하고, 환경을 창조해 나가는 능력을 강조하면서 인간의 적응성, 유능성 등을 부각시키는 것이다.

2. 주요 개념

1) 개인과 환경 간의 적합성

적합성(goodness of fit)은 개인 또는 집단의 욕구, 권리, 목적, 능력 등과 개인이나 집단이 처한 문화, 역사적 맥락 속에 존재하는 물리적·사회적 환경의 성질 및 그 운영상황 간의 맞물림 상태, 즉 개인적 욕구와 사회적 요구 사이의 조화와 균형 정도를 의미한다. 적응적인 개인-환경 간의 교환은 그 개인과 환경의 잠재력을 상호 지지하고 방출하는 것이다. 환경적 요구에 대해 사람들은 자신이 가지고 있는 환경적·개인적 자원의 적절성을 평가한다. 스트레스란 환경적 요구와 활용 가능한 내·외적 자원을 동원하여 이에 대응할 수 있는 능력 사이의 불균형을 지각한 결과라고 할 수 있다. 이를 해결하기 위해서는 개인과 환경 간의 적합성(goodness of fit) 수준이 향상되어야 하며, 이는 개인의 지각과 행동이나 환경적 반응, 혹은 이들 간의 상호 교환의 질에 적극적인 변화가 있을 경우에 가능하다.

2) 적응성과 유능성

적응(adaptation)은 개인 대 환경의 적절한 결합을 의미하며, 개인이나 환경에게 있어 그 적합도는 매우 낮을 수도 있고 높을 수도 있다. 중요한 것은 양자 사이의 적합도가 비교적 양호할 경우 그것을 적응이 잘 된 상태라고 본다는 것이다. 이 상태에서는 인간과 환경이 상호 긍정적인 영향을 주고받으면서 상호 적응적 기능이 향상되는 반면 적응이 잘 되지 않은 상태에서는 건강의 파괴와 사회적 기능의 위축 등으로 인해 개인의 성장과 발전이 지체되며 개인과 상호작용하는 환경도 손상을 입게 된다. 손상된 개인의 적응능력에 개입하기 위하여 일련의 과정이 요구되는데, 적응과정은 인간이 인간과 그들 환경 간의 적합도를 유지하거나 향상시키기 위해 지속적으로 동원하는 변화지향적인 인지, 감각, 지각, 행동적인 노력의 과정을 뜻한다. 적응은 환경을 변화시키기 위한 노력, 개인 자신을 변화시키기 위한 노력, 환경과 개인 모두를 변화시키기 위한 노력, 이러한 노력들의 결과로 발생한 변화에 적응하기 위한 노력들 모두를 포함한다.

생태체계이론에 근거를 두고 있는 생활모델(life model)에서는 내담자가 환경과 상호교류하는 과정에서 어느 정도의 적합성을 성취하는가에 초점을 둔다. 즉, 생활모델에서는 환경과의 상호작용과정에서 개인이 특별한 생활과업과 성숙 욕구를 충족시킬 수 있는 적합성을 성취함으로써 건강한 삶을 영위할 수 있다고 본다.

유능성(competence)이란 인간발달에 필수적인 요소로 자신의 환경 속에서 효과적으로 기능할 수 있는 능력을 뜻하며, 환경과의 성공적인 상호작용을 통하여 형성된다. 여기에는 확고한 결정에 대한 신념, 자신의 판단에 대한 신뢰, 자기확신, 환경에 바람직한 영향을 미칠 수 있는 능력, 그리고 환경적 자원과 사회적 지지를 합목적적으로 활용하는 것을 포함한다(Maluccio, 1979). 생태체계이론을 지향하는 사회복지실천가는 자아정체감과 자아존중감을 유능성과 밀접한 관련이 있는 개념으로 본다. 이러한 능력은 일생에 걸쳐 확대된다.

3) 상호교류와 상호작용

생태체계이론에서는 '환경 속의 인간'이라는 인간과 인간의 주변 환경 간의 상호작용, 상호 의존성 또는 역동적 교류와 적응에 초점을 두어 사회문제를 다루므로 개인, 환경, 개인과 환경 간의 상호적 관계 모두에 관심을 갖는다. 이러한 개념적 틀 속에서 개인과 그를 둘러싼 환경은 문화적·역사적 맥락 속에 공존하는 요소, 즉 생태체계라는 단일체계 내에 함께 존재하는 요소들로 간주된다. 개인과 환경 모두는 특정 상황 속에서 양자가 끊임없이 영향을 주고받는 관계적 측면에서 관찰되고 파악되어야만 충분히 이해될 수 있다는 것이다.

생태체계이론은 또한 A와 B 사이에 시간을 두고 지속되는 순환적 교환에 관심을 둔다. 즉, A가 B의 변화에 영향을 주고, B의 변화는 다시 A의 변화에 영향을 주며, 이 변화는 다시 B에 영향을 주어 B를 변하게 한다는 것이다. 이러한 과정은 생태체계 관점의 주요 개념 틀인 교류, 상호의존성, 상호성 등으로 표현된다.

상호교류(transaction)는 과정 혹은 시간이 경과함에 따라 또는 대면을 통해 일어나는 관계를 강조하는 관점으로, 인간과 환경은 시간이 흐르면서 호혜적 교환을 통하여 형성되고 변화하며, 서로에게 영향을 미친다는 것이다. 상호교류는 개인과 환경 간 영향의 상호관계를 의미하며(Lazarus, 1980), 인간－환경 간의 지속적인 호혜적 교환으로 이해할 수 있다. 반면 상호작용(interaction)은 개인과 환경의 두 요소가 서로 영향을 미치거나 분리된 정체성을 갖는 것을 말한다.

4) 생활 스트레스 요인, 스트레스, 대처

스트레스는 개인과 환경 간 상호교류의 불균형에 의해 야기되는 생리·심리·사회적 현상(Germain & Gitterman, 1986; Lazarus, 1980)을 의미하며 개인이 지각한 요구와 이러한 요구를 충족시킬 수 있는 자원을 활용할 수 있는 능력 사이에 균형이 와해되어 불균형이 발생하는 것이다. 개인과 환경 간 상호교류는 개인에게 생활 스트레스를 초래할 수도 있다. 생활 스트레스(life stress)란 인간–환경 간의 긍정적 혹은 부정적인 관계를 의미한다(Lazarus, 1980). 생활 스트레스 요인에 대한 내적 반응으로서 불안한 감정이나 생리적 상태로 표출되는 것이 스트레스이다. 스트레스는 부수적으로 불안, 죄의식, 분노, 우울, 무기력, 절망의 반응을 불러일으키며, 사회적 관계, 자긍심, 자율성 그리고 자신감의 빈약이나 부족을 수반하기도 하는데, 개인차가 있어서 어떤 사람은 자신의 성장을 방해하는 것으로 경험하는 반면 어떤 사람은 문제에 대한 도전이나 성장을 위한 새로운 기회로 경험하기도 한다. 이는 스트레스 자체보다 스트레스를 어떻게 인식하는가의 대처가 중요하며, 스트레스 자체가 반드시 문제가 되지는 않는다는 것을 시사한다. 대처(coping)는 스트레스나 정서적 고통을 통제하기 위하여 개인이 취하는 행동으로 생활 스트레스에 의해 발생되는 욕구를 해결하기 위해 새롭게 고안된 특별한 행동을 말한다.

예컨대 생활모델에서는 개인의 욕구와 능력, 환경적 자원 간의 불일치가 발생할 때 심리사회적 스트레스를 경험하고, 개인-환경 간의 관계가 스트레스를 받을 때 개인의 생활문제가 발생하는 것으로 본다. 생활문제에는 생활전이(life transition) 또는 새롭게 부과된 발달상의 요구와 역할, 조직적 자원과 사회관계망의 자원 또는 물리적 및 사회적 환경 내에서의 어려움을 포함하는 환경적 압력, 가족 또는 다른 일차집단에서의 의사소통과 관계유형에서의 장애를 포함하는 부적응적인 대인관계과정이라는 상호 관련된 세 가지 생활영역이 포함되어 있다.

5) 거주환경, 생활영역, 적소

거주환경(habitat)은 개인이나 가족이 살고 있는 장소를 의미하며(Germain, 1985) 개인의 문화적 맥락 내에 존재하는 물리적 및 사회적 환경과 관련된 개념이다(Germain & Gitterman, 1987). 생활영역은 지역사회성원들이 차지하고 있는 직접적인 환경이나 지위들을 말하며 개인-환경 내에서 일어나는 과정을 이해하기 위한 수단이다. 특히 생태체계적 생활영역은 개인의 발달을 촉진하거나 저해하는 환경 내의 영역을 의미한다(Bronfenbrenner, 1989). 생태체계적 생활영역의 개념을 근거로 개인적 발달의 결과는 문화나 하위문화 그리고 시대에 따라 상이하게 나타난다. 적소는 권력과 억압 같은 문제에 관련된 것으로(Germain, 1991) 특정한 집단이 지역사회의 사회적 구조에서 차지하는 사회적 지위를 의미한다. 적지 않은 지역사회가 정신장애인, 학대피해자, 공공부조의 혜택을 받는 한부모가정, 여성노인이나 노숙자 등 주변적으로 혹은 파괴적인 적소로 넘치고 있다. 지역공동체는 적소들의 조직체라고 할 수 있으며, 이는 사회적으로 성별, 계층, 종교, 장애 등에 따른 차별과 억압으로 인하여 낮은 사회적 지위가 부당하게 부여되고 있음을 의미한다.

6) 생태체계적 환경의 상호교류

체계는 동시에 여러 차원의 체계에 속한다. 브론펜브레너(Bronfenbrenner)는 인간을 둘러싸고 있는 생태체계를 그 수준에 따라 미시체계(microsystem), 중간체계(mesosystem), 외부체계(exosystem), 거시체계(microsystem) 그리고 시간체계(chronosystem)의 다섯 가지 유형으로 구분하였다.

미시체계는 가족, 학교, 이웃 등의 물리적 환경과 사회적 환경 및 그 환경 내에서 갖게 되는 지위나 역할, 활동, 대인관계 등을 말하며, 개인의 가장 근접한 환경에 해당한다. 중간체계는 서로 상호작용하는 두 가지 이상의 미시체계의 관계망으로서, 예컨대 개인이 가족 내에서는 딸의 지위와 역할을 수행하면서도 학교에서는 학생으로서의 지위와 역할을 동시에 갖게 되는 경우 등이다. 외부체계는 부모의 직장, 정부, 사회복지기관, 대중매체 등과 같이 개인이 직접 참여하거나 관여하지는 않지만 개인에게 영향을 미치는 환경체계를 말한다. 거시체계는 미시체계, 중간체계, 외부체계에 포함된 모든 요소에 정치, 경제, 종교, 교육, 윤리와 가치, 신념, 관습, 문화 등 광범위한 사회적 맥락을 일컫는다. 마지막으로 시간체계는 개인의 전 생애에 걸쳐 일어나는 변화와 역사적 환경을 포함하는 체계를 말하며, 인간이 성장하면서 경험하게 되는 생활사건이 특정 시점에 제한된 것이 아니라 사전, 진행기간, 사후기간이라는 상호 연결된 시간 속에서 발생한다는 것을 의미한다.

무엇보다 중요한 것은 각 체계는 개별적으로 기능하는 하나의 독립적 체계로서뿐만 아니라 서로 상호작용하여 복합적인 체계로서 인간에게 영향을 미친다는 것이며, 그 영향력은 체계 간의 관계와 개인의 발달 정도에 따라 상이하다는 것이다.

생태적 체계의 구성을 도표로 나타내면 |그림 6-1|과 같다.

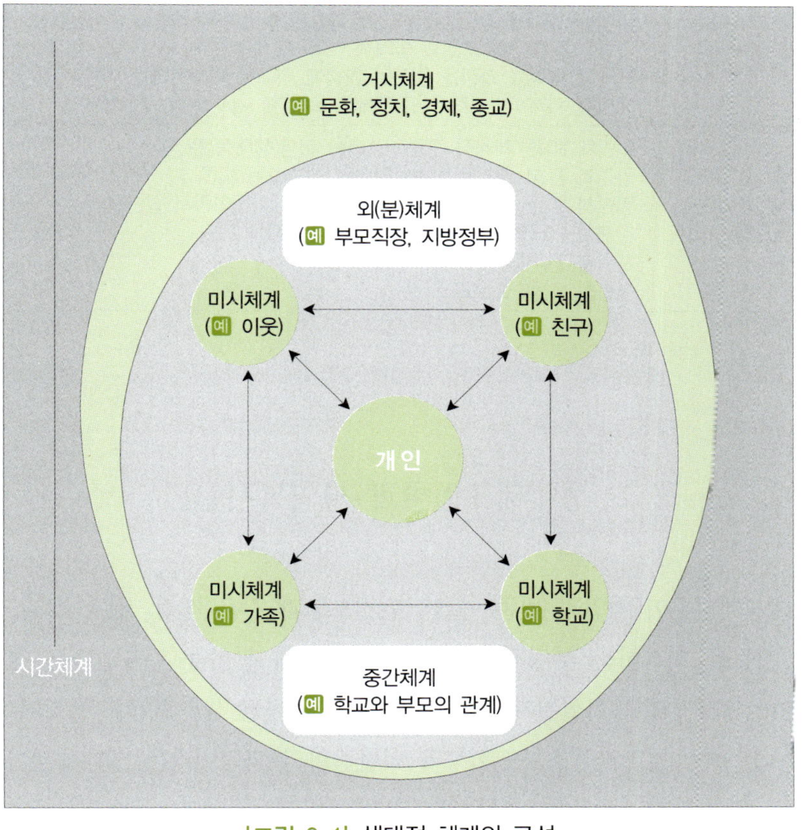

|그림 6-1| 생태적 체계의 구성

지금까지 살펴본 일반체계이론과 생태학적 이론, 생태체계이론의 특징과 공통점을 요약하여 정리하면 다음과 같다.

〈표 6-2〉 각 이론의 특징과 공통점

이 론	특 징
일반체계이론	–체계를 구성하는 요소들의 속성과 이들 간의 상호작용의 속성을 이해하고, 복잡한 체계의 관계 속성 또는 내부에서 이루어지는 상호작용의 특성을 설명하는 이론 –이론적 · 추상적 · 분석적 측면이 강함 –체계, 경계, 항상성, 안정상태 등
생태학적 이론 (브론펜브레너)	–인간이 환경의 제 요소들과 끊임없이 상호교류를 하면서 적응하고 진화한다는 견해를 바탕으로 인간이 그들의 물리적 · 사회적 환경을 변화시키며, 환경과의 제 요소들과 끊임없이 상호교류를 하면서 적응하고 진화한다는 견해를 바탕으로 인간이 그들의 물리적 · 사회적 환경을 변화시키며, 환경과의 지속적인 상호적응 과정을 통하여 환경에 의해서 변화된다는 이론 –생태적 체계 : 미시체계, 중간체계, 외체계, 거시체계, 시간체계
생태체계이론 (관점)	–일반체계이론(체계적 관점)+생태학 이론(생태적 관점) –인간과 환경 사이의 상호보완성을 설명하는 이론 –일반체계이론의 주요 개념들을 그대로 받아들이면서 일반체계이론이 가지는 한계점을 극복하기 위해 생태체계적 관점을 도입 –사회복지실천에의 적용 : 생활 모델 –적합성, 적응, 스트레스 등

3. 생태체계이론과 사회복지실천

생태체계이론이 억압과 빈곤, 실업, 환경오염과 같은 성장, 건강 그리고 사회적 기능을 저해하는 부정적 생활환경의 감소에 관심을 기울인다는 점에서 클라이언트가 사회복지실천가와의 상호작용과 긍정적 생활경험을 통하여 성장할 수 있으며, 원조과정은 곧 회복과 역량강화의 과정이라는 생태체계이론의 신념은 사회복지전문직이 추구하는 인본주의적 철학과 동일선상에 있다 (Pinderhughes, 1983).

생태체계이론에서는 유기체를 환경과 분리할 수 없으며 상호작용하는 체계라고 보기 때문에 개인과 환경을 이분화하지 않고 양자 간의 상호작용에 초점을 둘 수 있게 한다. 동시에 개인-환경 간의 적합성, 개인과 환경 간의 상호적 교환 그리고 교환을 지지하거나 방해하는 힘 등과 같은 포괄적이고 통합적으로 실천적인 지식을 제시해 주고 있다(Germain, 1973). 사회복지전문직에서는 생태체계이론을 사회복지실천에 적용함으로써 클라이언트의 정신내적 생활과 환경적 조건의 개선을 목적으로 실시하는 직접적인 서비스와 간접적인 서비스를 통합할 수 있는 방안을 모색할 수 있게 되었다(Germain & Germain, 1976). 뿐만 아니라 생태체계이론의 영향으로 인해 사회복지실천에서는 환경에 속해 있는 개인에게 긍정적인 영향을 미치는 복잡한 힘(force)의 관계에 관심을 갖게 되었다. 사회복지실천가로 하여금 서로 다른 개인은 동일한 환경에 대해 서로 다르게 반응하며, 동일한 환경이라고 하더라도 시간에 따라 동일한 사람과 다른 방식으로 상호작용한다는 것을 이해할 수 있도록 한 것이다. 또한 생태체계적 관점에서는 인간발달단계를 구체적으로 제시하지는 않았으나 인간의 발달의 단계적 구분을 통해 각 발달단계별로 영향을 미치는 사회환경을 미시수준, 중간수준, 거시수준에서 제시하고 있다는 점에서 의의가 있다.

사회복지실천에서는 생태체계이론의 도입을 통해 스트레스와 대처, 적합성과 적응 및 유능성 등의 개념을 적용하는 생활모델(life model)을 발전시킨 것과 같이 인간의 적응과 부적응에 대한 관점을 새롭게 하고, 인간을 둘러싼 환경의 중요성을 다양한 수준에서 인식하는 계기를 마련하였다.

Chapter 07

사회환경의 수준 : 미시체계

학습목표

1. 인간에게 영향을 주는 사회환경으로서 가족 및 집단의 특성을 이해한다.
2. 인간과 가족, 인간과 집단 간의 상호작용을 이해한다.
3. 인간이 관계를 맺는 가족과 집단의 상호작용이 인간에게 미치는 영향을 이해하고, 인간이 가족이나 집단에게 미치는 영향을 이해한다.

생각할 과제

1. 가족은 나에게 어떠한 영향을 미치는지, 나는 가족에게 어떠한 영향을 미치는지 생각해 봅시다.
2. 집단은 나에게 어떠한 영향을 미치는지, 나에게 영향을 미치는 집단의 유형은 어떠한지, 그리고 나는 집단에 대해 어떠한 영향을 미치는지 생각해 봅시다.

인간을 둘러싼 가장 기본적인 사회환경에는 가족, 집단, 조직, 지역사회 및 문화 등이 대표적이며 이들은 가족이나 집단을 포함하는 미시체계, 조직이나 지역사회를 포함하는 중간체계 그리고 문화를 포함하는 거시체계로 구분할 수 있다. 이 장에서는 미시체계를 구성하는 가족 및 집단과 사회복지실천과는 어떠한 관계가 있는가에 대하여 간략하게 검토하였다.

1. 가 족

1) 가족의 개념 및 형태

(1) 가족의 개념

가족은 서로에 대한 의무를 가지고 함께 거주하는 사람으로 구성된 일차집단(Barker, 1996)이며, 한 명 혹은 그 이상의 자녀를 포함하거나 포함하지 않을 수 있는 사회집단이기도 하다(Eichler, 1988). 가족은 물리적·심리적 공간을 점유하는 개인들의 집합체 이상을 의미하며, 나름대로의 규칙, 역할, 세력, 구조, 의사소통의 유형을 발전시키는 사회체계 가운데 하나이다(Goldenberg, 2000). 일반적으로 가족은 가장 원초적이며 보편적인 사회제도이며, 사회의 기본 단위로서 성적 행위, 새로운 가족성원의 출산, 부양자녀의 보호, 사회적 관계 유지 등에 관련된 문제를 해결하기 위한 사회적 산물이며, 정서적으로 얽혀 있는 공동체적 성격을 갖는다(김유숙, 2002).

가족은 사회에서 가장 기본적인 사회제도로 인식해 왔지만 가족의 구조는 다양한 형태로 존재한다. 횡단적인 관점에서는 그 사회가 핵가족에 초점을 두는지 아니면 확대가족에 초점을 두는지의 가족의 형태에 관심을 갖기도 하지만 그보다는 가족체계가 어떻게 구조화되며 가족구성원들이 사회경제적인 측면과 같은 환경적인 조건과 어떻게 관련을 맺는지, 그리고 어떻게 가족체계가 형성되는지에 관심을 기울일 필요가 있다. 가족은 기본적으로 가족을 둘러싼 문화적 이상에 의해 영향을 받으며, 새로운 상황을 충족시키기 위한 관습적인 계약을 수정하고 적응해 가면서 진화한, 즉 가족은 사회제도 가운데 가장 적응적인 기제라고 할 수 있다.

다른 한편, 가족 형태의 다양성과 급속한 변화로 가족에 대한 불안감과 위기감이 팽배하고 가족에 대한 다양한, 때로는 상반되기까지 한 시각과 평가가 등장하기도 한다. 르 쁠레(Le Play)는 가족을 제도로서보다는 도덕체계로 보아 도덕적 가치는 진공상태에서 키워지는 것이 아니며 매우 교묘하게 사회구조와 연관되어 있는데, 가족은 바로 이 양자의 중요한 고리라고 해석하고 있다. 맑스(Marx)와 엥겔스(Engels)는 가족이 신성한 제도가 아니며, 사회문화적 산물로서 끊임없이 변화하는 역동적 제도로서 사회적 맥락 속에서 이해할 필요가 있음을 강조한다. 더욱이 포스트모던 가족론의 출발은 현대사회에서 가족이 더 이상 합의되거나 기정사실로 고정화된, 하나의 정형화된 형태가 존재하지 않음을 인정하는 데서 비롯된다. 이는 곧 사회과학적 담론에서 가족을 총체적인 사회적 실체(reality)로 정의하는 것이 무의미하며, 현대 가족관계의 다양성과 휘발성, 그리고 사회제도와 맺고 있는 헐거운 연관성과 관련 있음을 의미한다. 가족에 대한 다양한 논의의 이면에는 가족이 지속적으로 변화하며, 가족의 정형성과 정전성(canon)이 위협받고 있음을 시사한다.

로즈(1980)는 체계로서의 가족의 특성을 네 가지로 제시하고 있다. 첫째, 가족구성원이 가족 내에서 상호의존적 상태에 있는 다양한 위치를 점유하며 한 가족구성원의 위치, 지위, 행동, 역할의 변화는 다른 구성원들의 행동상의 변화를 유도하고, 둘째, 외부체계와 구별되는 가족의 경계는 그 엄격함과 침성의 정도에 따라 다양하며, 셋째, 가족은 시간이 경과하면서 반복되는 상호작용 패턴을 나타내는 적응과 균형을 추구하고, 넷째, 가족보다 더 큰 외부체계의 요구나 가족구성원들의 내적 욕구와 요구를 모두 충족시킬 책임을 갖는 과업수행 단위라는 것이다.

이에 견주어 볼 때, 현대사회에서 한국의 가족이 갖는 특징은 부계중심으로 운영되며, 가족의 가치가 개인보다 우선시되고, 가족 내 부녀자의 지위가 상대적으로 낮으며, 부자관계가 부부관계보다 우위에 있고, 가족을 대표하고 가족구성원을 통제하는 가족이 있으며(최재석, 1982), 전통적 가치관인 가족주의의 잔재가 남아 있고, 서구식 개인주의와 소가족화가 확산되는 과도기적 상황에 처해 있는 것으로 축약할 수 있을 것이다.

(2) 가족의 변화에 따른 가족의 특성

가족은 사회의 흐름에 따라 변화한다. 이러한 가족의 변화는 구조적인 측면과 기능상의 측면에서 살펴볼 수 있다.

구조적인 변화는 외양상의 두드러진 변화 외에도 가족규모의 축소 및 단순화, 출산 및 양육 기간의 단축과 노년기의 증가로 대별되는 가족생활주기의 변화, 친족범위의 축소와 친족 간 유대가 약화되는 친족관계의 변화, 그리고 부부간 성역할 분업구조와 변화를 지적할 수 있다. 반면 기능적인 변화에서 두드러지게 나타나는 특성은 가족의 생산기능의 강화 혹은 상실, 소비기능 강화, 출산 및 성행위의 규제기능 약화, 자녀양육 및 사회화의 기능 강화, 가족의 정서적 유대와 여가기능의 강조 그리고 가족의 사회보장 기능의 약화 등을 지적할 수 있다. 가족의 형태 또한 핵가족, 확대가족, 노인가족, 한부모가족, 재혼가족 등 사회의 변화에 따라 다양한 양상을 보인다.

첫째, 부부와 미혼인 직계자녀로 구성되는 핵가족은 가장 보편적인 가족형태로서 현대 산업사회의 사회경제적 구조에 가장 적합한 가족제도로 간주된다. 핵가족은 가족구성원에게 내적으로 가족기능의 축소, 가족결합의 약화, 가족구성원 생활태도의 개성화, 가족구성원 상호 간 사회적 관심과 생활태도상의 차이로 인한 갈등 증가 등의 문제에 직면해 있으며, 외적으로 사회문화적 배경이 다른 배우자의 선택으로 인한 가족성립 조건의 불안정, 친족관계의 약화로 인한 위기관리 능력 저하(최재율, 1983), 그리고 가족원에 대한 보호 및 부양기능의 약화를 지적할 수 있다.

둘째, 확대가족은 한 집에서 여러 세대가 함께 생활하는 가족을 말하며(Goode, 1982), 자녀가 결혼 후에도 부모와 동거하는 가족형태이다. 우리나라의 경우 과거에 비해 확대가족의 규모가 상당히 감소하였으나 구조상으로는 핵가족의 형태라 하더라도 장남가족의 경우 가계계승의 직계가족 의식이 남아 있어 정서적으로는 여전히 3세대 확대가족에 속하는 가족도 적지 않다고 할 것이다. 이와 유사한 가족의 형태로 수정 확대가족이 있다. 수정 확대가족은 결혼한 자녀들이 부모와 같은 장소에서 생활하지 않고 부모와 인접한 지역에서 가정을 이루며 생활하는 형태를 가리킨다.

셋째, 노인가족은 산업화에 따른 사회구조와 가치관의 변화로 인하여 핵가족화, 사회적으로 노인인구의 증가와 부모에 대한 부양의식의 감소로 인하여 최근 들어 급속한 증가 추세를 보이는 새로운 형태의 가족구조이다. 노인가족은 자녀와의 동거를 원치 않는 노인의 등장으로 말미암아 그 규모가 더욱 증가할 것으로 예측되는 가운데 자녀들과의 유대관계를 상실하게 되면서 노인의 소외와 정서적 고립이 가장 큰 문제로 대두되고 있다.

넷째, 한부모가족은 부모 가운데 한 명 또는 그 이상의 아동으로 구성된 가족형태이다. 특히 우리 사회에서 한부모가족은 1998년 이후의 IMF로 인한 사회구조적 변동, 이혼이나 배우자의 사망, 유기, 경제활동 연령대의 남성 사망률의 증가 등으로 인해 형성되는 가족형태로서 꾸준히 증가하고 있다. 한부모가족에서 야기될 수 있는 문제는 구조적이기보다는 기능적인 측면이 강하다. 달리 말하면, 한부모가족의 적응은 사회적 자원을 얼마나 보유하고 있는지에 의해 좌우된다는 것이다. 흔히 한부모가족의 문제로 제기되는 양육과 경제적 빈곤 문제는 제도를 통하여 해결하는 것이 가장 바람직하지만 지역사회 차원에서 비공식적 자원을 얼마나 확보할 수 있는가도 문제해결에 중요한 영향을 미칠 수 있다. 이 밖에 한부모가족은 가사부담, 과다한 역할수행으로 인한 갈등, 대인관계 문제, 정서적 고립 등의 문제를 제기하고 있으며, 자녀의 관점에서는 낮은 학업성취도, 성역할 혼란, 비행과의 연관성 등이 지적되고 있다.

다섯째, 재(새)혼가족은 혼합가족 또는 계부모가족(step family)이라고도 하며 이전 결혼관계에서 생긴 최소 한 명 이상의 자녀와 함께 생활하는 가족 형태이다. 가장 복잡한 가족형태를 이루며, 이혼율의 증가에 영향을 받는 바 크다. 성별과 관계없이 이혼자의 90% 이상이 재혼을 원하고 있어 재혼가족의 규모는 앞으로도 증가할 것으로 예측된다(윤영효, 1993). 재혼가족의 부부는 계부모로서의 기능, 자녀양육 그리고 재정관리에 도움을 필요로 하는 것으로 보고하고 있어(Messinger, 1984) 이에 대한 사회복지실천적 개입이 요구된다.

그 밖에 외국인 근로자와 외국인 유학생 그리고 결혼이민여성의 유입으로

국제결혼가족, 다문화가족의 수가 증가하고 있다는 점, 사이버가 차지하는 사회적 비중에 비례하여 사이버가족이라고 부르는 사이버 팸에 대한 관심이 필요하다는 점, 성 개념의 변화에 따른 미혼모·부자 가족의 양적 증가에도 관심을 기울여야 한다.

2) 가족과 사회복지실천

(1) 가족체계의 역동성

가족은 인간의 성장발달에 근원적인 환경이며, 인간행동과 성격형성에 결정적인 영향을 미친다. 현대사회에서는 산업화와 도시화가 급속히 전개되어 매스컴, 의료기관, 육아기관 등의 다양한 제도가 도입되면서 가족의 기능, 역할, 가족성원 사이의 인간관계에 변화를 가져왔다. 많은 학자들은 현대사회의 특징으로 가족범위의 축소, 개인 중시의 가치관으로의 변화, 종적 관계에서 횡적 관계로의 변화 등을 지적한다. 지금까지 1차 집단인 가족 내부에서 친근감이나 정서적 지지를 통하여 여러 가지 갈등을 해결해 왔던 가족은 기존의 방법과는 다른 새로운 시도로 자신들의 갈등을 해결해야 하는 상황에 처하게 되었다. 건강한 가족은 가족구성원들이 신체적, 심리적, 도덕적으로 건강을 유지하게 하는 하나의 사회체계로서 잘 기능하며, 이러한 가족구성원들은 외부의 자극이나 변화에 능동적이고 성공적으로 대처한다.

사회체계적 관점에서 가족의 중요한 과업은 가족구성원으로 하여금 그들이 속해 있는 사회가 바람직한 것으로 규정하고 사회구성원들이 공유하고 있는 가치관이나 신념을 내면화하는 사회화(socialization)와 사회통제(social control)라고 할 수 있다. 이러한 과업을 수행함으로써 가족은 개인의 발달에 중요한 영향을 미치는 사회환경이 되는 것이다.

미누친(1974)은 사회체계적 관점에서 가족 내 구조의 변화는 가족구성원들의 지위, 역할, 기능의 변화를 야기하므로 결과적으로 가족구성원 개인의 행동도 변한다고 하였다. 가족구성원들 상호 간에 반복적으로 이루어지는 생활상의 경험이 행동을 결정하는데, 행동은 가족구성원들과의 상호작용과정에서 일정 기간에 걸쳐 지속적으로 형성된 독특한 양식(pattern)이 있다는 것이다. 미누친(1974)은 가족체계 내부에서 체계와 체계를 구별 짓는 경계에 대해 어느 정도 다른 체계가 투과될 수 있는지의 경계의 침투성 정도가 가족구성원의 성격과 행동에 중요한 영향을 미치는 것으로 보았다. 예컨대 상호 간에 부적절한 경계를 드러내는 부부 하위체계는 각자 결혼하기 전에 관계를 맺었던 원가족 또는 출생가족과 명확하게 독립되어 있으며, 출생가족의 간섭을 배제시킨다. 반면 부부 상호 간에 독립적인 영역이 존중되어 각각의 개별 경계가 확립되어 있는 부부는 설사 완벽하게 상대방이 지지하거나 인정해 주지 않더라도 부부 하위체계의 경계 내에서 각자가 지배할 수 있는 영역을 갖게 된다. 이러한 유형의 부부는 자아정체감을 갖게 되며 개별 행동에 대하여 책임질 줄 안다.

한편 예기치 못한 자녀의 출생으로 인한 가족구성원의 갑작스러운 증가는 가족 내 상호작용 구조에 변화를 일으켜 기존의 부부중심의 체계에서 새로운 형태의 하위체계인 부모 하위체계를 등장시킨다. 자녀 출산 이전의 부부체계의 균형이 붕괴되는 대신 부모와 자녀라는 새로운 경계가 수립되며, 자녀가 성장하여 자신의 정체성과 개별성을 추구하게 되면 부모 하위체계의 안정성은 위협을 받게 되고 부모의 역할은 점차 복잡하고 어려워진다. 이 시기 부모 하위체계는 자녀의 관점에서는 상위체계로서 자녀가 성숙하여 개별성을 습득하게 되기 전까지 자녀에 대한 일체의 통제와 허용의 기능을 수행하게 된다. 부모가 자녀의 발달과정에 필요한 통제와 자율성을 적절하게 지원하면서 이와 동시에 부모 하위체계로서의 역동적 평형상태를 유지하기란 쉽지 않다. 자녀의 경우 부모 이외에도 형제 하위체계를 통해 협상하고 타협하는 대인관계기술을 습득하게 된다.

부모-자녀 하위체계에서 일반적으로 부와 자녀 또는 모와 자녀가 경계 내에서 기능적 단위로 상호작용을 하며, 서로 다른 세대로 구성된 하위체계가 기능하는 과정에서 때로 역기능적 양상이 나타날 수도 있다. 하위체계의 경계가 부적절하게 경직되어 있지 않고 다른 가족구성원의 개입을 허용한다면 병리적이라고 할 수 없으나 어머니와 자녀가 지나치게 밀착된 관계를 형성하여 이들 두 사람이 연합하거나 제휴하여 아버지를 배제하는 방식으로 결속하게 된다면 이 체계는 역기능적 가족구조를 형성하게 되는 것이다.

미누친은 개인의 문제가 그 가족체계에 원인이 있다는 관점에서 가족 내 하위체계 간 경계의 기능을 사정하여 가족의 문제를 진단하고자 하는 구조적 가족치료(structural family therapy)를 제시하였다. 미누친이 문제시하는 것은 가족의 하위체제의 유형, 바람직하지 않은 하위체제 간의 경계, 가족체계와 이를 둘러싼 생태체계적 맥락과의 경계이다. 치료자는 가족에 대한 구조적·기능적 사정을 토대로 클라이언트와의 합류를 이끌어 냄으로써 역기능 증상이나 문제행동이 가족기능이나 구조와 어떤 관계를 가지고 있는지를 검토하고 그것이 가족의 구조와 밀접한 관계가 있다면 가족의 구조를 변화시키는 개입을 시도할 수 있다. 개입의 전략은 가족 내부에 존재하는 체계와 하위체제 간의 경계를 수정하거나 재구성하여 가족 내 연합의 유형을 변화시키는 것이다.

가족을 구조적 시각에서 경계의 기능을 중심으로 가족의 문제를 사정하고 개입하고자 한 미누친과는 달리 보웬은 다세대에 걸친 삼각관계에 초점을 두어 가족문제는 가족성원이 자신의 원가족에서 심리적으로 분리하지 못하는 데 기인한다고 보았다. 보웬은 의미 있는 변화가 반드시 전체 가족에게서 나타나는 것은 아니라는 포괄적인 관점을 지향하였으며, 가족성원에게 영향을 미칠 수 있는 한 사람의 변화에 의해서 가족 전체의 변화가 시작될 수도 있다고 보았다. 보웬의 가족치료는 가족성원을 원가족과 같은 자아집합체로부터 분리시켜 개인이 독립적이고 자율적으로 기능할 수 있도록 하여 다세대에 걸친 삼각관계에 놓여 있는 개인을 해방시키는 탈삼각화를 도모하는 것이다. 이러한 개입전략은 개인의 불안을 감소시키고 자아분화를 증가시키는 것과 관련이 있다. 보웬의 가족치료(Bowenian family therapy)에서는 증상은 덜 강조하며 문제는 개인이 아니라 체계에 내재하는 것으로 보아 개인의 변화는 다른 삶과의 관계변화를 통하여 이루어질 수 있는 것으로 간주한다. 여기에서 치료자는 원가족과 같은 미처 분화되지 않은 가족자아집합체에서 개인을 분리 또는 독립시켜 개인으로 하여금 정체감을 형성하고 자기 충동적인 정서적 사고와 행동으로부터 탈피하여 자유를 획득해 나갈 수 있도록 돕는다.

그러므로 가족체계의 역동성은 다음과 같이 요약할 수 있다.

〈표 7-1〉 가족체계의 역동성

- 가족구성원 개인과 전체로서의 가족은 가족을 둘러싸고 있는 보다 더 큰 사회환경에 의해 영향을 받는다.
- 가족구성원과 가족구성원, 가족과 외부체계를 구별 짓는 경계는 엄격함과 침투성의 정도에 따라 다양하며, 경계는 가족의 구조적인 변화를 반영한다.
- 가족은 시간의 경과에 따라, 가족구성원들과의 반복적인 경험을 공유하는 과정을 통하여 일정하고 지속 가능한 행동상의 상호작용 패턴을 보인다.
- 가족은 개별적인 가족구성원의 욕구와 가족의 외부에서 가족에게 영향을 미치는 보다 큰 사회체계의 욕구를 모두 충족하는 과업을 수행해야 한다.
- 가족은 과업을 수행하는 과정에서 적응상의 문제, 즉 스트레스가 발생하며, 스트레스의 강도는 개인적인 욕구와 사회적 자원의 충족의 정도인 적합도에 따라 다르다.
- 가족치료는 가족구성원 간의 의사소통과 상호작용을 향상 또는 변화시키기 위하여 가족에게 개입하는 전문적인 원조기술로서 가족이 하나의 체계라는 관점을 지향한다.

(2) 가족과 사회복지실천과의 관계

체계이론(systems theory)은 기계론적 생물학을 초월하여 전체 체계를 구성하는 부분들의 상호기능을 포괄하는 이론으로 개발된 이래, 임시적인 삶의 질과 어디에서나 나타나는 변화를 설명하는 정적 개념을 넘어선다. 가족은 체계론적 관점에서 볼 때, 전체로서의 가족은 각 가족구성원의 개인적인 특성의 합 이상이며, 끊임없이 변화하려는 동시에 안정성의 균형을 유지하는 속성을 갖고, 한 가족구성원의 변화는 가족 전체에 영향을 미치며, 가족구성원 개인의 행동은 상호 호혜적이고 순환적 인과관계에서 이해해야 하며, 가족은 내부에 하위체계를 보유하는 동시에 더 큰 사회체계인 상위체계의 영향을 받고, 가족구성원은 고유하게 형성된 규칙에 의해 행동하는 속성을 갖는다.

가족체계(family system)는 체계이론의 개념들 가운데 전체성, 피드백, 동귀결성, 순환적 인과성(Wazlawick, Beavin & Jackson, 1967) 등과 관련되므로 체계론적 관점에서 가족을 이해하는 것은 사회복지실천에 매우 유용하다.

첫째, 가족은 전체성(wholeness)의 측면에서 이해하여야 한다. 사회체계이론에 의하면, 체계는 전체를 단위로 움직이기 때문에 어느 한 부분에서 나타난 변화는 다른 부분들의 변화를 초래하고, 결국 전체 체계의 변화를 야기한다. 동일한 맥락에서 가족은 단지 구성원들의 집합이 아니라 구성원들이 분리할 수 없는 하나의 단위로 행동하는 응집력 있는 복합체를 의미한다. 따라서 가족체계에서 각 구성원들의 행동은 다른 구성원들 모두의 행동과 관련되어 있으며, 그에 좌우된다. 이러한 이류로 한 구성원의 향상이나 퇴보는 그에 대한 다른 가족 구성원들의 긍정적 또는 부정적 반응을 초래한다(Goldenberg & Goldenberg, 1991; Nichols & Schwartz, 1991; Watzlawick et al., 1967).

둘째, 가족구성원 상호 간에 이루어지는 피드백(feedback)에 관심을 기울여야 한다. 사회체계이론에 따르면, 개방체계는 피드백 고리나 가족구성원들과 환경으로부터의 투입에 의하여 조절되는데, 이러한 투입은 가족체계에 의하여 작용되고 수정된다. 피드백은 정적일 수도 있고, 혹은 부적일 수도 있다. 부적 피드백은 자기규제 과정을 통하여 항상성 유지에 기여하고, 관계의 안정성 유지에 중요한 역할을 수행하며, 가족규범으로부터의 일탈경향을 감소시킨다. 반면 가족체계가 특정 패턴을 확대하기 위해 정적 피드백을 사용할 경우, 이러한 정적 피드백에 의하여 변화가 초래된다. 가족의 학습과 성장을 위해서는 정적 피드백을 사용하지 않을 수 없다. 그러므로 발달적·환경적 스트레스에 직면하여 평형을 유지하면서 동시에 적응하기 위해서는 모든 가족구성원들이 함께 두 가지 형태의 피드백 모두를 어느 정도 사용해야 한다(Goldenberg & Goldenberg, 1991; Simon, Stierlin & Wynne, 1985; Watzlawick et al., 1967).

셋째, 가족을 이해하는 데 필요한 또 다른 원칙은 동귀결성(equifinality)이다. 동귀결성이란 시작은 달라도 동일한 결과에 도달할 수 있다는 의미이다(Von Bertalanffy, 1968). 개방된 체계에서 초기의 조건이 달라도 동일한 결과가 나타날 수 있으며, 서로 다른 결과들이 동일한 원인에서 비롯되었을 수도 있다. 가족을 이해하기 위해서는 무엇보다 가족구성원들 간의 상호작용의 근원이나 결과 그 자체보다 상호작용을 지속적으로 조직하는 것이 훨씬 중요하다는 것이다 (Simon et al., 1985; Watzlawick et al., 1967).

넷째, 순환적 인과성(circular casuality)의 측면에서 가족을 이해할 필요가 있다. 순환적 인과성이란 체계 안팎의 다양한 출처로부터 반복적인 순환적 피드백에 의하여 체계가 끊임없이 수정되는 것을 뜻한다. 단순한 선형적 인과관계는 존재하지 않으며, 일정 기간에 걸쳐 상호작용하는 사건과 행동들이 특정 결과를 야기한다(Nichols & Schwartz, 1991). 가족의 사건들은 일련의 피드백 고리나 일정하게 반복되는 주기를 통하여 서로 관련되어 있다.

가족사정 및 개입과정에서는 위와 같은 네 가지 수준에 영향을 미치는 상호작용이 고려되어야 하며, 그렇게 함으로써 가족이 처한 특정한 문제 상황의 원인을 이해하고 문제해결에 필요한 서비스를 제공하는 데 도움을 받을 수 있다.

사회복지실천의 초점은 '환경 속의 인간'이라는 관점이다. 사회복지실천은 인간과 환경이 상호 영향을 주고받으며, 인간과 환경 간의 상호작용이 인간행동에 영향을 미친다는 생태체계이론을 가족에 적용시킴으로써 사회복지실천과정에서 포괄적인 개입이 가능하게 되었다. 이를 위하여 사회복지실천에서는 다음과 같은 원리들을 이해할 필요가 있다.

첫째, 생태체계적 관점은 사회복지실천가가 자신이 선호하는 단 하나의 치료적 측면에서 모든 가족의 욕구를 다루기보다 특정 가족의 욕구에 부합하는 방식으로 개입하게 한다.

둘째, 이 관점은 가족을 대상으로 하는 사회복지실천가의 내적·외적 변화의 근거, 입법상의 지지, 정책과 계획, 프로그램 개발, 주요 예방 활동, 연구 및 행정의 기초 등 다양한 역할과 과업을 지지한다.

셋째, 가족을 대상으로 하는 사회복지실천가는 인간의 성장과 개발, 그리고 사회적 기능이 이루어질 수 있는 전이(life transition), 대인과정(interpersonal process), 환경적 특성(environmental properties) 등의 세 가지 상호의존적인 영역 또는 맥락에 관심을 기울여야 한다. 가족생활에서의 전이는 사춘기, 노화, 역할의 상실,

변화 그리고 가족이 직면해 있는 위기(crisis)는 발달적 변화를 포함하며, 대인과정은 1 : 1의 대면관계, 가족, 집단, 사회적 관계망, 지역사회, 이웃, 단체 등과의 관계, 그리고 의사소통이 포함된다. 환경적 특성은 가족에게 영향을 주는 공식적·비공식적 자원과 결핍 등의 사회·물리적 환경을 포함한다(Germain & Germain, 1987). 가계도(genograms)와 생태도(ecomaps)(Hartman & Laird, 1983; Mattaini, 1997)의 활용은 유용하다.

넷째, 생태체계적 관점의 초점은 결손이 아닌 강점, 문제가 아닌 해결에 있으며, 지속적인 가족과 구성원 개인의 성장, 그리고 필요한 사회적 변화를 위한 잠재력에 초점을 둔다.

다섯째, 사회복지실천에서 생태체계적 관점으로 가족을 사정하고 개입하기 위해서는 인간과 환경 간의 상호작용에 관련된 다양한 체계에 대한 지식이 필요하다(Hefferman et al., 1988). 상이한 체계들은 특정 문제상황을 둘러싼 과정의 사정에 유용하다.

사회복지실천가는 사회복지실천과정에서 위와 같은 생태체계적 관점의 모든 수준에 관한 지식을 적극 활용함으로써 제시된 가족문제와 가족이 지니고 있는 현재의 욕구 수준에 부합하는 가족사정 및 서비스를 보다 잘 수행할 수 있다. 더불어 생태체계적 관점을 적용하는 데 있어서 사회복지실천가의 융통성과 창의성 그리고 기관 외부로 나가 가족과 지역사회로 찾아가는 자발성과 이동성이 요구된다.

그린과 이프로스(1991)가 제안한 사회복지실천가의 실행방법을 요약하면 다음과 같다.

〈표 7-2〉 생태체계적 관점에 따른 사회복지실천가의 역할수행 지침

- 개인, 가족, 환경을 불가분의 관계로 본다.
- 가족의 적응에 영향을 미치는 모든 수준의 체계를 사정하여 개인, 가족, 환경 간의 상호작용을 진단한다.
- 가족구성원들에게 어떠한 생활 상황과 전이가 강도 높은 스트레스를 초래하는지를 사정한다.
- 긍정적 관계와 생활 경험을 통해 가족구성원 개인이나 가족의 개인적·관계적 능력 향상을 도모한다.
- 개인, 가족, 환경 간의 '적합도'를 모든 체계의 수준에서 확장시킬 수 있는 개입전략을 모색한다.
- 가족의 적응에 영향을 미치는 모든 수준의 체계를 사정한 결과 제시된 해결방안과 개인, 가족의 역량강화에 초점을 둔다.

생태체계적 관점에서 사회복지실천가는 가족의 긴장을 초래하는 원인을 사정하고, 평형을 되찾으려는 가족원들의 적응방법을 모색하는 데에서 전문가로서의 역할을 수행하게 된다. 이러한 관점에서 가족을 이해하려는 노력은 자칫 사회복지실천가로 하여금 기존의 사회규범 내에서 개인이 성공적으로 적응하는 것을 최상의 선으로 삼으며, 진정한 변화를 회피하고 현상유지에 가치를 두는 보수적 입장에서 클라이언트의 개성, 창의성, 자율성은 하위 가치로 평가하는 잘못을 범할 수 있다는 점에 유의해야 한다.

2. 집 단

1) 집단의 개념 및 유형

(1) 집단의 개념

체스와 노린(1988)에 의하면, 집단이란 표현적 행동이 지배적인 2인 이상의 사회적 조직체로서 한 개인으로 서로 인식하고 상호작용하며, 사회적 실체로서 집단의식이 있고, 집단과 관련된 행동에 의해 영향을 받는다(Chess & Norlin, 1988). 하트포드(1972)는 집단이 2인 이상이 공동의 목적이나 관심사를 가지고 모여서 서로 인지하고, 감정을 공유하며, 집단기능을 위해 규범을 만들고, 형

동을 위한 목표를 수립하며, 응집력을 발전시키므로 타 집단과 구별된다고 하였다.

집단은 서로 동일한 집단에 소속되어 있다는 집단의식이 있고, 공동의 목적과 관심사가 있으며, 이를 성취하기 위하여 집단성원들은 의사소통, 인지, 반응을 통하여 상호작용하는 상호의존적인 관계에 놓이게 된다. 인간은 집단경험을 통하여 다른 사람과 협력하고 타협하며 자신의 욕구를 통제할 수 있는 능력을 습득하게 되는데, 그 과정에서 성격이 발달되기도 한다.

(2) 집단의 유형

개인적인 차원에서 사회환경이 되는 집단유형에 따라 개인은 상이한 경험을 하게 된다. 집단은 사회적 관계, 사회복지실천가가 개입하는 수준에 따라 다양한 유형으로 분류할 수 있다. 사회적 관계에 기초하여 퇴니스(Tönnies)는 집단의 유형을 친구 관계와 같은 공동사회(Gemainschaft)와 판매자와 구매자의 관계와 같은 이익사회(Gesellschaft)로 구분하였다(Tönnies, 1957). 공동사회는 실재적이며 자연적인 감정이나 충동 그리고 인간의지와 같은 본질에 따라 형성되지만 이익사회는 이념, 인위적 감정, 그리고 인간의 선택의지에 의해 형성된다. 쿨리는 혈연과 지연을 바탕으로 자연발생적으로 형성되는 원초집단(primary group)과 목적을 달성하기 위해 인위적인 계약에 의해 형성되는 이차집단(secondary group)으로 분류하였다(Cooley, 1909). 특히 일차집단은 인간 본질의 원천으로서 가정이나 어린 시절 또래집단과 같은 범주이며, 자연적으로 형성된 집단을 의미하고, 소규모이며, 대면적 관계에 의해 유지되고, 개인적 성격 형성에 절대적인 영향을 미치는 집단이다(김영모 외, 2000).

집단은 구성의 동기에 따라 자연적 집단(natural group)과 형성된 집단으로 구분할 수 있다(김종옥 · 권중돈, 1993). 자연적 집단은 원초집단과 유사한 특성을 가지며, 또래집단이나 갱집단처럼 자연발생적으로 만들어진 집단을 말한다. 반면 형성된 집단은 이차집단과 유사하며, 특정한 목적 달성을 위해 만들어진 집단으로 집단성원이 지켜야 할 규칙과 달성해야 할 과업이 있는 것이 보통이다.

형성된 집단은 추구하는 목적에 따라 치료집단과 과업집단으로 세분하기도 하는데, 치료집단이 구성원의 교육, 성장, 행동변화, 사회화의 욕구 충족이 목적인 데 비해 과업집단은 과업의 성취를 목적으로 구성된다(Toseland & Rivas, 1984).

〈표 7-3〉 집단의 유형 및 특징

학자 또는 근거	구 분	특징 또는 목적
퇴니스	공동사회/이익사회	친구 관계/판매자와 구매자의 관계
쿨리	원초집단/이차집단	자연발생적/인위적인 계약
집단구성 동기	자연적 집단/형성된 집단	자연발생적/특정한 목적 달성
추구하는 목적	치료집단/과업집단	교육, 성장, 행동변화, 사회화의 욕구충족/과업충족
치료집단의 하위영역	지지집단	삶의 사건에 대한 효과적인 대처
	교육집단	자신, 사회에 대한 일정한 지식 습득
	성장집단	사회 정서적 건강 증진, 잠재력 개발
	치료집단	문제해결
	사회화집단	발달상의 전환적 문제해결 및 기술습득
–	과업집단	과업달성
–	자조집단	자조능력 향상
성원참여 여부	개방집단/폐쇄집단	제한 없음/일정 기간으로 제한

치료집단은 집단성원이 사회정서적 욕구에 대한 만족을 증가시키고자 하는 광범위한 목표가 있으며, 의사소통이 공개적으로 이루어지고 집단성원들이 적극적으로 상호작용할 수 있도록 격려한다. 치료집단에서의 역할은 상호작용의 결과에 의해 영향을 받기 때문에 원하는 결과를 얻을 수도, 그렇지 않을 수도 있다. 치료집단의 과정은 집단에 따라 유연하거나 다소 형식적일 수 있으며, 비슷한 경험을 공유하는 것이 대부분이므로 집단성원의 공개 정도는 매우 높으나 진행과정은 집단 내에서만 이루어지는 폐쇄적인 속성을 갖는다. 궁극적으로 집단과정의 성공 여부는 치료목표의 성공과 불가분의 관계에 있으며, 집단과정의 성공은 치료목표가 성공적으로 달성되었음을 시사하는 것이 보통이다.

치료집단에는 일반적으로 지지집단, 교육집단, 성장집단, 치료집단, 사회화 집단으로 세분화된다. 지지집단은 집단성원들이 삶의 사건에 보다 효과적으로 대처하도록 돕는 집단으로서 한부모가족의 가장모임, 배우자를 사별한 남편들의 모임, 이혼을 경험한 여성들의 모임 등이 이에 해당한다. 교육집단은 집단성원 자신과 사회에 대해 일정한 지식을 습득하는 것이 주 목적인 집단으로 사춘기의 성별집단이나 성별 노인집단 등이 여기에 속한다. 성장집단은 문제를 해결하거나 사회적인 병리를 치료하기보다는 사회 정서적인 건강을 증진시키는 데 중점을 두는 집단으로 집단성원 개인의 잠재적인 능력과 자의식을 확대시키고 개인적인 변화들을 이끌어 낼 수 있는 기회를 제공하면서 자기향상을 강조하는 집단이다. 부부를 위한 결혼생활 향상 집단 등이 이에 속한다. 치료집단은 마약이나 알코올, 흡연 등과 같이 집단성원들 스스로 자신의 특정 행동을 수정하고 개인적 문제를 완화하거나 적절하게 대처하고 사회적 외상이나 건강상의 외상 이후에 스스로 회복될 수 있도록 돕는 집단이다. 사회화집단은 사회복지시설에 수용된 경험이 있는 사람들을 위한 모임 등과 같이 발달단계에 따라 어떤 역할이나 환경에서부터 다른 것으로 전환하는 향상된 대인관계나 사회기술의 습득을 통해 촉진시키고자 하는 집단을 말한다.

치료집단과 달리 과업집단(task group)은 성과물이나 과업을 달성하기 위해 구성되므로 일정한 규칙과 각 집단 성원들이 수행해야 할 과업이 있다. 대부분의 의사소통은 특정 과업에 관한 논의에 초점을 맞추며, 치료집단에 비해 자기공개성이 낮지만 필요한 경우 대중에게 공개적일 수도 있고, 진행과정은 은밀할 수도 혹은 공개적일 수도 있다. 과업집단의 성공 여부는 집단성원들이 과업을 달성했는가 또는 성과물을 산출하였는가의 여부에 좌우된다.

가족의 기능의 약화, 친밀한 대인관계의 부재, 소외와 적응문제 등을 야기하는 현대사회의 제 속성은 개인적인 능력이나 힘으로는 대처하기 어려운 사회적 곤란이나 생애 사건에 맞서 이에 대처하도록 개인의 적응을 돕는 자조집단(self-help group)의 출현을 가져왔다. 자조집단은 공통적인 이슈에 대해 개인 또는 환경에 바람직한 변화를 가져오기 위해 뜻을 같이하는 사람들로 구성되며,

이들은 유사한 환경에 놓여 있으면서 공통의 이익을 도모하기 위해 서로 돕거나 공통의 문제를 해결하고자 한다. 치료집단이나 과업집단과는 달리 집단이 목적을 달성할 수 있도록 진행하거나 이끌어 갈 외부 전문가가 집단 과정에 투입되지 않는다는 점에서 가장 큰 차이가 있다. 자조집단에서 다루는 이슈는 생활문제들로서 개인들이 상호 지원하고 역할모방 등을 통해 이를 해결하는 방향으로 진행된다. 자조집단도 마약이나 암, 비만, 알코올, 흡연 등과 같은 핵심적인 공동의 관심사가 있다는 점에서 치료집단과 과업집단으로 구분될 수 있다. 사회복지실천가는 자조집단의 형성과정에 도움을 줄 수 있으나 대체적으로 집단 자체는 사회복지실천가보다는 집단성원으로서 공통의 이슈를 논의하는 비전문가들이 이끌어 간다. 자조집단은 인간 상호 간의 지지를 토대로 개개인이 다시 한 번 자신의 삶을 책임질 수 있는 능력을 회복하고 그러한 환경의 조성을 강조한다.

이 밖에 집단은 새로운 집단 성원을 무제한으로 계속해서 받아들이는 개방집단과 일단 집단이 형성된 후에는 어떠한 성원도 받아들이지 않는 폐쇄집단으로 구분할 수도 있다. 대체로 폐쇄집단에서는 집단의 인원이 제한되는 경우가 많다. 개방집단은 새로운 성원을 추가함으로써 시너지 효과를 얻기도 하지만 그때마다 새로운 성원에 대한 오리엔테이션이 필요하다. 폐쇄집단은 같은 성원끼리 활동하므로 효과적으로 기능할 수 있으므로 결속력이 높아 협동심의 증가, 안정적인 역할수행 등이 장점일 수 있지만 성원의 이탈이 있을 수 있다.

2) 집단과 사회복지실천

집단은 구성원들의 행동을 일정한 방식으로 취하도록 함으로써 제재를 가하는 사회통제 기능을 수행하며, 이를 통해 집단 내외부에서 발생하는 구성원들의 갈등이 조절된다. 집단이 인간에게 미치는 영향은 집단의 역동성으로 드러난다. 노든(Northen, 1988)은 집단의 역동성을 사회적 상호작용, 집단목적, 집단감정, 집단구조, 집단규정, 긴장 및 응집력 등으로 설명하였다(이인정 · 최해경, 2004).

첫째, 사회적 상호작용은 집단 내에서 이루어지는 힘의 역동적인 교환행동이다. 집단과정에 참여한 사람들은 상호 간에 구성원들과의 접촉을 통하여 참여자의 사고, 감정, 행동 그리고 태도를 변화시키는 데 영향을 미친다. 이러한 상호작용의 유형은 지도자가 중심적 위치를 점유하고 성원과 지도자 양자 간의 의사소통이 활발히 이루어지는 기둥형, 성원들이 번갈아 돌아가면서 일정하게 이야기를 하는 순번형, 다른 성원들이 지켜보는 가운데에서 지도자와 한 성원만이 의사소통을 하는 뜨거운 자리형, 그리고 성원들이 순번을 정하지 않고 자유롭게 이야기할 수 있는 자유부동형이 있다. 사회적 상호작용은 집단구성원들 간의 대면적 접촉이 태도나 행동에 변화를 초래할 수 있음을 시사한다. 사회적 상호작용의 핵심은 의사소통으로서 여기에 느낌, 정보, 태도 등을 전달하고 받으며, 의미를 해석하고 반응하는 복잡한 사회적 과정이다. 생각은 대체로 언어를 통해 교환되며, 정서의 내용은 얼굴표정, 몸짓, 침묵 같은 비언어적인 수단을 통해 전달된다. 개방적인 의사소통 체계는 구성원들이 자신의 문제와 집단의 문제에 대처하고 기회를 증가시킨다.

둘째, 집단목적은 그 집단에 관련된 모든 구성원들의 기대가 융합된 총체로서 집단이 존립해야 하는 이유, 집단에 기대와 희망 등을 포함하여 하나일 수도, 혹은 복합적일 수 있으며, 어떤 경우에는 여러 개의 하위목표를 추구하기도 한다. 전체 집단의 목적은 구성원의 개인적 목적, 기관의 서비스 제공 목적, 그리고 사회복지실천가의 목적이 종합적으로 응집되어 전체 집단이 공동으로 추구할 때 나타나는 바람직한 결과를 의미한다. 집단에 소속되어 있는 개별 구성원들이 집단에 대해 갖는 소망과 욕구가 사회적 상호작용을 통해 집단목적으로 발전하게 된다. 집단의 구성원은 명확하고 의식적인 개인적 목적뿐만 아니라 미처 자신도 의식하지 못하는 개인적 목적을 가질 수도 있다.

셋째, 집단에서는 의사소통을 통해 구성원들이 갖는 감정의 긍정적이거나 부정적인 표현이 언어적 또는 비언어적으로 전달된다. 인간의 태도에는 양가감정(ambivalent feeling)이 존재하기 때문이다. 긍정적인 태도는 상대방으로부터 긍정적인 호응을 얻게 되지만 반드시 그런 것은 아니다. 개인마다 친근감이나 거리감에 대한 태도에 차이가 있을 수 있다.

넷째, 집단구조는 구성원들이 시간이 지남에 따라 자연스럽게 알게 되고 상호작용하는 과정에서 상호 간에 주고받는 긍정적·부정적 감정을 통하여 발달하게 된다. 구성원들은 일정한 지위와 역할을 부여받게 되며, 집단 내에는 하위체계가 형성되기도 한다. 하위집단은 집단 내부에서 구성원들이 서로 공통점을 발견하면서 생긴다. 하위집단은 때로 전체 집단의 흐름이나 목적에 부합하지 않는 방향으로 행동하여 집단의 효율성과 응집력을 저해하기도 하지만 대부분은 집단의 발달과 구성원 개인의 발달에 기여한다. 지위란 집단에서 구성원이 다른 구성원에 대하여 갖게 되는 서열상의 위계적인 위치를 의미한다. 지위에 따라 역할이 주어지는데, 집단에는 제도적인 역할뿐만 아니라 희생양, 경쟁자, 공격자, 방해꾼, 지배자와 같은 개인적인 역할이 나타나기도 한다.

다섯째, 집단규범은 집단이 구성원들에 대해 기대하는 행동의 기준으로서 집단이 무엇에 가치를 부여하고 수용하는가에 대한 집단구성원들 간의 합의와 동일시에서 출발한다. 집단규범은 일종의 사회적 상호작용의 산물인 것이다. 집단규범이 반드시 집단의 목표달성에 기여하는 것은 아니다.

여섯째, 응집력은 집단에서 중추적인 기능을 수행하는 것으로 집단구성원들이 상호 간에 결속되어 있는 정도를 의미한다. 집단에는 집단 내에 남도록 하는 구심력과 집단으로부터 벗어나도록 영향을 미치는 원심력이 존재하며, 이 모든 힘의 결과를 집단응집력이라고 한다. 다시 말하면, 응집력은 집단구성원들이 자신이 속해 있는 집단에 대해 이끌리는 정도 또는 집단구성원과 구성원들 상호 간에 이끌리는 정도를 가리킨다. 집단에 이끌리는 매력의 정도는 집단이 구성원들의 욕구를 어느 정도 충족시키는가에 따라 좌우된다. 응집력이 강하다고 해서 집단에 긍정적인 영향을 미치는 것만은 아니다. 강한 응집력은 오히려 집단은 물론 집단구성원들에게 부정적인 결과를 초래할 수 있으며, 외부환경으로부터 새로운 정보 투입이 상대적으로 늦어질 수 있다.

일곱째, 인간발달의 본질적인 요소인 긴장은 대체로 갈등에 의해 야기되는데, 갈등을 통해 집단발달의 건설적인 힘이 형성되거나 상호작용을 자극하는 토대가 마련될 수 있기 때문이다. 긴장을 통해 집단구성원들은 상호 간의 차이점을 표출하므로 그 과정에서 개인이나 집단의 가치와 관심사가 명료해지기도 한다. 반대로 긴장은 집단 내부에서 제대로 수용되지 않을 경우 개인이나 집단 자체는 물론 사회에 이르기까지 부정적이고 파괴적인 영향력을 행사할 위험이 있는 것 또한 간과할 수 없다.

〈표 7-4〉 집단의 역동성

• 사회적 상호작용은 집단 내에서 이루어지는 힘의 역동적인 교환행동이다. • 집단목적은 그 집단에 관련된 모든 구성원들의 기대가 융합된 총체이다. • 집단에는 언어적·비언어적 의사소통을 통해 전달되는 집단감정이 있다. • 집단구조는 구성원들이 시간이 지남에 따라 상호작용하는 과정에서 발달하며, 일정한 패턴이 있다. • 집단규범은 집단이 구성원들에 대해 기대하는 행동의 기준으로서 집단의 가치에 대한 구성원의 합의와 동일시에 의해 발달한다. • 응집력은 집단구성원들이 자신이 속해 있는 집단에 대해 이끌리는 정도 또는 집단구성원과 구성원들 상호 간에 이끌리는 정도를 말한다. • 긴장은 인간발달의 본질적인 요소이며 갈등에 의해 야기되는데, 긴장을 통해 집단발달의 건설적인 힘이 형성되고 상호작용을 자극하는 토대가 마련될 수 있다.

Chapter 08

사회환경의 수준 : 중간체계

학습목표

1. 사회체계의 개념과 특성을 파악한다.
2. 중간체계인 조직의 개념과 특성을 이해한다.
3. 조직이 인간행동과 사회복지실천에 미치는 영향을 이해한다.

생각할 과제

1. 사회체계로서 조직의 특성을 설명해 봅시다.
2. 사회복지실천에서 조직이 갖는 의미에 대해 설명해 봅시다.
3. 사회복지사가 사회환경을 이해해야 하는 이유에 대해 설명해 봅시다.

인간은 조직의 원조 속에서 출생한다(예 병원, 공중보건기관 등). 또 조직 속에서 사회화되고 교육을 받는다(예 유치원, 어린이집, 중·고등학교, 고등교육기관, 직업/기술학교, 팀, 각종 클럽, 걸/보이스카우트, 사교조직 등). 뿐만 아니라 삶의 중요한 사건들을 교회, 성당, 절, 사원과 같은 공식적인 종교조직 속에서 치러낸다. 대부분의 생활을 인간서비스기관, 회사, 건강과 정신보건조직과 같은 곳에서 일하면서 보내고 그 밖의 각종 조직(예 상점, 가게, 약국, 백화점, 은행, 식당)을 통해 기본적인 생존욕구를 충족한다. 또 복지관, 요양원, 재가센터, 실버주택과 같은 조직 속에서 늙어갈 것이고 병원이나 호스피스기관과 같은 조직에서 임종을 맞이하게 될지도 모른다(Schriver, 2004 : 428; 손병덕 외, 2005).

이와 같이 인간의 전 생애에 걸친 삶은 조직과 밀접히 연관되어 있으며, 조직으로부터 강한 영향을 받는다. 따라서 사회복지실천에서는 클라이언트를 둘러싼 조직의 영향을 정확히 이해하고, 클라이언트뿐만 아니라 클라이언트가 관계를 맺고 있는 조직의 변화를 도모할 수 있는 사회복지실천의 개입방법과 관련된 지식과 기술을 습득하여야 한다(권중돈 · 김동배, 2008 : 59).

1. 조 직

1) 조직의 개념 및 특성

(1) 조직의 개념

조직은 다양하고 변화하는 기술적 · 경제적 · 사회적 정황에서 쇠퇴하고 발전하고 부상하는 매우 복잡한 역동적인 체계라고 할 수 있다. 파슨즈(Parsons, 1956)는 조직이 다른 형태의 사회체계와는 구별되는 특성을 가지고 있는데 그것은 바로 조직이 구체적이고 분명한 특정 목적을 성취한다는 점이라고 강조하였다. 샤프리츠와 오트(Shafritz and Ott, 2001)는 조직이 특정 목적을 가지고 있는 사회적 단위(social unit)라고 정의하였다. 이들에 따르면 조직은 목적을 가지고 있고 참여자들을 유인하고 또는 끌어들이고 그리고 목적을 성취하기 위해 자원을 할당하고 필요로 하며 활동을 조정하고 분리하기 위한 어떤 형태의 구조(structure)를 사용한다고 한다. 그리고 다른 사람들을 인도하고 관리하는 데 있어 특정 사람들에 의존하는 조직의 속성들은 조직을 둘러싸고 있는 환경에 크게 의존한다고 강조하였다(김동배 외, 2008).

조직이란 특정한 목적 달성을 위하여 의도적으로 설립한 체계로서 일정한 크기와 구조를 가지며, 구성원들은 업무에 의하여 상호 관련되어 있는 사회적 단위 또는 사회체계라고 할 수 있다.

이처럼 조직이란 일정한 구조를 가지고 특정한 목적을 달성하기 위해서 의도적으로 설립한 사회체계이다. 조직에는 업무분담 및 권력과 통제가 필요하며, 적절한 지도력과 책임성이 부여되어 있어야 한다. 또한 조직은 구성원의 활동을 통해서 목적을 달성하며, 구성원 각자의 행동에 영향을 미칠 뿐만 아니라 조직구성원들이 조직을 통해서 자신의 욕구를 충족시키며, 다른 구성원의 조직행동에 영향을 미친다(이근홍, 2015 : 315).

조직과 유사한 개념으로는 집단, 기관, 체계 등이 있으나, 조직의 개념과는 다소 차이가 있다. 집단은 공통적인 목적을 가진 사람들이 모여 상호작용을 하는 집합체이며, 기관은 공공의 이익을 위해 설립된 공식적인 조직을 말한다. 체계는 상호의존적인 관계를 가지고 있는 구성요소들로 이루어진 집합체인 것이다(이근홍, 2015 : 315).

(2) 조직의 특성

조직은 ① 사회적 실체로, ② 목표지향적이며, ③ 계획한 구조와 통합적인 활동체계들로 구성되어 있으며, ④ 외부 환경과 연관이 있다(Daft, 1998 : 11).

조직에 관한 정의들을 바탕으로 하여 볼 때 목적, 분업, 위계구조 등이 조직의 특징적 모습이라고 할 수 있는데, 최옥채 등(2003)은 사회복지실천과의 관련성을 전제로 하여 조직의 특성을 여섯 가지로 규정하고 있다. 첫째, 조직은 특정한 목적을 갖는다. 둘째, 조직은 그 조직의 특성에 맞는 일정한 규범을 갖는다. 셋째, 조직의 유지와 운영을 위해서는 조직 외부로부터 합당한 투입이 있어야 한다. 넷째, 권위 수준이 다양한 조직은 반드시 권위의 수준을 계급화하는 위계구조를 형성한다. 다섯째, 조직은 상위조직 혹은 하위조직과 상호의존적 관계를 형성한다. 여섯째, 조직은 나름의 독특한 문화를 갖는다.

〈표 8-1〉 조직의 특성

• 목표를 달성하기 위해 존재한다. 공동의 목표 달성을 위해 인위적으로 편성된 수단이다. • 2인 이상의 협동체이다. 여러 사람으로 구성된 실체로서 기능 수행을 위해 서로 협동한다. • 사회적 단위이다. 단순한 구성원의 합과는 달리 사회적 실체라는 것이다. • 조직은 인간행동에 중요한 영향을 미치는 체계로서 목표지향적이며 계획된 구조와 통합적인 활동체계들로 구성된다. 외부환경과 연관이 있다. • 조직은 많은 개인들로 이루어지고 있으며 이 양자는 상호작용을 통해 서로에게 많은 영향을 미친다. • 조직은 계획적인 활동을 통해서 일정한 활동영역을 가지고 있는 관리구조이다.

(3) 집단과의 유사점과 차이점

제7장에서 살펴본 집단의 개념과 앞에서 정리한 조직의 개념을 보면 서로 비슷한 점이 있어 집단과 조직을 이해하는 데 혼란스러운 면이 있다. 이에 집단과 조직의 유사점과 차이점을 정리해 보고자 한다. 실제로 사회복지실천에서 집단과 조직은 매우 중요한 개념이며 이 양자에 관한 구분된 이해 속에서 집단과 조직을 적절히 활용할 수 있기 때문에 사회복지실천가는 집단과 조직을 구분하여 이해할 필요가 있다(최옥채 외, 2002).

먼저 집단과 조직의 유사점을 정리하면 다음과 같다.

첫째, 집단과 조직은 인간에 의한 집합체로 특정 목표와 문화를 지닌다는 점에서 양자는 비슷하다. 즉, 집단이나 조직은 각각 일정한 목표를 가지며, 고유한 문화를 지닌다.

둘째, 집단의 목표가 뚜렷하고 집단성원의 결합과 집단역동이 강한 소집단은 조직과 유사한 점이 많다. 이 같은 소집단은 집단성원의 결속력과 책임의식, 집단성원의 집단 내 자유로운 의사소통, 집단의 기능을 평가하는 능력과 의지의 존재 등과 같은 특성을 지니기 때문에 조직과 크게 다르지 않다(Bakalinsky, 1995 : 140).

한편 집단과 조직의 차이점을 정리하면 다음과 같다.

첫째, 집단과 조직에 관한 각각의 정의에서 차이점을 찾아볼 수 있다. 집단은 공동목표를 달성하기 위해 성원 간 상호의존과 성원에 대해 서로 잘 알면서 대면(face-to-face)에 의해 상호작용하는 두 명 이상의 개인들(Schriver, 1995 : 350 재인용)로, 조직은 목적이나 임무를 완수하기 위해 특화되고 상호의존적인 행동에 관여하는 사람들의 집합체(Schriver, 1995 : 397 재인용)로 정의되고 있다. 집단의 성원은 조직의 성원에 비해 한층 자율적으로 활동한다는 점에서 차이가 있다.

둘째, 조직은 단순한 인간 집합체에서 볼 수 없는 조직에서 강조하는 공식적 상하위관계, 노동의 정교한 분배, 투명하게 형성된 구조 등과 같은 특성을 지닌다(French et al., 1985 : 19). 뿐만 아니라 조직의 형성은 일단의 사람들이 특정한 계기를 거쳐 특정한 목표를 중심으로 위계적으로 결합한다(조희연, 1993 : 61). 그러므로 일차집단과 이차집단, 자연집단과 형성집단, 개방집단과 폐쇄집단 등으로 구분되는 집단의 특성을 조직에서는 찾아볼 수 없다.

셋째, 집단과 조직이 각각 추구하는 목적의 성격이 서로 다르다. 집단의 목적은 개인적으로 성취할 수 없는 목적을 달성하기 위해 집단에 가담하고(Forsyth, 1991 : 27), 조직의 목적은 조직이 실현하고자 하는 미래의 이미지로써 현재의 행동을 통제하고 현재의 행동과 반응에 강력한 영향력을 미치는 힘이 되어야 한다(송 복, 1991 : 134).

결국 강한 결속력과 지도력을 강조하는 소집단은 조직의 일종으로 볼 수 있을 정도로 조직과 유사한 점을 가지고 있으나 조직은 집단보다 더욱 목표지향적이며 관료적 성향이 강하다(최옥채, 2001b : 151)는 면에서 양자의 차이점을 발견할 수 있다. 특히 사회복지실천에서 집단은 개인을 변화시키는 한 방법으로 활용하는 데 초점을 두며, 조직은 문제해결을 위한 대응세력화의 한 수단 혹은 자원으로 활용된다. 사회복지실천가는 집단사회사업과 같은 사회복지실천방법을 익히는데 집단을, 사회복지실천의 자원으로서 혹은 지역사회실천방법을 익히는 데 조직을 이해할 필요가 있다.

2) 조직과 사회복지실천

(1) 조직이 인간행동에 미치는 영향

개인은 조직을 통해서 자신이 바라는 욕구를 충족시키려 하고, 조직은 그 개인들을 통해서 조직목적을 성취하고자 한다. 조직과 그 구성원이 공존하고 조화로운 관계 속에서 목적을 추구한다면 양자는 상호 간의 발전을 위하여 노력하게 될 것이며 적절한 균형을 이룰 수 있다. 그러나 조직이 목적달성을 위하여 개인을 희생시킬 수도 있으며, 반대로 개인이 자신의 목적달성을 위하여 조직의 목적을 무시할 수도 있다(김동배 외, 2006).

관료조직은 목표달성에 공헌하는 대인관계만을 인정하고자 하며, 언제나 합리성만을 내세우고 구성원의 감정은 무시하며, 명령, 압력, 강요, 통제 등을 통하여 개인에게 영향력을 행사하려는 속성을 지니고 있다(김운태, 1984). 이에 반하여 조직의 성원인 개인은 조직 속에서 자신감과 안정감을 확보할 수 있는 기회를 추구하며, 개인에게 할당된 목적을 달성하고 이에 대한 인정을 받고 싶어 한다. 이와 같이 개인의 욕구와 관료조직이 추구하는 가치 사이의 불일치로 인하여 결과적으로 개인은 좌절감, 실패감, 갈등을 경험하고, 수동성, 순응성과 같은 부정적 성격 특징을 나타내거나 심할 경우 부적응의 증상을 보이게 된다. 톰프슨(Thompson, 1961)은 관료조직 내에서의 특징적인 인간행동을 관료병리(bureaupathology)라고 하면서, 규칙에 대해 과잉으로 의존하는 행동, 인간관계의 비인격성, 업무에서 사소한 권리나 특권을 주장하는 행동, 변화에 반대하는 행동 등이라고 하였다.

하지만 조직이 개인에게 부정적인 영향만을 미치는 것은 아니다. 조직은 조직의 목적을 우선시한다는 점에서는 이익사회의 특성을 지니지만 그 목적을 달성하기 위해서 구성원들 간의 결속과 협력을 중시하는 공동사회의 특성을 동시에 지니고 있다. 그리고 현대사회에서 조직은 권력분배기능, 적응기능, 사회변화기능, 사회적 결속기능 그리고 정체성 부여기능 등의 순기능을 수행한다. 개인은 조직에 소속됨으로써 혼자의 힘으로는 극복이 불가능한 불균형적 권력배분 구조를 변화시키고자 하는 동기를 증진시키고, 복잡한 사회적 현실에 적응할 수 있는 더 많은 기회를 갖게 되며, 대인관계에서의 소외를 극복하고 자율성과 자아정체감을 확보할 수 있게 된다.

조직성원들은 조직 내에서 수행하는 업무나 대인관계에 대한 불만족이 누적되어 감정의 고갈, 소외, 업무와 다른 사람에 대한 관심의 상실 등과 같은 소진증후군(burnout syndrome)을 경험하기도 한다. 이러한 소진현상은 조직에서 부과한 업무의 요구가 자신의 능력으로 감당할 수 있는 정도를 초월하거나, 업무에서 오는 압박감과 스트레스에 압도당한다고 느낄 때, 이런 느낌들이 한계점에 도달하게 되어 신체적·정서적 고갈상태를 경험하고, 자신과 환경에 대한 부정 등과 같은 일련의 증상을 야기한다. 이러한 소진증후군은 자신을 비인간화하게 되어 절망감과 무력감에 휩싸이고 조직 내에서 부적응 행동을 표출하며, 더 나아가서는 조직의 동료나 이용자들에 대해서도 부정적 태도를 보임으로써 업무나 서비스의 질을 저하시키는 주된 요인으로 작용하게 된다(Gates, 1980).

조직은 구성원들 간의 상호작용을 통해서 조직분위기가 나타나며, 조직분위기는 조직구성원의 사기와 조직의 성과에도 많은 영향을 준다. 또한 조직은 경제적 기능, 사회변화기능, 적응기능 등을 수행하여 사회에 유익하기도 하지만, 개인에게 소외감, 좌절감, 부적응 등의 역기능을 제공하기도 한다(이근홍, 2015 : 321-322).

(2) 조직이 사회복지실천에 미치는 영향

인간이 조직과 불가분의 관계에 있듯이, 사회복지실천이나 서비스 역시 조직과 불가분의 관계에 있다. 사회복지실천에서 제공되는 서비스는 주로 조직이라는 세팅(setting)을 기본으로 하여 제공되며, 서비스가 이루어지는 조직에 따라 사회복지실천의 분야를 구분하기도 한다. 즉, 병원 등의 의료기관에서 이루어지는 의료복지사업, 기업체를 기반으로 하여 이루어지는 산업복지, 교도소 등의 교정기관을 기반으로 하는 교정사회복지, 학교를 기반으로 하는 학교사회복지, 그리고 종교기관을 기반으로 하는 종교사회복지, 군대조직을 기반으로 이루어지는 군사회복지 등으로 실천 장소인 조직의 특성을 근거로 실천분야를 구분한다(조홍식 외, 2000).

사회복지실천에서 조직은 지원체계로 간주한다. 사회복지실천에서는 조직의 속성을 지니고 있는 외부의 기관이나 단체로부터 재정 및 인적 자원을 동원하거나 지원을 받아 클라이언트에게 서비스를 제공한다. 그러므로 사회복지실천가는 자원체계인 조직의 속성을 정확히 이해해야만 보다 효율적으로 자원을 동원할 수 있게 된다.

효과적인 사회복지실천을 위해서는 사회복지조직의 합리적인 운영이 요구된다. 사회복지조직은 고객서비스조직(customer service organization)으로 클라이언트의 특성과 요구, 문제에 맞춰 개별화된 서비스를 제공하는 것을 1차적인 목적으로 삼고 있기 때문에 조직의 주된 활동이 일선 부서의 사회복지실천가와 클라이언트 사이에서 주로 이루어진다. 따라서 일선 부서에서 클라이언트와 직접적 관계를 맺고 서비스를 제공하는 사회복지실천가가 소진되어 있거나, 조직과의 부적응을 경험할 경우 사회복지조직 자체의 목적달성이 어려워질 뿐만 아니라 클라이언트의 삶의 질에 부정적인 영향을 미칠 수 있다. 그러므로 사회복지조직에서는 조직이 어떻게 기능하는지를 정확히 평가하고 사회복지실천가들이 조직의 일부분으로 조직과 조화를 이룰 수 있도록 조직관리 업무를 성공적으로 이행해 나가야 한다(김동배 외, 2008).

Chapter 09

사회환경의 수준 : 거시체계

학습목표

1. 사회체계의 개념과 특성을 파악한다.
2. 거시체계인 지역사회의 개념과 특성을 이해한다.
3. 지역사회가 인간행동과 사회복지실천에 미치는 영향을 이해한다.

생각할 과제

1. 사회체계로서 지역사회의 특성을 설명해 봅시다.
2. 사회복지실천에서 지역사회가 갖는 의미에 대해 설명해 봅시다.
3. 장애인이나 노인 등 사회적 보호가 필요한 사람들을 시설이 아닌 지역사회에서 보호하고 서비스를 제공함으로써 얻을 수 있는 이점에 대해 토론해 봅시다.

인간은 지역사회 내에서 의식주, 교육, 여가, 노동 등 일상의 실존적 욕구를 충족시키고, 사회적 관계를 형성하여 공동체 생활을 하지만 현대사회에서는 지역사회가 이질적 사회로 변화됨에 따라 인간의 삶은 더욱 소외되어 가고 있다. 이러한 지역사회를 개발하고, 조직화하고 개혁하여 인간생활에 적합한 형태로 지역 환경을 변화시키기 위해서 사회복지실천가는 클라이언트를 둘러싼 지역사회의 영향을 정확히 이해하고 지역사회에 대한 지식과 개입에 필요한 기술을 습득하여야 한다(김동배 외, 2008).

1. 지역사회

1) 지역사회의 개념 및 특성

(1) 지역사회의 개념

지역사회(community)는 지리적 조건에 의해 형성된 지역공동체라고 할 수 있다. 지역사회는 제한되고 인접된 지역 내에서 함께 거주하는 주민들로 성립된 인구의 집합체이며, 공동의 생활양식과 문화를 공유하고 통일된 지역사회 의식을 가지며, 주민들끼리 상호 간에 협동하면서 생활하는 공동사회이다(이근홍, 2015 : 323-324). 지역사회는 상호 연결되는 공통적인 어떤 것을 가지고 있는 사람들의 집합체라고 할 수 있다. 구성원들이 공유하는 특성은 지리적 위치, 관심사, 문화, 정체감, 또는 공통된 활동을 포함한다(Fellin, 1995; 이윤로, 2005).

지역사회는 공통적인 물리적 공간을 점유하고 있는 것뿐만 아니라 공통적인 욕구를 가지고 있는 주민들로 구성된 인간집단으로서, 주민의 욕구를 충족시키기 위해서 조직된 사회조직이기도 하다. 이와 같이 지역사회란 지리적 영역과 공동생활 요인을 동시에 가지고 있는 인간집단이라고 볼 수 있다(김영모 편, 2001 : 8).

지역사회 또는 지역공동체로 번역되는 'community'라는 용어는 인간생활의 지역성과 공간성을 강조하는 의미와 공동의 가치, 문화 등을 공유하고 있는 공동체로서의 속성을 강조하는 의미를 동시에 내포하고 있다. 이러한 'community'가 지니는 이중적 의미의 문제를 해결하기 위하여, 커스트－에쉬만(Kirst-Ashman, 2000)은 지리적 지역사회와 비지리적 지역사회로 구분해 놓고 있다. 먼저 장소에 기반을 둔 지리적 지역사회(geographical community)는 대도시, 중소도시, 도, 시, 군, 구, 읍 등을 말한다. 인구 규모와 밀집도, 구성원의 사회경제적 지위 등이 지리적 지역사회를 특징짓는 주요 변수이다. 같은 지역에 사는 사람들은 공통된 관심사를 통해 연결되기도 하고 상호작용을 갖게 되기도 하며 이를 통해 유대를 강화하기도 한다. 한편 비지리적 지역사회(non-geographical community)는 동성애자 집단, 외국인 노동자 집단, 특정 종교 집단, 특정 전문가 집단 등을 포함한다. 비지리적 지역사회 역시 구성원들의 안녕을 향상시키는 목적을 추구한다. 이러한 지역사회는 각종 지지와 정보를 제공해 주고 소속감과 정체감을 제공해 주는 관계형성의 장을 마련해 준다(김동배 외, 2008).

『콜린스 사전 : *Collins Dictionary*』에서는 '지역사회'를 "한 지역에 사는 사람들, 문화, 종교, 인종 또는 기타 공통된 특징을 가진 사람의 집단 유사성 또는 일치"라고 정의한다(한인영 · 김성천, 2007 : 292).

워렌(Warren, 1978)은 심리적 측면에서의 지역사회는 사람들이 공동감정, 공동이익을 추구하는 생활양식을 의미하고, 지리적 측면에서는 사람들이 함께 모여 생활하는 특정 지역을 의미하고, 사회적으로는 이 두 가지 면이 결합된 것이라고 본다. 이러한 기존의 정의를 종합해 보면 지역사회란 지리적 조건에 의해 형성된 지역공동체로서, 일정한 지리적 영역을 공유하고 있는 사람들이 사회적 상호작용을 하면서 사회조직을 이루며, 문화를 공유하면서 지역공동의식을 가지고 생활하는 공동체라 할 수 있다.

〈표 9-1〉 지역사회의 주요 개념

① 정치적 실체 : 시 · 군 · 구 주택지구 등 지역사회는 많은 정치적 · 사회적 기능을 수행하며 정부와 개인 사이를 중재한다.
② 힘 : 어떻게 상위조직이 하위조직에 영향력을 미치고 통제하는가와 관련이 있다. 지역사회가 각기 다른 정도의 힘을 가진 정부의 하위체계인 것처럼, 주민들도 다른 힘을 갖고 있는 지역사회의 하위체계이다.
③ 지리적 구성 : 인구가 특정 지역에 집중하는가, 고르게 분포하는가, 상업지역과 주택지역은 어디인가, 지역사회 사이를 구분하는 경계는 무엇인가 등이다.
④ 경쟁 : 어떻게 지역사회 구성원들이 땅을 활용하며 상업이나 공업, 공공시설, 주거 용도로 더 나은 장소를 찾는가와 관련이 있다.
⑤ 격리 : 사회적 억압이나 구속적인 법 또는 개인의 선택으로 특정한 공통된 특성을 가진 집단이 분리되거나 소외되는 것을 말한다.
⑥ 통합 : 다양한 집단이 하나의 기능적인 전체로 합하여 섞인 과정을 의미한다.

(2) 지역사회의 특성

지역사회의 특성에 대하여 노린과 체스(Norlin & Chess, 1997 : 348)는 다음과 같이 여섯 가지로 정리하고 있다. 첫째, 물리적 또는 지리적 장소에 의해 제한된 사회체계의 형태이다. 둘째, 공동의 장소에 거주하거나 그곳에서 동일시된 사람과 그들의 사회조직에 초점을 둔다. 셋째, 지역사회가 추구하는 최종 목적은 지역주민들의 삶의 질을 향상시키는 것이다. 넷째, 지역사회에 거주하는 개인에게 서비스를 제공하는 집단이나 조직으로 구성되어 있다. 다섯째, 지역주민의 공통된 욕구와 문제의 해결, 성장과 발전을 위하여 상호의존적인 사회체계이다. 여섯째, 지역사회는 개인과 사회를 연결시키는 중간체계이며, 전체 사회의 하위체계다.

지역사회가 유지되고 발전되기 위한 지역사회의 구성요소로는 주민이 필요로 하는 물자와 서비스를 생산, 분배, 소비하고, 구성원들에게 공유하고 있는 지식, 가치, 행동양태를 전달하고 학습시키는 사회화 기능을 수행하며, 구성원들에게 사회규범에 순응하도록 행동을 규제하는 사회통제의 기능을 수행하고, 서로 충성하고 적정 수준의 결속력과 사기를 지닐 수 있도록 주민의 사회참여를 조장하고 지역사회를 통합하는 기능을 수행하며, 구성원 간에 서로 도울 수 있는 상호 지지의 기능을 수행해야 한다(최순남, 2002).

한편 지역사회의 특성은 크게 지리적·경제적·심리적·문화적인 특성으로도 구분할 수 있다(정지웅 외, 2000 : 17; 이근홍, 2015 : 324).

첫째, 지역사회는 지역을 바탕으로 성립된 사회집단으로서 일정한 물리적 공간 위에 자리를 잡고 있는 공동체이다. 즉, 지역사회는 지리적으로 일정한 장소에 위치해 있으며, 주민들끼리 공동으로 생활하는 공간을 가지고 그곳에서 사회적 상호작용을 하면서 다양한 활동을 전개하는 곳이다.

둘째, 지역사회는 경제적으로 협력하며 생활하는 공간이다. 즉, 지역사회는 주민들이 사용할 물품을 생산하고 판매하며 구입하면서 자급할 수 있는 곳이다. 지역사회 내에서 주민들은 자신의 욕구를 충족시킬 수 있는 물품을 획득하고 활용하며 살아간다.

셋째, 지역사회는 사회적으로 공동의식을 가지고 있는 사람들로 구성되어 있다. 지역사회는 주민들 간에 일체감, 공통적인 관심, 공통적인 가치와 태도 등을 가지고 있는 사회집단이며, 주민들이 서로 상호 관련되어 있다는 의식을 가지고 자신들이 살고 있는 공간과 사람들을 위해서 공동으로 노력하는 곳이다.

넷째, 지역사회는 전통, 언어, 생활습관 등과 같은 문화를 공유하고 있다. 즉, 지역사회는 주민들끼리 공유하는 공동생활양식을 가지고 있으며, 일상생활 현장에서 그들이 오락, 사교, 여가활동, 예술활동 등을 같이 즐기고 있다. 지역사회의 문화는 주민들이 효과적이고 보람있는 공동생활을 영위하기 위해서 필요한 요소이면서 공동생활을 통해 얻어진 결과이기도 하다.

지역사회의 유형은 인구규모, 경제적 기반, 정부의 행정구역, 인구구성의 사회적 특수성이라고 하는 기준을 근거로 구분하는 것이 일반적이다. 인구의 크기에 따라서는 대도시, 중소도시, 읍지역, 자연부락으로 구분하며, 경제적 기반에 따라서는 농촌, 어촌, 광산촌 등으로 구분하고, 정부행정구역에 따라서는 특별시·광역시·도, 시·군·구·읍·면·동으로 구분한다. 인구구성의 사회적 특성에 따라서는 경제, 교육, 문화의 중심지가 되는 대도시지역, 산업지역, 상업지역, 정부행정중심지역, 교육중심지역, 기관 및 시설 중심지역, 교외, 휴양지, 농업중심지역, 이념중심지역 등으로 구분된다(류상렬, 2004).

퇴니스(Tönnies)는 지역사회 성원 간의 결속력의 특징에 따라 공동사회(Gemeinschaft)와 이익사회(Gesellschaft)로 분류하고 있다(최순남, 2003). 공동사회는 전산업사회에서 전형적으로 나타나는 친밀하고, 사적이며, 비개방적인 공동생활을 의미하며, 성원들 간의 관계는 자연적으로 형성된 정의적 관계다. 이익사회는 산업사회의 특징적 모습으로 의식적, 의도적으로 참여하는 공식적 생활을 의미하며, 인간관계가 계약에 의해 이루어지고, 능률과 효율성을 강조하며, 개인의 능력과 업적에 따라 생산을 배분한다. 현재 우리나라에서 공동사회의 특성은 농촌지역사회에서 잘 나타나며, 이익사회의 특성은 도시지역사회에서 잘 나타난다(류상렬, 2004).

〈표 9-2〉 지역사회의 유형

장소로서의 지역사회	지역사회와 지리적 위치를 결합시키는 것(가장 전통적인 견해)
기능으로서의 지역사회	공동체의 기능 및 역할에 중점을 둠. 사회기능들을 수행하는 사회단위와 조직들의 결합
중간지역, 매개체, 또는 고리로서의 지역사회	지역사회를 개인과 사회가 만나는 중간 매개체 역할로 봄
정서를 공유하는 지역사회	지역사회 구성원들의 상호작용이나 정서적인 면에 초점을 둠 예 공동체 의식
사회조직으로서의 지역사회	다양한 조직들과 하부조직들의 영향력을 인식시켜 주는 입장으로 포괄적이고 역사적인 지역사회에 대한 견해를 제공
비공간으로서의 지역사회	구체적 공간이나 지리적 영역에 대한 부속물이 없으며 부속물은 지역사회가 존재하는 데 필수적이라고 여기지도 않음 예 '관심사(흥미)의 지역사회'

출처 : Pillari & Newsomes(1998), p. 178.

2) 지역사회와 사회복지실천

(1) 지역사회가 인간행동에 미치는 영향

지역사회의 기능은 개인의 성격형성과 행동발달에 많은 영향을 미친다. 먼저 개인은 사회화과정에서 지역사회의 일반적 지식, 사회적 가치나 사회적으로 수용 가능한 행동양식을 전수받는 관계에 있으므로, 지역사회의 유산이 성격에 녹아들게 된다. 지역사회는 구성원들에게 사회적 규범에 순응하도록 요구하게 되는데, 이 과정에서 개인은 규범을 내면화하고, 자신의 행동에 대한 통제력을 증진시킬 수 있게 된다. 그리고 지역사회 성원들 간의 협력, 결속, 사회적 지지를 통하여 사회적 소외를 극복하고 이타성이라는 성격적 특징을 발달시킬 수 있게 된다(김동배 외, 2006).

저메인(1987)은 지역사회의 물리적 환경과 사회적 환경이 적절히 갖추어지지 못할 경우 그 속에 있는 인간은 환경과의 적합성을 확보하지 못하게 되므로 부적응이나 문제에 직면하게 된다고 하였다. 특히 현대사회가 점차 이질적 문화를 가진 하위집단으로 분리되고, 계약에 의한 공식적 인간관계로 변화되어 가고, 협력보다는 경쟁, 결속보다는 분리, 상호지지보다는 개인적 성취를 강조하는 사회로 바뀌어 감에 따라 개인은 더욱 소외되어 가고 비인간화되어 가며, 그로 인하여 사회적 부적응의 문제를 일으키는 경우가 많아지고 있다. 복잡하고 이질적이며 경쟁적인 도시환경에서 생활할 경우에는 유의미한 정의적 관계를 형성하지 못하고 일시적이며 비인격적 교류가 많아짐으로써 사회적 소외현상을 경험할 가능성이 높아지며, 범죄, 자살, 정신병 등의 사회적 병리를 일으킬 가능성도 높아지고 있다. 그리고 공동사회의 특성을 아직도 유지하고 있는 농촌에서 생활할 경우에는 마치 시대적 흐름을 쫓아가지 못하는 사회적 실패자라는 느낌을 갖게 되어, 부정적 자아개념을 형성하거나 낮은 수준의 자아존중감, 유능성을 보일 가능성이 높다.

(2) 지역사회가 사회복지실천에 미치는 영향

지역사회는 사회복지실천의 중요한 장(場)인 동시에 자원이며, 사회복지실천의 주요 대상이다. 클라이언트가 어떤 욕구가 충족되지 않거나 문제가 해결되지 않을 경우에 가장 먼저 가족에게 도움을 요청하며, 가족의 도움으로 문제가 해결되지 않을 경우 친구, 이웃 등의 순으로 원조를 요청하게 된다. 이러한 비공식적인 사회적 관계망의 원조로 문제가 해결되지 않을 경우 클라이언트는 사회복지기관에 원조를 요청하게 된다. 그러나 사회복지실천가의 개입과 원조만으로는 클라이언트의 문제를 해결하는 데 한계가 있을 수 있으므로 사회복지실천가는 지역사회 내에 존재하는 클라이언트의 사회적 관계망을 연계시키고 조직화하며, 그 역량을 강화하고, 사회적 관계망의 물질적, 도구적 그리고 정서적 지지 기능을 강화하여야만 클라이언트의 문제를 보다 효율적으로 해결할 수 있다.

지역사회는 사회복지실천의 중요한 장인 동시에 자원이지만, 지역사회 자체가 개입의 대상이 되기도 한다. 지역사회는 보다 안정된 상태를 유지하고, 긍정적인 변화를 도모하고자 하는 욕구와 해결을 필요로 하는 문제를 지니고 있다. 따라서 지역사회는 사회복지실천의 개입이나 원조의 대상이 되어야 한다. 지역사회복지실천은 이상적인 지역사회를 실현하기 위한 일체의 사회적 노력(박태영, 2003)으로서 지역문제나 지역주민의 욕구충족을 지원하고 지역사회의 변화를 도모하고자 한다. 지역사회복지실천의 모형 중에서 지역사회개발(locality development) 모형에서는 주민들이 스스로 문제를 해결할 수 있는 능력을 강화시키는 데 역점을 두고 문제 파악 및 해결 과정에 주민의 참여를 적극적으로 조장하고, 지도력을 개발하여 지역사회 문제를 주민들이 해결할 수 있는 분위기를 조성해 나간다. 사회계획(social planning) 모형은 지역사회 내의 문제를 해결하기 위한 전문적인 기술과정을 강조하는 모형이며, 지역사회 내의 하위집단들 간의 이해관계 갈등에 대해 전문적 지식과 기술을 활용하여 해결한다. 사회행동(social action) 모형은 사회적으로 소외되고 박해받고 있는 특정 집단의 권익을 대변하고 이들의 문제를 해결하고자 하는 모형으로서, 지역사회 내 또는 더 넓은 범위의 사회 내에 존재하는 권력 관계와 자원의 변화를 도모하고, 기존 사회제도의 근본적인 변화를 추구한다.

사회복지실천 측면에서 조직과 지역사회가 관련하고 있는 연관성을 정리하면 다음과 같다(최옥채 외, 2003).

① 개인의 환경으로서 조직

조직은 개인들에 의해 만들어지기 때문에 조직성원의 생활환경으로서 중요한 의미를 갖는다. 인생주기에서 유아기를 제외한 모든 주기의 개인은 나름대로 자신의 형편에 따라 자발적 혹은 의무적으로 조직의 성원이 된다. 예컨대 아동기에서부터 노년기까지 각 시기의 아동, 청소년, 청장년, 어르신들은 학교, 직장, 군대, 사회단체 등에서 다양한 유형의 조직에 가입하여 활동한다. 뿐만 아니라 개인은 조직을 통한 활동으로부터 자신의 역량을 키워나가기도 한다. 개인은 조직을 위해 의무를 수행하며, 조직은 개인에게 지위와 역할에 따라 합당한 보상을 한다. 조직은 개인에 의해 운영됨과 동시에 개인들의 제반 생활에 적지 않게 영향을 미치고 있다. 이처럼 조직이 개인의 생활에 영향을 미치는 정도는 시민의 참여가 강조됨에 따라 앞으로 계속 확대될 것으로 예상된다. 결국 사회복지실천가가 접하는 클라이언트를 비롯하여 모든 개인에 관한 이해는 그 개인이 소속하고 있는 조직을 염두에 두고 이루어질 필요가 있다.

② 조직화 기술의 토대로서의 조직

조직화는 지역사회 실천방법의 한 기술이면서 다른 사회복지실천방법의 공조기술로서 그 중요성을 강조하지 않을 수 없다. 특히 지역사회실천은 지역사회주민의 조직화를 중심으로 이루어지기 때문에(최옥채, 2001) 조직화 기술은 사회복지실천가가 갖추어야 할 중요한 기초기술 중 하나라 할 수 있다. 예컨대 지역사회의 욕구나 문제를 해결하기 위해 사회복지실천가는 먼저 지역사회주민을 조직화해야 하며, 지역사회의 유용한 자원을 한층 효과·효율적으로 활용하기 위해 조직화는 필수적이다. 이 조직화 기술은 조직을 토대로 형성되기 때문에 사회복지실천가는 조직화 기술을 익히기 위해 먼저 조직을 충분히 이해해야 한다.

③ 자원으로서 조직과 지역사회

사회복지실천에서 조직은 자원으로 활용된다는 점에서 중요한 의미를 갖는다. 사회복지실천에서 동원되는 자원은 개인, 단체, 기관 등에 의한 근로, 물품, 현금 등으로 구체화할 수 있다. 여기에서 단체는 대체로 조직의 성격을 띠고 있어 사회복지실천은 조직으로부터 특정 유형의 자원을 지원받게 되며, 특별히 단체가 근로봉사로 사회복지실천에 참여했다면 한 조직을 자원으로 활용한 셈이 된다. 또한 사회복지실천가는 조직의 성향과 특성을 충분히 숙지해야 할 뿐만 아니라 조직을 보다 효과·효율적으로 활용할 수 있도록 조직의 운영방법을 터득하고 있어야 한다.

한편 지역사회는 사회복지실천의 중요한 자원으로서 깊은 의미를 지닌다. 물론 지역사회 자체가 순수하게 사회복지실천을 위한 자원으로 존재하는 것은 아니다. 지역사회는 욕구나 문제를 지니고 있는 집합체이며 아울러 사회복지실천의 중요한 자원을 보유하고 있다. 그러므로 사회복지실천가가 지역사회에

산재해 있는 주요 자원을 효과·효율적으로 발굴하고 동원하기 위해서는 지역사회를 중시할 수밖에 없다. 사회복지실천에서 필요로 하는 주요 자원은 인적 자원과 물적 자원으로 요약할 수 있는데, 이들 자원을 지역사회의 개인, 기관, 조직, 단체 등이 가지고 있기 때문에 지역사회는 사회복지실천의 자원으로서 이해되어야 한다.

④ 클라이언트로서 지역사회

유기체로서 욕구나 문제를 지니는 지역사회가 사회복지실천의 클라이언트가 되는 것은 당연하다. 이는 지역사회를 곧 주민으로 간주하기 때문이다. 따라서 지역사회는 보다 안정된 상태를 유지하기 위해, 혹은 긍정적 변화를 꾀하기 위해 욕구를 가진다. 뿐만 아니라 제때에 해결되지 못한 지역사회의 욕구는 문제의 상황으로 번지게 된다. 이들 지역사회의 욕구나 문제는 사회복지실천의 전문지식과 기술 그리고 경험을 갖춘 사회복지실천가의 개입을 필요로 한다. 그러므로 사회복지실천가가 개인 클라이언트를 철저히 이해해야 하듯 지역사회에 관해서도 일정한 틀에 의해 치밀하게 이해한 후 합당한 방법으로 지역사회의 변화를 위해 개입해야 한다. 특히 사회복지실천가는 지역사회가 사회복지실천의 클라이언트라는 측면에서 지역사회의 구성요소, 특성, 유형 등을 철저히 이해할 필요가 있다.

⑤ 사회복지실천의 장으로서 지역사회

지역사회는 사회복지실천의 장(場)으로서 중요한 의미를 갖는다. 사회복지실천은 클라이언트와 사회복지실천가, 그리고 참여자(자원봉사자, 후원자, 관련인)가 함께 어우러져 이루어진다. 예컨대 부적응 청소년을 위한 프로그램에 사회복지기관의 사회복지실천가를 비롯하여 대학생들이 자원봉사자로 참여하고, 이 프로그램을 위해 재정지원기관(공동모금회, 지방자치단체, 기업 등)이 후원하고, 부적응 청소년의 부모와 이들 청소년이 학교 등 여러 관련 기관과 개인이 참여한다. 이들 개인과 기관의 활동이 전적으로 지역사회 안에서 이루어지기 때문에 사회복지실천에서 지역사회는 중요한 의미를 갖게 된다.

특히 사회복지실천현장에서 장애인, 어르신 등을 위한 장기적이고 다양한 서비스가 강조됨에 따라 다종다수의 기관과 개인의 참여가 불가피한 상황이 확대되고 있다. 사회복지실천가의 개인적 활동 못지않게 유용한 자원을 중심으로 사회연계망(social network)을 구축하여 활동하는 것도 사회복지실천가에게는 중요한 과제로 대두되고 있다. 이런 맥락에서 "지역사회가 사회연계망으로서 함의를 갖는다"(Schriver, 1995 : 460 재인용)는 주장과 일맥상통한다. 즉, 친척, 친구, 이웃 등으로 만들어진 사회연계망은 클라이언트를 위해 정서·관계적 자원을 제공함으로써 지역사회의 일부로 작용하고 있다.

03
PART

인간발달과 사회복지실천

인간의 발달단계 구분은 학자마다 정의와 기준이 다양하다. 대표적으로 프로이트(Freud)의 심리성적 발달단계, 에릭슨(Erikson)의 심리사회적 발달단계, 피아제(Piaget)의 인지발달단계, 베르거(Berger)의 인생과정단계 등이 있다. 이 책에서는 기존 학자들이 제시한 발달단계와 연령을 기본으로 하여 분류하고자 한다. 즉, 태아기, 영유아기, 학령전기, 아동기, 청소년기, 청년기, 장년기, 노년기로 발달단계를 구분한다.

〈표〉 인간의 발달단계

태아기	영유아기(嬰乳兒期)		학령전기	아동기	청소년기	청년기	장년기	노년기
	영아기	걸음마기						
출생 전	출생 ~1.5/2세	1.5/2세 ~4세	4~6세	6/7~ 12세	12/13~ 18/19세	19~34세	35~65세	65세 이상

인간발달단계는 개인차와 단계의 연속성, 지속성 등의 발달 특성을 기본으로 한다. 에릭슨은 인간의 삶은 신체적 체계, 자아체계, 그리고 사회적체계의 주요 체계로 이루어진다고 보고, 이의 접근방법에 따라 인간발달은 출생에서 사망에 이르기까지 신체적·심리적·사회적 차원으로 나뉘며, 이 세 가지 차원의 상호작용이 인간발달의 토대를 이룬다고 본다.

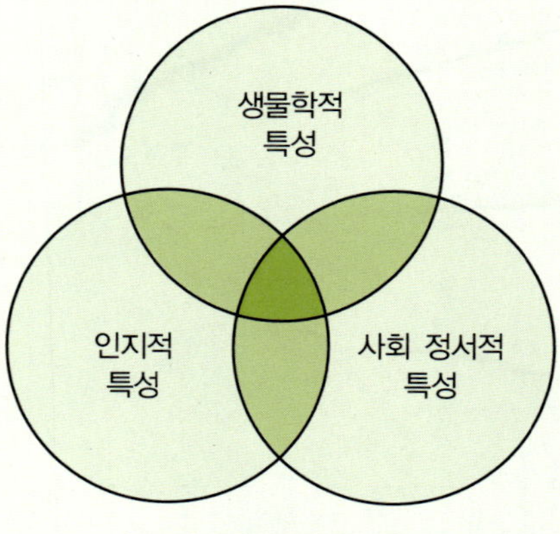

|그림| 인간발달적 변화

전 생애 인간발달의 이해는 사회복지실천가가 사회복지실천을 위한 개입에서 클라이언트에 대한 구체적인 이해를 돕기 위한 것이다. 우선 전 생애 인간발달의 단계별 발달 특성을 살펴보고, 발달단계에서의 요구되는 과업을 살펴봄으로써 사회복지실천현장에서 개입 시 클라이언트에 대한 이해를 돕는 지식을 제공하고자 한다.

Chapter 10

인간의 성장과 발달 : 태아기, 영유아기, 학령전기

학습목표

1. 태아기의 특징과 발달의 영향요인을 이해한다.
2. 영유아기의 신체적 발달, 인지적 발달, 사회·정서적 발달을 이해한다.
3. 태아기, 영유아기, 학령전기의 사회복지실천의 주요 과제들을 이해한다.

생각할 과제

1. 태아의 발달과정에 대해 설명해 봅시다.
2. 태아기의 유전적 요인으로 인한 발달장애에 대해 설명해 봅시다.
3. 생명의 소중함과 임신기간 중 검사에 대해 설명해 봅시다.
4. 낙태와 베이비박스에 대한 사례를 수집·분석해 보고, 이에 대해 토론해 봅시다.
5. 영아기 시기의 인지발달, 신체발달, 반사활동, 지각 특성을 종합하여 설명해 봅시다.
6. 걸음마기의 자기중심성을 설명하고, 사례를 분석해 봅시다.

인간의 발달과정 중 출생 후 6세까지는 신체·심리·사회적 측면에 급격한 변화가 일어나는 시기이다. 이 장에서는 수정되는 순간부터 출생 전까지의 태아기, 출생 후 4세까지의 영유아기, 4세에서 6세의 학령전기로 구분하여 인간의 발달과정을 살펴보고자 한다.

1. 발달과정과 발달과제

1) 태아기

태아기는 난자와 정자 두 배우체가 결합하여 하나의 수정란(접합체)이 형성된 순간부터 출생 전까지의 시기이다. 태아기의 평균 기간은 266일(약 38주)로 대부분의 태아는 34~40주 사이에 태어난다.

태아의 발달과정은 인간의 모습을 갖추어 가는 과정에 초점을 맞춰 발생기(first trimester : 2주), 배아기(second trimester : 3~8주), 태아기(third trimester : 9주~출생)의 3단계로 나누기도 하고, 3개월씩 구분하여 임신기간별로 태아의 발달을 설명하기도 한다. 이 기간에 성장하는 유기체를 태아라고 한다(이소희 외, 2004).

(1) 태아의 발달과정

① 발생기

이 시기는 수정이 된 순간부터 10일 내지 14일의 약 2주간이다. 정착기 · 배아 전 시기 · 배란기라고 하며, 이 시기에 수정란은 빠른 세포분열과 함께 자궁벽에 착상하여 포배낭을 형성한다. 수정된 지 3일 정도 후에 배포(blastula)라 불리는 분열된 세포의 작은 덩어리가 나팔관을 나와 자궁에 착상한다. 착상되지 않은 배포는 다음번 월경 주기에 노폐물과 함께 떨어져 나온다. 발생기의 수정란 중 약 58% 정도는 착상이 안 되어 자연 유산된다(이소희 외, 2005).

② 배아기

이 시기는 수정 2주부터 약 8주 사이를 말하며, 이때부터 배포를 배아(embryo)라 한다. 배아기는 인간의 성장 과정 중 성장률이 가장 높은 시기로 주요 신체 계통과 기관으로 빠르게 분화 · 성장하며, 일생 중에서 성장률이 가장 크다. 이 시기는 각별한 산모의 주의가 필요하다. 특히 얼굴 특징이 분명하게 나타남으로써 맹인, 언청이, 사지결손 등의 유전적 결함을 확인할 수 있으며,

배아기 말경 소변 검사나 혈액 검사 등을 통해 임신 사실을 확인할 수 있다.

③ **태아기**

이 시기는 수정 8주에서 출생까지로, 성장하는 유기체를 태아라고 한다. |그림 10-1|의 태아는 외형적으로 완전한 인간의 모습을 갖추게 되며, 각 기관 체계와 사지, 근육이 기능하게 되어 생존에 필요한 모든 체계와 기능을 획득하게 된다.

12주가 지나면 태아의 성(性)이 결정되며, 양수 속에서 움직이고 양수를 마시기도 하고 소변을 보기도 한다. 20주가 되면 태아가 움직이므로 산모는 태동을 느끼게 되며 심장박동까지 들을 수 있다. 24주가 되면 태아는 호흡하는 듯한 동작을 하고 딸꾹질을 하며, 소리에 대해 반응하고 일정한 주기로 잠자기와 깨기를 반복한다. 28주에 태아는 눈을 뜨고 감으며 손가락을 빨기도 한다. 태아는 머리가 다른 신체 부분보다 무거워 자궁 안에서 머리를 숙이는 자세를 취한다.

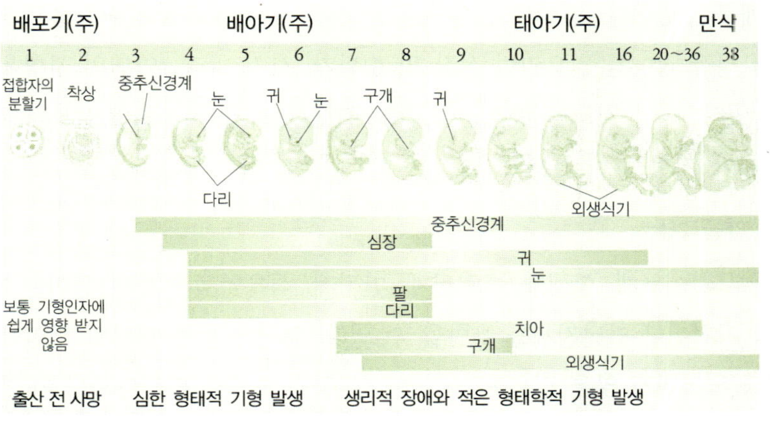

출처 : 한국기독교부모교육연구회(2005). 성경적 태교. 경기 : 양서원, p. 134.

|그림 10-1| 태내발달의 결정적 시기

(2) 태아의 발달에 영향을 미치는 요인

① 유전적 요인의 영향

유전적 요인에 의해 나타나는 발달장애는 터너(Turner) 증후군, 클라인휄터(Klinefelter) 증후군, X염색체 결함 증후군(XXY, XXX), 다운(Down) 증후군, 혈우병 등이 있다(권중돈 외, 2007).

유전적 요인에 의한 발달장애를 조기 예방하기 위한 검사로 부모의 가족력 조사, 임신 14~16주 양수검사, 융모막검사 등이 있다.

② 환경적 요인의 영향

(가) 흡연과 음주

흡연하는 임산부는 흡연하지 않는 임산부에 비해 유산하거나 사산할 가능성이 28% 정도 더 높다. 태아는 만성적 산소부족 증상을 보이며, 두개골이 작거나 저체중아를 출산할 확률이 높다(손병덕 외, 2007). 출생 후에도 발달상의 장애와 지체를 수반하는데, 특히 중앙신경계통의 미성숙으로 지능발달이 지체되거나 장애를 수반한다. 임산부가 음주를 할 경우 태아 알코올 증후군을 초래하여 태아의 성장 장애를 일으키며 심장 및 순환기, 사지, 두부, 안면의 기형을 일으킬 수 있다. 태아 알코올 증후군을 갖고 출생한 아기들은 출생 시부터 체중이 적고 태아 기형을 나타내기도 한다.

(나) 약물복용

임산부의 이뇨제, 항생제, 호르몬제, 안정제, 식욕억제제 등의 섭취는 태아의 선천성 기형이나 발달지체를 유발할 수 있다. 임신 사실을 모르고 피임약을 복용한 경우 그렇지 않은 경우보다 염색체 이상을 보이는 비율이 높으며, 항생제는 청각 결함, 아스피린은 혈관장애를 일으킬 수 있다. 임신 전후에는 의사의 진단이 아니고는 어떠한 약도 복용하지 않도록 주의해야 한다.

(다) 영양상태

출산 전 3개월은 태아가 완전한 크기의 신생아가 되고 급속한 발달을 하는 시기로 모체의 영양상태는 태아발달에 영향을 미친다. 영양 불균형의 어머니에게 태어난 아동은 심각한 중추신경 장애나 신체적 기형이 될 가능성이 높다.

(라) 임산부의 정서 상태

임산부의 장기적 스트레스나 흥분상태는 태아에게 직접적인 영향을 미친다. 태어난 신생아는 발달이 느리고 허약하며, 이상행동을 나타내는 경우가 있다.

(마) 임산부의 분만횟수

첫 출산 시에는 자궁과 태반 간의 혈액흐름의 속도가 느리기 때문에 출산합병증이 상대적으로 많은 것이 일반적이다. 산모의 내분비계가 완전히 회복되는 데 약 4년 정도 걸리므로, 건강한 태내환경을 고려하여 둘째아이 출산의 시기를 조절하는 것이 좋다.

(바) 아버지의 영향 요인

남성의 흡연은 정자의 수와 생산능력의 감소를 초래하며, 뇌수종, 안면마비, 뇌암, 임파종, 백혈병에 걸릴 위험성을 높인다. 하루 두 병 이상의 맥주를 마신 경우 태아의 체중이 평균치에 비해 적게 나가며, 아버지 연령이 20세 이하이거나 55세 이상인 경우에는 다운 증후군의 위험이 급격히 증가한다.

2) 영아기

영아기는 출생부터 만 1.5세 혹은 2세까지의 시기이다. 프로이트의 구강기, 에릭슨의 유아기, 피아제의 감각운동기에 해당한다. 이 시기는 부모와 가까운 보호자의 전적인 지지와 안정적인 보육을 통해 성숙된 성인으로 성장하는 기초가 된다.

① 신체적 발달

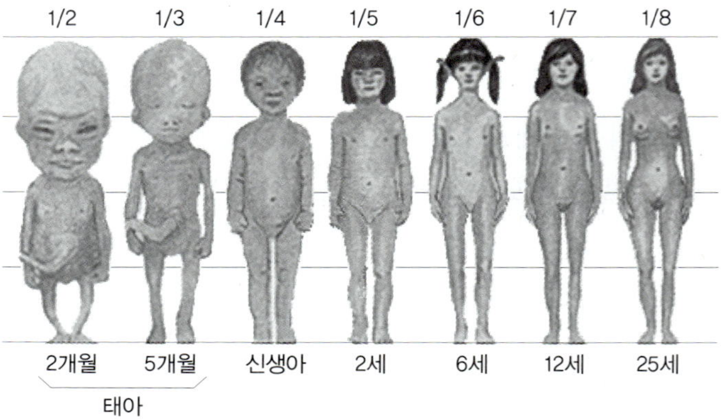

출처 : John W. Santrock, Anne Mackenzie-R., & Kwon Ho Leung, T. M.(2003), p. 120.

|그림 10-2| 인간의 신체적 성장 발달단계

영아기의 특징은 빠른 신체적 성장이다. 건강한 영아의 경우 신장은 1년 동안 1.5배, 체중은 3배 정도, 2세 무렵이 되면 체중은 출생 시 체중의 4배 증가한다. 신생아의 몸무게는 약 2.4~4.5kg, 키는 약 45~55cm이다. 여아가 남아에 비해 몸무게와 키가 약간 작은 경향이 있다.

신생아의 신체 특징은 가슴둘레보다 머리둘레가 더 크며, |그림 10-2|와 같이 머리둘레 비율이 점차 작아진다. 골격은 출생 시 두개골에 갖고 있던 대천문과 소천문이 생후 약 9~12개월 사이에 닫히게 되며, 점차 모든 뼈가 경화(硬貨)되기 시작한다.

개인차는 있지만 대부분 영아는 이르면 생후 약 10개월경부터 걸음마를 시작하게 된다. 일단 걸음을 떼게 되면 영아는 무수한 반복연습에 의해 조만간 능숙하게 걷게 되고, 짧은 거리도 걷지 않고 뛰게 된다. 그러므로 영아기와 걸음마 유아기에는 신체발달이 능숙하고 원활하게 되도록 각종 대근육 활동을 하도록 한다.

감각기능은 보고, 듣고, 느끼고, 맛보고, 냄새 맡는 오감각의 발달을 의미한다. 지각은 감각 기제를 통해 우리 인체에 들어오는 모든 정보를 자동적으로

걸러서 사고체계로 전달해 주는 기능이다. |그림 10-3|과 같이 빛에 눈을 감는 반사, 눈 깜박이기, 하품, 재채기 등의 자기보호적인 생존 반사는 성장해도 지속되지만, 바빈스키 반사, 파악 반사, 모로 반사 등은 생후 6개월경에 자연적으로 사라진다(양옥승 외, 2002).

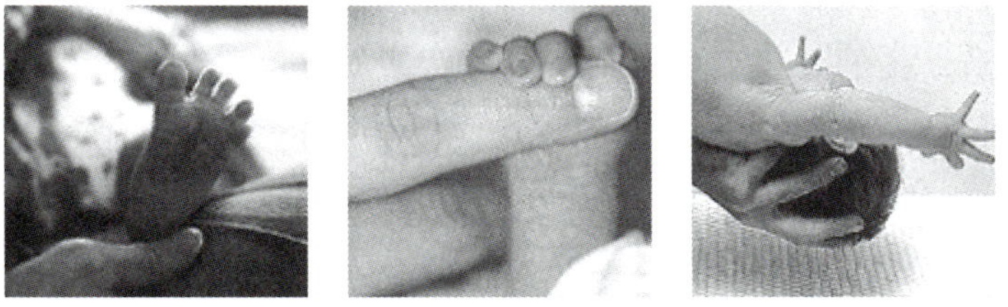

바빈스키 반사　　　파악 반사　　　모로 반사

출처 : John W. Santrock, Anne Mackenzie-R., & Kwon Ho Leung, T. M.(2003), p. 133.

|그림 10-3| 영아의 행동 반사 : 바빈스키, 파악, 모로

〈표 10-1〉 영아기의 행동반사

반사 이름	행동 특성	사라지는 시기
바빈스키 반사 (Babinski reflex)	발바닥을 간질이면 발가락을 부채모양으로 편 후 다시 오므린다.	6~9개월
파악 반사 (Grasping reflex)	손바닥에 무엇이 닿으면 손가락을 오므린다.	3~4개월
모로 반사 (Moro reflex)	놀라기 반사(startle reflex)라고 한다. 큰소리나 충격을 받았을 때 양팔을 활모양으로 벌리고 등을 구부린다.	3개월
빨기 반사 (Sucking reflex)	손가락이나 물체 등 무엇이든 빨려고 한다.	9개월
목강직 반사 (Tonic neck reflex)	눕혀놓았을 때, 머리를 한쪽으로 돌리고 팔과 다리를 한쪽으로 뻗으며 반대편 팔, 다리는 구부린다.	2~3개월
다아윈 반사 (Darwinian reflex)	양손을 잡아주면 선 자세로 일어날 수 있을 정도로 세게 주먹을 쥔다.	2~3개월

② **인지적 발달**

피아제의 인지발달의 감각운동기에 해당한다. 이 시기는 영아가 감각기관과 운동기능을 통해 세상을 인식한다. 즉, 영아가 기억하고 이해하는 것은 자신이 직접 보고, 듣고, 느낀 것에 의존한다.

(가) 대상영속성

대상영속성의 개념은 인지발달단계와 병행하여 발달하는데, 이 개념을 획득하기 위해서는 자신이 주변 세계와 분리된 독립된 존재라는 사고를 할 수 있어야 한다. 영아의 사고력이 유의미하게 나타나는 증거로 대상영속성이 발달한다.

이러한 대상영속성은 어떤 사물이 눈앞에 보이지 않아도 여전히 존재한다는 것을 아는 것을 말한다. 생후 9~10개월 정도부터 대상영속성 개념이 조금씩 형성되어 만 2세가 되면 완전히 확립된다. |그림 10-4|와 같이 물체가 눈앞에서 사라져도 그 물체는 여전히 그곳에 있는 것을 아는 능력이 바로 대상영속성이다. 생후 8개월까지의 영아는 눈앞에서 인형을 칸막이로 막아서 보지 못하게 하면 이를 찾아내지 못하지만, 생후 12개월 이후가 되면 칸막이를 넘어뜨리거나 뒤로 가서 숨긴 인형을 찾아낸다. 이 능력을 획득하면 영아는 양육자가 자기 눈에 보이지 않아도 필요할 때는 자기에게 와서 자기를 도와줄 것이라는 점을 인식한다. 영아와 걸음마기 유아는 자신의 주변 환경을 탐색하면서 사고력을 발달시키는데, 이 행동반경이 넓어지면서 사고력도 발달하게 된다.

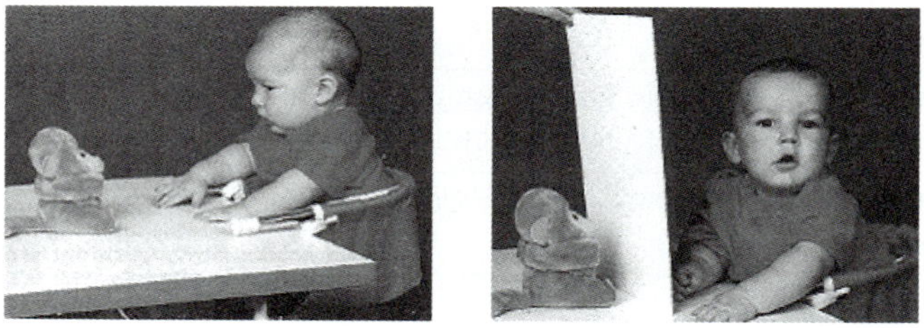

출처 : John W. Santrock, Anne Mackenzie-R., & Kwon Ho Leung, T. M.(2003), p. 151.

|그림 10-4| 유아기의 대상영속성

(나) 정신적(상징적) 표상

피아제에 의하면 정신적으로 대상을 표상(representation)하는 것은 눈앞에 없는 사물이나 사건들을 정신세계에서 그려내고 머릿속에서 먼저 생각하고 행동하는 것이다. 자연모방은 행동을 정신적으로 표상하는 능력과 그것을 표현하는 능력을 필요로 한다.

(다) 언어발달

언어발달의 첫 단계는 울음이다. 출생 후 약 1개월까지 분화되지 않은 반사적 울음을 울다가 점차 우는 이유를 알 수 있는 분화된 울음으로 바뀐다. 울음은 아기가 자신의 욕구를 표현할 수 있는 유일한 의사소통 수단이다.

생후 4개월이 되면서 영아는 옹알이를 시작하고, 생후 1년이 되면 유의미한 단어를 말할 수 있게 된다. 1년 반이 지나면, 두 단어를 결합한 의사표현이 가능하고, 2세경이 되면 어휘 수가 증가하여 250~300개의 단어를 이해하며, 명사와 적은 수의 형용사도 사용한다. 개인차에 따라 말을 잘 하는 아이는 양육자와 여러 가지 사항에 대해 끊임없이 대화를 나누면서 자신의 사고력을 키우게 되고, 말 표현이 미숙한 아이도 양육자의 격려에 따라 자신의 어휘력과 의사소통을 키우도록 해주어야 한다.

③ 사회 · 정서적 발달

(가) 정서발달

정서(emotion)발달은 성격발달의 기초로 신생아도 기쁨이나 슬픔 같은 기본 정서를 가지고 태어나지만 그것은 덜 분화된 상태이며, 연령이 증가함에 따라 점차 분화된 2차 정서를 나타낸다.

태어날 때 쾌(快)와 불쾌(不快)의 상태였던 정서는 생후 5, 6개월이 지나면서 다양한 감정으로 분화된다. 쾌의 감정은 즐거움, 기쁨, 환호, 애정, 호기심 등의 정서로 분화되고, 불쾌의 감정은 슬픔, 분노, 두려움, 공포, 질투 등의 정서로 분화된다.

④ 애착

영아기에 발생하는 가장 중요한 형태의 사회적 발달이 애착이다. 애착이란 영아와 양육자 간에 형성되는 친밀한 정서적 유대감을 말한다. 애착은 종족을 보존하기 위해 주위 환경에 적응하는 데 필요한 요소로서 애정이나 사랑과 같은 긍정적 정서의 의미를 지닌다. <표 10-2>의 영아기에 형성된 애착은 이후 인지·정서·사회성 발달에 중요한 영향을 미친다. 애착이론에 따르면 양육자와 안정애착을 형성한 영아는 양육자를 중심으로 자신의 주변 환경 탐색 반경을 넓히고 능동적이고 활발하게 탐색활동을 하기 때문에 사고력 및 제반 영역의 발달에 긍정적인 영향을 미친다.

불안정애착이나 회피애착을 형성한 영아는 자신의 정서를 억제하고 제대로 표출할 줄 모르며 양육자와의 기본적 신뢰감이 부족하기 때문에 환경에 대한 활발한 탐색이 잘 이루어지지 않고 이에 따라 이후 발달에 부정적인 영향을 미치게 된다(1급사회복지사기본서, 2014).

〈표 10-2〉 뉴만과 뉴만의 애착발달 5단계

단 계	연 령	특 징
1	출생~3개월	빨기, 젖찾기, 웃기, 쥐기, 눈으로 따라하기 등을 사용하여 주양육자와 가까움을 유지하려고 한다.
2	3~6개월	낯가림이 시작되는 시기, 애착형성의 결정적 시기로 낯선 사람보다 친밀한 사람들에게 반응을 더 보낸다.
3	6~9개월	애착의 대상에게 신체적 접촉을 한다.
4	9~12개월	애착의 대상에게 내부적 표상을 형성한다.
5	12개월 이후	애착 대상에게 영향을 줄 행동들을 한다.

출처 : 1급사회복지사기본서(2014), p. 289.

3) 태아기, 영아기와 사회복지실천

영아기는 신체 발달이 급격히 이루어지는 시기이므로 운동, 감각 및 지각 발달과업을 체크하고 지원하는 사회복지실천이 필요하다.

첫째, 신체의 발달 문제이다. 선천성 질병과 장애, 영아가 유전적 또는 출산 과정상의 문제로 인하여 신체 내부 기관의 결손 및 결함, 그리고 신체적 장애를 가지고 있는 경우에는 조기 치료와 교육, 재활 훈련을 받을 수 있는 기회를 제공한다(김동배 · 권중돈, 2003). 또한 발달장애 부모와 가족에 대한 지지체계(support system)를 제공하여 지원한다.

둘째, 운동 발달 지체의 문제이다. 영아가 머리 들기, 앉기, 서기, 걷기 등에서 발달지체를 겪는 경우 외부 세계에 대한 호기심과 자발적 탐색이 이루어지지 못하게 되므로 다른 영역의 발달, 즉 언어 · 인지 · 사회 · 정서 문제를 야기할 수 있다. 이 경우에는 부모와의 상담을 통하여 영아의 발달 상태를 평가하고 필요시에는 의학적 진료를 받을 수 있도록 의뢰하는 절차가 필요하다.

셋째, 감각과 지각의 발달 문제이다. 영아의 경우 감각을 통하여 양육자와 접촉하고 애착 관계를 형성해 나가기 때문에 감각 및 지각 기능의 장애는 신체 발달뿐 아니라 사회정서적 발달에도 부정적 영향을 미친다. 영아가 정밀한 의학적 진단과 치료를 받을 수 있도록 하고, 부모에게 필요한 교육과 상담이 필요하다(이인정 · 최혜경, 1995).

한편 최근 영아 돌연사로 인한 사회문제와 새롭게 영아기 증후군이 증가하고 있다. 영아돌연사증후군(SIDS : Sudden Infant Death Syndrome)이란 겉으로는 건강해 보이던 영아가 갑자기 죽는 것을 말하며, 뇌의 호흡 순환 조절 기능이 불완전한 데서 발생된 것인지 단일 원인에 의한 것인지 등을 포함하여 그 원인을 아직까지 규명하지 못하고 있다. 이를 예방하기 위해서는 임신 중에 영양 섭취를 충분히 하고, 산모가 임신 중에 담배를 피우지 말아야 하며, 아기를 바로 눕히거나 옆으로 재우고, 모유수유와 예방접종을 철저하게 하는 것이 필요하다(www.gnhc.go.kr).

2. 걸음마기

일반적으로 걸음마기(2~4세)부터 학령전기(4~7세)의 시기를 유아기라고 한다. 이 절에서의 걸음마기는 2세에서부터 4세까지이며, 프로이트의 항문기, 에릭슨의 초기 아동기, 피아제의 전조작기 초기로 본다. 이 시기는 꾸준한 신체발달과 인지적 발달이 빠른 속도로 이루어지는 특징이 있다.

1) 신체적 발달

걸음마기는 영아기의 신체적 발달의 속도만큼 빠르지 않지만 꾸준한 성장을 보인다. |그림 10-2|의 신체 발달은 머리 부분에 집중되나 점차 신체의 하부로 확산되며 신체 비율의 변화가 생긴다. 또한 이 시기는 신체발육의 결정적 시기이다. 따라서 양육자의 충분한 영양공급, 규칙적인 생활습관, 사고와 질병의 보호가 필요하다(예 탈북청소년의 발육 저조). 또한 운동능력이 정교화되는 시기이므로 이에 대한 학습기회와 동기부여, 적절한 지도가 요구된다. |그림 10-5|의 영아의 대근육을 사용하는 달리기, 기어오르기, 던지기 등의 발달을 성취하게 되고, 혼자 옷을 입을 수도 있게 된다.

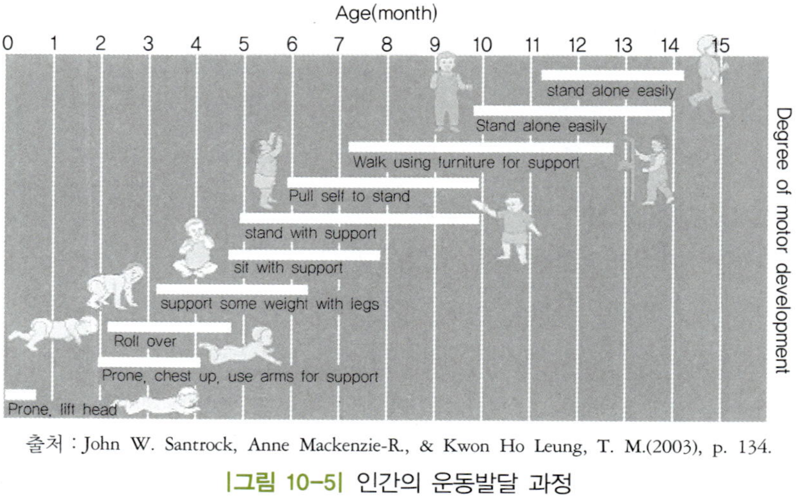

출처 : John W. Santrock, Anne Mackenzie-R., & Kwon Ho Leung, T. M.(2003), p. 134.

|그림 10-5| 인간의 운동발달 과정

2) 인지적 발달

(1) 사고발달

걸음마기의 인지발달은 피아제의 전조작적 사고단계 중에서도 전개념적 사고단계에 해당한다. 걸음마기의 유아는 <표 10－3>의 영아기에 발달한 도식(圖式)을 내적 표상(表象)으로 전환하는 시기로 사물을 상징화할 수 있으나 이를 내면화시키는 과정에서 성숙한 개념을 발달시키지는 못한다. 이 시기는 상징적 사고, 자기중심적 사고, 물활론적 사고, 인공론적 사고 등의 특징이 있다.

〈표 10-3〉 걸음마기 유아의 사고의 특징

걸음마기 사고	사고의 특징	예
상징적 사고	－여러 형태의 상징으로 표현 －감각운동기 말에 시작되어 전조작기에 주를 이룸 －가상놀이 가능	전쟁놀이 만화영화놀이
자기중심적 사고	－타인의 입장을 생각하지 못함 －이기적인 것과는 다름	－
물활론적 사고	－생명이 없는 사물이나 대상에 생명을 부여	인형놀이
인공론적 사고	－사물이나 현상은 목적에 맞게 만들어진 것	－

(2) 언어발달

걸음마기 유아의 언어적 특징은 자기중심적인 언어를 사용한다는 것이며, 주로 질문에 관한 대화가 많다. 이를 통해 배우고 정보를 얻고 집중하며, 사회적 경험을 습득한다(배효선, 2002; 임은희, 2005).

언어발달은 대부분 모방과 학습에 의해 이루어지기 때문에 가정에서 접촉하는 사람들의 말, 표정, 학습태도 등이 중요한 요인이 된다. 언어 발달을 위해 음악놀이나 모방하는 훈련을 시킨다. 예를 들어, 탬버린처럼 다루기 쉬운 악기로 훈련하거나 노래 부르기와 노래를 모방하는 훈련을 한다.

3) 사회 · 정서적 발달

(1) 자아발달

대상영속성이 확립된 2세 이후의 유아는 어머니와의 격리에 심한 불안을 보이지 않으며, 자기의 몸을 하나의 독립체로 인식할 수 있고 스스로 조절할 수 있다는 자기 인식을 한다. 유아의 자율적인 행동에 대해 부모나 다른 사람으로부터 칭찬과 지지가 자아발달에 도움이 된다. 반면 벌이나 금지를 당하는 경우 수치심과 의심을 갖게 되어 자아발달에 부정적인 영향을 미친다.

(2) 성취감과 자존감의 발달

걸음마기 유아는 스스로 대소변을 가리고, 혼자 먹을 수 있게 되며, 옷을 입고 벗는 등 자조기능을 획득하게 되고, 자신의 욕구에 따라 하고 싶은 것을 성취하면서 적극적이고 정서적인 안정을 토대로 자존감을 발달시키게 된다. 양육자는 유아가 무언가를 시도하려고 할 때 스스로 문제해결방법을 찾아 시도해 보도록 격려해 주고, 문제가 해결되지 못했을 때 유아가 좌절하거나 포기하는 대신 새로운 대안을 찾아 노력하는 부모코칭이 효과적이다.

(3) 표현행동의 발달

걸음마기 유아는 자신이 느끼는 정서가 더욱 분화되며, 이에 따라 정서표현도 더욱 분명해진다. 유아기 초에는 온몸으로 분노를 표현하기 때문에 발작적인 몸부림이나 격렬한 울음 등의 방법을 사용하다가 점차 상대방에게 공격을 가하여 분노를 표현하는 행동으로 변화한다. 양육자가 유아의 정서표현에 민감하게 반응해 주지 않으면 유아는 점차 정서표현에 서툴게 되며 표현행동 발달에 어려움이 생긴다.

(4) 대인관계의 발달

걸음마기 유아가 최초로 맺게 되는 사회적 관계는 부모와의 관계이다. 점차

가정에서 외부세계로의 주의 전환을 통해 자기중심적인 자아로부터 친구, 즉 타인을 알게 되는 시기이다. 이 시기에 집단 활동은 사회적 행동의 성숙은 물론이고, 성격 형성에 중요한 요소가 된다. 그러므로 부모는 걸음마기 유아가 친구들과 원만한 관계를 유지하도록 격려함으로써, 사회·정서발달 중 대인관계의 형성을 도와야 한다.

4) 걸음마기와 사회복지실천

첫째, 걸음마기 유아의 영양 불균형 및 결핍은 또래들보다 신체적 성장이 지연되고, 운동능력이 뒤떨어지게 됨으로써 사회적 상호작용에서 고립될 가능성이 높아진다. 또한 적절한 시기에 영양섭취는 성인기의 신체적 발달에도 영향을 미치므로, 효과적인 영양을 공급할 수 있도록 안내해야 한다.

아울러 심리적 장애를 예방하기 위해서는 양육자를 대상으로 하여 유아와 신체적 접촉을 유지, 외부환경에 대한 유아의 자발적 환경 제공, 유아의 과잉보호에 대한 문제들을 부모교육에 포함하여 실시하는 것이 필요하다.

둘째, 양육자의 과잉보호로 인한 운동발달의 문제이다. 양육자인 부모의 과잉보호로 인하여 옷 입기, 수저 사용하기 등의 부분 운동능력이 미발달하는 유아들이 늘고 있다. 이들을 위해 유아를 대상으로 한 일상생활 동작능력 훈련 프로그램과 유아의 자발적 환경 탐색을 조장해 줄 수 있는 가족분위기 조성 방법에 대한 정보를 제공할 필요가 있다.

셋째, 유아의 과잉행동 및 주의집중 장애와 공격성은 사회·정서적 관계 발달을 저해한다. 따라서 전문상담 및 치료기관에서 유아를 진단하고 과잉행동을 억제하고 주의집중시간을 늘릴 수 있는 임상적 개입을 할 필요가 있다. 특히 물리적 방법에 의한 유아의 훈육은 사회성 발달을 저해할 뿐만 아니라 오히려 공격성을 증진시키며, 경우에 따라서는 유아에 대한 신체적 학대 문제로까지 옮겨갈 가능성이 있다. 따라서 부모역할훈련 프로그램(예 부모코칭 등)을 개발하고, 학대 및 방임가족에 대해서는 적절한 서비스 제공과 필요한 경우 아동복지 전문기관에 의뢰하도록 한다.

3. 학령전기(Preschool Childhood)

학령전기는 만 4~6세의 시기로 프로이트의 남근기에 해당하고, 에릭슨의 3단계인 주도성 대 죄책감, 피아제의 전조작기, 콜버그의 도덕성 발달단계의 제1수준 1단계(주관화－복종과 처벌지향)에 속한다.

이 시기에는 유치원에 입학하는 등 생활환경이 확대됨으로써 보다 복잡한 사회적 영향을 받는다. 또래집단과의 접촉을 통하여 사회적 기술을 본격적으로 습득하고 사물에 대한 호기심이 증가하며, 직관적 사고 능력이 발달하게 된다.

1) 신체적 발달

학령전기 유아의 신체적 성장은 이전 단계보다 성장률이 다소 늦지만, 만 5세경의 신장은 출생 시의 2배, 체중은 출생 시의 5배 이상이 된다. 치아는 5세경부터 유치가 영구치로 바뀌고, 수면 시간도 점점 줄어 9시간 정도 잠을 잔다.

이 시기는 체지방이 감소하여 젖살이 빠져 날씬한 체형을 갖게 된다. 근육과 골격이 강해지고, 신경세포가 성숙해지며, 공놀이를 할 수 있는 큰 근육 운동과 미세한 근육 운동 기술이 발달한다. 또한 혼자서 일상생활능력인 칫솔질, 손 닦기, 옷 입고 벗기를 하며, 자신의 몸을 이용한 운동, 즉 달리기, 줄넘기, 자전거, 수영 등의 운동을 좋아한다.

2) 인지적 발달

피아제는 이 시기를 전조작적 사고단계 중에서 직관적 사고단계라고 하였다. 이 시기의 유아는 여러 사물과 사건을 표상하기 위하여 많은 개념들을 형성하지만, 아직까지는 불완전한 분류능력, 전도추리, 불가역성 그리고 자기중심성의 사고 특징을 보인다(권중돈 · 김동배, 2008).

첫째, 학령전기의 유아는 수와 종류는 알지만 상위개념과 하위개념을 완전히 구분하지 못한다. 둘째, 사물이나 사건의 개별적 특성만을 고려한 사고를 한다. 셋째, 전체 상황 중에서 하나의 차원이나 측면에만 주의를 기울인다. 넷째, 논리나 사건은 원래 상태로 돌려놓을 수 없다고 본다. 다섯째, 타인의 관점과 역할을 고려하기보다는, 자신의 입장에서 세계를 지각하는 자아중심적 사고와 자기중심적 언어를 사용한다. 여섯째, 정신적 조작능력이 부족하기 때문에 사고는 논리적이기보다는 직관적이다. 일곱째, 말하는 능력이 빠른 향상을 보이고, 그림 그리거나 글을 읽고 쓰는 법을 배운다. 여덟째, 놀이와 상상의 세계에 몰두하며, 놀이를 통하여 자신의 감정을 표현한다. 이를 통해 사회적인 역할을 배우고, 문제를 해결하는 방법을 학습한다.

3) 사회 · 정서적 발달

(1) 도덕성 발달

콜버그에 따르면 걸음마기와 학령전기의 유아는 전인습적 도덕기 수준에 해당한다. 걸음마기부터 학령전기의 유아는 타율적 도덕성에 의존하여 도덕적 판단을 내린다. 규칙은 반드시 지켜야 하는 것이며, 행동이 옳고 그름을 자신이 입게 되는 손해의 양이나 처벌 여부에 따라 판단하는 경향이 있다.

(2) 정서발달

학령전기의 유아는 분노, 공포, 기쁨, 질투, 애정 등의 분화된 감정을 표현하며, 충동이나 사회적 요구 간에 균형을 유지할 수 있는 방법을 배우게 된다. 또한 모든 현상에 대해 호기심을 갖게 되며, 이러한 호기심을 강력하게 제지하게 되면 죄책감이 형성된다. 죄책감은 특정한 대상이나 상황에 대한 불합리한 공포로 발전되는 경우가 많은데, 학령전기의 유아는 어둠, 사람, 동물에 대한 공포감을 갖는 경우가 있다(권중돈 · 김동배, 2008).

(3) 사회적 관점 수용능력

학령전기 유아의 타인의 관점을 수용할 수 있는 사회적 관점 수용능력의 발달과 나타난다. 즉, 타인의 입장, 관점, 사고, 감정을 추론하고 감정이입적으로 타인의 감정을 이해하는 능력인 사회적 관점 수용능력에 따라 발달수준이 결정된다. 셀만(Selman)의 발달단계에 의하면 이 시기는 타인의 관점이 자신과 유사하거나 차이가 있다는 것은 인지하지만, 객관적으로 해결하지 못하는 특징이 있다고 하였다(권중돈 · 김동배, 2008).

(4) 자아개념 형성

학령전기의 유아는 자신의 신체적 특징을 알게 되면서 신체적 자아인식을 갖게 되며, 자아개념이 형성된다. 자아개념은 한 인간이 가진 고유한 속성과 그 사람이 속한 세계의 속성, 그리고 그 사람과 환경 간의 상호작용을 반영한다고 볼 수 있다.

즉, 삶의 모든 단계에서 환경에 존재하는 주요한 사람들과의 상호작용을 통해서 자아에 대한 사고와 개념이 형성되며, 변형된다(류종훈, 2005). 유아기에는 부모와 교사 등의 영향(칭찬과 격려)으로 유아의 긍정적 자아개념 혹은 부정적 자아개념이 형성되고 나타날 수 있다.

(5) 초기 우정 발달

학령전기에는 걸음마기에 비해 또래친구와의 집단놀이를 좋아한다. 이러한 과정에서 유아는 협동과 상호작용의 쾌락을 경험하고 역할관계의 상호성을 학습하게 된다. 하지만 아직까지 자아중심 성향이 남아 있기 때문에 학령전기에 형성한 또래와의 우정은 오래 유지되기 어렵고, 극단적인 좌절감을 유발하기도 한다(권중돈 · 김동배, 2008). 지속적인 우정은 학령전기의 경험을 토대로 아동기에 이르러 더욱 발달하는 경향이 있다.

(6) 성역할 학습

학령전기에는 성역할 사회화가 이루어지는데, 자신과 다른 성의 성역할에 대한 인식이 생기며 전체적인 자아 개념에 자신의 성을 연결시키게 된다. 이 시기의 유아는 자신의 성과 그에 맞는 행동 및 사회적 관계에 관심을 가지며, 동성의 친구들과 어울리며 성에 따르는 옷차림, 놀이, 직업에 대한 사회적 기대를 의식하고 이를 모방한다(류종훈, 2005).

이 시기에는 성(sexuality)에 대하여 관심을 보이고 부모와 어른에게 질문을 하는 소위 '오이디푸스 콤플렉스'와 '엘렉트라 콤플렉스'가 생기는 시기이다. 이러한 부모와의 삼각관계는 부모의 원만한 결혼 생활을 관찰하여 남아는 아버지를, 여아는 어머니를 동일시하며, 5~6세가 되면 자연스럽게 이를 학습하게 된다.

4) 학령전기와 사회복지실천

첫째, 신체발달 문제이다. 학령전기의 유아의 근이완증 등과 같이 신체적 장애문제뿐만 아니라 언어장애, 수면장애, 야뇨증 등의 장애에 관심을 기울일 필요가 있다. 예방 차원에서 치명적 장애를 초래할 수 있는 질병을 진단하고 치료할 수 있도록 필요한 정보와 자원을 제공하는 것이다. 기관은 지역사회 네트워크를 통해 시기의 적절성에 따라 전문적인 지원이 필요하다. 보육시설이나 육아시설에서는 유아들에 대한 정기적 진단을 통하여 신체적 발달 상태를 확인하고 전염성 질환의 발생을 예방해야 한다.

둘째, 인지적 발달 문제이다. 학령전기는 사실상의 인지교육이 실시되는 첫 단계라 할 수 있다. 따라서 이 시기의 유아는 유치원이나 보육시설에서 적절한 인지교육을 받을 필요가 있다. 정부를 비롯한 사회복지 관련 기관에서는 유아의 발달단계별 적시성을 고려한 교육지원 및 보육시설 확충에 노력을 기울여야 할 것이다. 한편 학령전기 유아는 타율적 도덕기준에 입각하여 자신이 행한 행동의 옳고 그름을 평가하는 특성이 있으므로 부모나 이들을 가르치거나 보호하는 유아교사의 태도가 매우 중요하다. 유아의 눈높이와 상황에 적절한 도덕성 발달을 지원하여야 한다.

셋째, 심리정서 발달의 문제이다. 초기의 사회적 관심을 수용하는 단계인 학령전기 유아에게 환경에 대한 호기심을 억압함으로써 죄책감을 갖게 하여 유치원이나 교사 등에 대해 공포심을 유발해서는 안 된다. 사회복지실천가는 유아의 불안과 공포를 감정이입적으로 이해하며, 심한 불안, 공포증이 있는 경우 유아와 그 부모를 대상으로 부모코칭이나 부모상담을 실시하여 이의 해결을 지원함으로써 유아의 건전한 정서 발달을 지원하여야 할 것이다.

넷째, 사회적 발달의 문제이다. 학령전기 유아는 아직 사회적 관점 수용능력이 낮고 엄격한 성역할 기준을 타인에게 요구하기 때문에 대인관계에서 많은 갈등을 일으킬 수 있다(권중돈・김동배, 2008). 때문에 타인에 대한 감정이입적 이해와 성역할 기준의 융통성을 부여하기 위해서는 적절한 놀이지도와 부모상담 및 코치가 필요하다. 사회복지사는 학령전기 유아의 발달 특성에 따른 초기 사정이 가능한 지식과 실천기술을 갖추고 있어야 한다.

Chapter 11

인간의 성장과 발달 : 아동기

학습목표

1. 아동기의 특징과 발달의 영향요인을 이해한다.
2. 아동기의 신체적 발달, 인지적 발달, 사회·정서적 발달을 이해한다.
3. 아동기 사회복지실천의 주요 과제들을 이해한다.

생각할 과제

1. 아동기의 특징과 사회적 발달에 대해 설명해 봅시다.
2. 아동기의 프로이트(잠복기), 피아제(구체적 조작기), 에릭슨(근면성 대 열등감) 이론과 연결하여 설명해 봅시다.
3. 아동학대의 최근 사례를 토대로 토론해 봅시다.

아동기는 6, 7~12세까지로 조직적인 학습생활로 들어가는 초등학교 입학시기부터 초등학교를 졸업하는 시기를 말하며, 학령기라고도 한다. 프로이트의 잠복기와 생식기 초기, 에릭슨의 근면성 대 열등감의 시기로서 자아의 성장이 주요 발달과업이다. 이 시기의 아동은 조직적인 학습생활을 시작하며, 자신이 속한 사회(학교, 또래집단 등)에서 자신의 능력을 자발적으로 시험하고 시도하려는 경향이 있다(도미향 외, 2006). 이런 과정에서 자아의 성장이 확실해지기 때문에 아동이 자신감을 갖고 발달과업을 성취할 수 있도록 긍정적인 관심과 지지가 필요하다.

1. 발달과정과 발달과제

1) 신체적 발달

아동기는 신체적 성장과 발달이 비교적 완만하게 진행되는 시기이며, 신체 각 부위의 비율에 균형이 생기는 시기이다. 아동은 꾸준히 신장의 증가를 보여 초등학교 1학년에 평균 신장 116cm에서 6학년에 이르면 평균 신장이 145~148cm에 이른다. 근래 영양섭취 등 각종 환경 요인의 개선으로 아동의 평균 신장은 점차 늘어나는 추세이다. 체중은 6세경에 평균 체중이 약 20~21kg이던 것이 12세경에는 36~39kg 정도로 늘어난다. 신체적 성숙은 초등학교 입학 시기에는 남아가 여아보다 신체적 성숙이 더 빠르지만 11~12세경에 여아의 신체적 성숙이 남아에 비하여 더 빠르다. 이는 신체적 급성장이 이루어지는 사춘기가 남아보다 여아에게서 약 2년 정도 먼저 시작되는 것과도 관련된다.

(1) 신체발달

아동기는 머리가 신장 전체에서 차지하는 비율이 점차 줄어들지만 아직도 머리는 다소 큰 편이다. 머리둘레는 성인의 95%에까지 이른다. 또한 치아의 경우 유아기 말기부터 영구치가 나기 시작하면서 이갈이를 하게 된다. 영구치는 총 32개로 이갈이가 이루어지는 시기에는 철저한 구강위생과 치과 치료가 요구된다. 아동기 말기가 되면, 빠른 경우 4학년 때 아동은 사춘기(puberty)를 맞게 된다. 남아이든 여아이든 사춘기의 신체적 변화는 호르몬의 급격한 변화를 동반한다(권중돈 · 김동배, 2008).

(2) 운동능력의 발달

아동기에는 운동능력에 있어 새로운 발달이 이루어진다기보다 이전에 획득된 운동기술이나 근육들의 협응이 발달한다. 달리기, 구르기 등 대근육 활동에서부터 손으로 작업하는 각종 소근육 활동에 이르기까지 다양한 활동에서 여러 가지 기능이 세련되고 정교해진다. 아동기에 남아는 여아보다 각종 신체활동에 참여할 기회가 더 많기 때문에 이 시기 이후 남아는 여아보다 운동발달이 더 촉진되는 경향이 있다. 아동기에는 자신의 신체반응 능력에 대한 자신감이 더욱 생기기 때문에 아동들은 걷기보다는 뛰어다니고, 활동의 반경도 커지게 된다(1급사회복지사연구회, 2008; 이소희 외, 2004). 이는 아동기의 자아존중감 형성의 발달과 성격발달과도 밀접한 관련이 있다.

2) 인지적 발달

(1) 인지발달

아동기는 피아제의 구체적 조작기와 형식적 조작기 초기에 해당하는 시기이다. 아동기가 되면 유아기의 자아중심성을 벗어나 논리적인 사고가 가능해진다. 이 시기는 학교에 입학하여 3R(읽기 reading, 쓰기 writing, 셈하기 arithmetic) 기능을 익히는 때이기도 하다. 이러한 이유로 학자들은 이 시기를 심리적 갈등이 별로 노출되지 않고 학교생활에 열중하는 근면성실의 시기라 불렀다.

아동은 학업에 필요한 각종 논리적 사고력, 유목화 능력, 서열화 능력 등이 획득된다. 아동의 논리적 사고는 여전히 연역적, 추리적 사고나 형식논리보다는 귀납적, 구체적인 사고의 특징을 보인다.

아동기는 보존기술(conservation skill), 분류기술(classification skill), 조합기술(combination skill)이 점차 발달한다.

- 보존기술 : 물체의 형태가 바뀌어도 양·부피 등의 물리적 부분은 변하지 않고 유지된다. 동일성, 가역성, 보상성의 원리 이해가 필요하다.

  예 주스병을 보여주고 A에게 긴 컵에 주스를 주고, B에게 폭 넓고 길이가 짧은 컵에 주스를 줄 때, 보존기술을 획득한 아동은 컵에 따른 주스의 양이 같음을 인식한다.

- 분류기술 : 대상의 공통적 특성 혹은 요소에 따라 분류하고 통합하는 능력이며, 위계적 방식으로 하위집단으로 나열하여 새로운 집단으로 재분류하

는 능력이다.

예 여러 명의 친구들을 A, B, C 집단으로 구분할 수 있다.

- 조합기술 : 수를 조작하는 능력이다. 일정한 수의 사물이 있을 경우 형태를 바꾸거나 펼치든 혹은 모으든지 같은 수라는 것을 이해하는 능력이다.

예 더하기, 곱하기, 나누기와 같은 셈을 할 수 있다.

이와 같은 인지발달은 읽기, 쓰기, 셈하기 등의 기본적인 학습이 가능하게 하며, 창의성 발달에 밀접하다. 이를 통해 스토리텔링이나 놀이활동을 할 수 있게 된다.

(2) 지능발달

지능은 각 개인의 행동이 목적을 갖고 있으며, 합리적으로 사고하고 능률적으로 환경에 대처하는 총체적 능력을 의미한다. 이러한 지능의 발달은 불변관과 변화관의 입장이 있다. 즉, 지능이 유전에 의해 영향을 받는다는 불변관과 지능이 환경적 자극에 의해 변화한다는 변화관이다.

특히 환경요인 중에서도 가정환경, 학교환경, 친구환경, 놀이환경 등은 아동의 지능발달에 영향을 미치는 요소들이다. 많은 이들이 유전 이외의 환경적 요인이 지능발달에 미치는 영향이 지대하다는 것에 동의한다.

그러나 지능발달의 결정적 시기와 지능발달의 한계에 대해서도 학자마다 다양한 의견이 있다. 일치하는 점은 아동기와 청소년기에는 지능이 정적인 발달을 하는 데 결정적 시기라는 것이다(권중돈, 2005).

(3) 언어발달

언어발달의 유능성은 주로 아동기에 이루어진다. 아동기에는 학교를 통한 공식교육이 이루어지며, 이의 결과로 문자언어, 발표력과 문법력, 독해력의 발달이 빠르게 진행된다.

아동기의 어휘력이 급속히 발달하면서 어휘의 양도 풍부해지고, 같은 어휘가 발음상의 차이에 따라 서로 다른 의미를 나타낸다는 점을 이해한다. 그리고 기억력이나 주의력이 향상됨에 따라 보유하는 어휘 수의 증가와 언어표현력도 증가하게 되며, 아동 웅변대회나 말하기 대회에서와 같이 동일한 하나의 주제에 대해서 오랫동안 대화를 나눌 수 있게 된다.

아동기는 논리적 사고가 가능해지는 시기이기 때문에 아동은 각종 지각정보를 스스로 논리적인 방식으로 구성할 수 있다.

(4) 정서발달

학령전기로부터 아동기에 걸쳐 아동은 자신의 감정을 다루는 것을 배우며, 기초적인 인격이 형성된다(이근홍, 2007). 이 시기의 아동은 즐거움, 사랑, 분노, 공포, 질투, 실패 등의 여러 가지 감정을 다루게 되고, 개인의 욕구와 사회적 요구 간에 균형을 맞추게 된다.

아동기는 비교적 정서적으로 안정된 시기로서, 정서적 혼란이나 흥분은 비교적 적은 편이다. 아동기에는 정서적 통제와 분화된 정서표현이 가능해진다. 또한 자신의 감정을 적절하게 표현하는 방법도 배우게 되며, 정서적 표현에 대한 사회적 규범을 학습하게 된다(권중돈 · 김동배, 2008).

3) 사회 · 정서적 발달

아동기에는 사회적 관계의 장이 가족에서부터 이웃과 학교로까지 확대된다. 이 시기에 아동은 학교나 이웃의 또래 친구들과의 횡적인 대인관계 속에서 집단생활의 규범을 준수하고, 상호 협력하며, 자신의 욕구를 통제할 수 있는 기본적인 사회적 기술과 태도를 학습하게 된다(이소희 외, 2004).

(1) 성역할에 대한 인식

성역할(sexuality)은 사회적 성에서 요구되는 행동양식을 말한다. 학령전기에 인식이 시작된 성역할은 아동기에 보다 구체화되며, 자신의 성역할에 대한 인식이 생기고, 자신의 성(sex)을 자아개념 형성에 연관시키게 된다.

이 시기에 성역할에 대한 인식이 아동의 발달에 중요성을 갖는 것은 양성의 특성과 역할을 받아들이고 행동함으로써 통합적이고 성숙한 인격을 형성할 수 있는 기초를 형성하기 때문이다.

아동이 자신의 성에 맞는 역할기대를 학습하고, 이에 맞추어 행동을 추구해 나가다 보면 점차적으로 성역할 기준을 자신의 행동과 친구들의 행동에 적용하기 시작한다(권중돈 · 김동배, 2008). 즉, 성역할의 기준이란 남자와 여자의 적합한 행동양식에 대한 문화적 기준을 말하며, 아동은 성장 환경에 따라 여성다움과 남성다움의 성역할 고정관념을 갖게 된다. 아동기의 성역할 고정관념은 아동의 성숙한 인격을 발달하는 데 장애가 된다. 융의 양성성(androgyny)은 남성성과 여성성의 통합을 의미한다. 이 시기 아동은 성에 따른 강점을 학습하고 성장할 수 있어야 한다.

(2) 자기개념의 형성

인간관계가 부모로부터 친구, 선생님 등으로 넓어지면서 아동은 자기를 주장하게 된다. 자기의 존재를 자각하며 자아개념, 자존감, 도덕성 등이 발달한다(이근홍, 2007).

자아개념은 개인 자신의 것으로 동일시하는 개인적 특성에 대한 지각이나 느낌으로써 성장기 동안의 경험을 통해 형성되어 간다. 특히 아동기에는 학교에서의 성공이나 실패 경험이 자아개념 형성에 중요한 영향을 미친다. 학교에서의 성공과 그에 따른 긍정적 평가는 긍정적 자아상과 연결되며 학교에서의 실패와 그에 따른 교사, 부모, 친구의 부정적 평가는 부정적 자아개념을 형성하는데 결정적 작용을 한다(권중돈 · 김동배, 2008).

또한 아동기의 자아개념은 근면성과 열등감의 발달과 밀접한 관계를 갖는다. 아동이 새로운 것에 많은 호기심을 갖고 사회에서 필요한 기본적 기술을 열심히 익혀가는 그 과정에서 보상이나 칭찬은 근면성과 높은 수준의 자아개념을 형성하는 데 도움이 된다.

(3) 양심과 도덕성의 발달

아동기가 되면 도덕적 판단의 기준이 법과 사회의 질서 존중이라는 보다 객관화된 실체를 중심으로 이루어진다. 아동기에 양심과 도덕성이 건강하게 발달하는 데는 많은 시간이 필요하다. 성인과 마찬가지로 아동도 내외부의 여러 가지 욕구와 자극에 있기 때문이다. 그러므로 양육자는 아동에게 옳고 그른 일에 대한 기준을 강요하기보다는 아동이 스스로 내면적인 기준에 의해 옳은 일을 함으로써 자존감을 높일 수 있는 환경을 제공하여야 한다.

(4) 학교적응 및 또래 친구관계 형성

아동은 또래친구와의 관계를 통해서 상대방을 이해하고, 자기의 존재를 자각하여 '너'와 '나'의 관계를 인식하게 된다. 학교는 아동의 인지적 발달뿐 아니라 사회성 발달에도 영향을 준다.

학교에서 선생님의 영향은 아동의 사회화에 중요하다. 선생님의 보상과 처벌의 정당성과 강화물에 대한 고려가 필요하다. 선생님의 긍정적인 브상은 아동의 자아존중감 형성과 발달에 매우 많은 영향을 준다. 따라서 선생님은 아동의 기대목표와 현실상황의 차이(gap)를 줄여 가능한 한 목표를 달성할 수 있는 기회를 제공하는 장을 제공하도록 한다. 이의 경험은 아동의 성격이나 자아개념 형성에 중대한 영향을 미친다.

또한 학교는 가족과 직장 사이의 다리(bridge)의 기능을 한다. 학교생활은 아동들로 하여금 일반적인 사회적 규범을 익히도록 도와주며, 학교는 아동들에게 자주성과 성취의 중요성 또는 획일성과 같은 규범을 학습하는 경험의 장을 제공함으로써, 이 두 기관을 서로 연결해 주는 역할을 한다(이인정 · 최혜경, 2004).

아동기는 친구와 우정을 나누는 경험을 하게 된다. 이는 가족의 환경에 있던 아동이 학교라는 사회집단의 일원이 되면서 겪게 되는 새로운 경험이다. 친구와의 관계에서의 인정은 아동의 자아개념 형성에 중요한 역할을 한다. 또한 저학년의 아동은 동성의 친구와 친밀한 관계를 경험하며, 이는 후에 원만한 대인관계와 이성과의 친밀한 관계에 영향을 준다(권육상, 1998).

2. 아동기와 사회복지실천

첫째, 아동기의 학습장애는 언어를 이해하거나 사용에 있어 한 가지 이상의 장애가 있는 상태이다. 아동의 학습장애를 지원하는 프로그램과 가족에게는 지지와 정보 제공 및 네트워크 프로그램을 개발하여 제공해야 한다. 학습장애가 있는 학생의 학교생활 및 또래 친구관계에서 긍정적인 자아개념을 형성할 수 있는 다각적 지원이 요청된다(Zastrow & Kirst Ashman, 1997). 그리고 학교에서의 실패경험과 교사, 친구들로부터의 부정적 피드백으로 인한 부정적인 자기개념과 열등감이 생긴다. 아동이 긍정적인 자기개념을 형성할 수 있도록 상담, 치료 등을 다양하게 실시한다.

둘째, 경쟁적인 학력 위주와 순위 위주의 교육환경으로 인해 아동은 또래에서 획득하는 과업에서 소외될 수 있다. 예를 들어, 아동 우울증과 아동 학교폭력 등이 사회문제가 되고 있다. 아동이 또래 친구들과의 놀이와 친밀감을 경험하는 것이 정신적·신체적 건강을 증진시키는 활동이라는 패러다임의 전환이 필요하다. 학교교육 과정이나 가정에서 아동의 총체적인 성장발달을 고려한 교육 프로그램이 개발되어야 할 것이다.

또한 학교공포증은 학교와 관련한 심각한 공포로 인해 학교에 가기를 싫어하는 것을 말한다. 이러한 아동들은 두통, 복통, 고열 등의 신체증상과 친구와 학교에 대한 불만 등의 심리적 증상으로 나타난다. 아동이 학교생활에 있어서 적응상의 곤란과 장애를 지니고 있는 경우, 학생들의 문제해결과 욕구를 충족시키도록, 이들이 학교생활에 흥미를 느끼며, 최대한의 능력을 발휘할 수 있도록 학교사회사업 제도의 시행이 필요하다.

셋째, 아동권리국제협약에 의하면 아동은 유익한 대중매체를 접할 권리와 휴식, 오락을 포함한 문화 활동을 영위할 권리를 규정하고 있다. 학교 인근의 아동 유해 환경이 매우 많다. 컴퓨터게임과 성인 매체를 접한 아동의 모방 성폭력이 발생되기도 한다. 따라서 아동에게 보급되는 대중매체는 유익해야 하고 아동은 유해한 내용에서 보호되어야 한다. 이를 위해 아동에게 적절한 문화를 접할 수 있는 기회를 제공해야 할 것이다.

넷째, 아동기가 되면 타인을 비판, 조롱, 꾸짖는 등 특정 개인에게 공격성을 보이는데 이를 적대적 공격성이라 한다. 학령전기가 지나면 즉각적인 상황에 반응하는 거친 신체적 공격성은 줄어들고, 아동의 행동이 더 의도적·보복적 상징적으로 변화한다. 아동기의 공격행동은 양육자의 과잉관심 혹은 무관심에 대한 분노, 불공평한 대우 등으로 야기된다. 또한 친구집단에서의 의리, 약속을 어기는 행동, 거짓말, 자신에 대한 무능력감을 느끼거나 자신의 권리를 무시당하는 데 대해 갖는 분노 등이 공격행동을 유발한다. 양육자와 교육자는 아동의 무분별한 분노나 공격성의 표현에 대해 자기 자신이 건설적인 방법으로 극복하는 방법을 배울 수 있도록 도와주어야 한다(이소희 외, 2004).

다섯째, 장애아동 그리고 결식아동 또는 소년소녀가장 세대의 아동뿐만 아니라 가정 해체나 경제적 어려움 등으로 인해 시설에서 보호받고 있는 아동도 사회복지기관에서 도움을 주어야 하는 대상이다. 그리고 또래로부터 왕따를 경험하는 아동, 부모나 양육자로부터 학대를 당하고 있는 아동 모두 지역사회 기관과 전문가의 도움과 관심이 필요하다.

여섯째, 요보호아동 대상의 사회복지서비스는 아동의 역량강화, 역할 수정과 강화, 역할의 재조정과 강화가 포함된다. 이들의 환경에는 부모의 역할이 중요하다. 부모 자신 및 가족, 또는 아동양육과 관련된 주변의 상황적 여건으로 아동을 제대로 양육하기 어려울 때 국가 및 사회는 부모역할을 지원하게 된다. 그리고 지역아동센터 및 아동 대상의 기관, 그리고 전문가의 상담과 치료 외에 공공부조에 의한 각종 급여와 보험 방식에 의한 공보험 및 사보험 등이 있다.

일반적으로 아동학대는 '학대(abuse)'와 '방임(neglect)'을 포함한다. 전국에 아동보호전문기관이 개소되어 있어 아동학대를 신고하면 24시간 출동지원이 가능하다. 폭력 상황으로부터의 긴급(일시)보호, 위탁양육 프로그램, 입양이나 그룹홈, 상담 및 각종 치료 등의 방법이 있다. 학대받은 아동 및 부모의 복지를 위한 제1차 방어선의 기능은 부모의 양육 기능을 지지 강화하는 실천활동으로 문제 아동이나 행동장애 아동을 둔 부모를 대상으로 한 상담, 계부모나 자녀를 방임하거나 학대하는 부모를 위한 교육 등이 있다. 그리고 2차 방어선의 기능은 아동이 가정에서 그 부모와 함께 생활할 수 있는 있도록 보장하기 위해 사회가 부분적으로 양육 책임을 지는 것으로 보육서비스, 가정조성서비스 및 각종 연금과 보험에 의한 경제적 지원이 있다. 3차 방어선의 기능은 부모를 대신하여 사회가 아동의 생존권 및 생활권을 보장하는 것으로 가정위탁양육과 입양 및 시설에 의한 보호서비스를 들 수 있다(김동배 · 권중돈, 2008; 이근홍, 2008).

Chapter 12

인간의 성장과 발달 : 청소년기

학습목표

1. 청소년기의 특징과 발달의 영향요인을 이해한다.
2. 청소년기의 신체적 발달, 인지적 발달, 사회·정서적 발달을 이해한다.
3. 청소년기 사회복지실천의 주요 과제들을 이해한다.

생각할 과제

1. 청소년기의 특징과 사회적 발달에 대해 설명해 봅시다.
2. 청소년기의 자아정체감 형성이 중요한 이유는 무엇인지 설명해 봅시다.
3. 청소년기의 인지, 사회·정서, 신체적 발달 특징에 대해 설명해 봅시다.
4. 청소년기의 성(性)적인 발달 특성을 설명하고, 사례를 설명해 봅시다.

청소년기는 법률에서 규정하는 청소년기본법 9~24세, 청소년보호법에서는 만 19세 미만, 아동복지법에서는 18세 미만인 자로 보며, 아동기로부터 성인기로 전환하는 과도기(transitional period)이다. 이 교재에서는 만 12세 혹은 13세부터 고등학교를 졸업하는 18세 혹은 19세까지를 청소년이라고 본다. 2차 성특징과 같은 신체적 변화에 적응하며, 자아정체감, 가치관, 소속감, 이성관계 등을 형성·발달시킨다. 이 시기는 아동기가 끝나는 시기로 사춘기의 신체적 변화와 인지적 발달이 나타난다. 프로이트의 심리성적 발달단계 중 생식기(genital stage)이며 성적 에너지가 강력해지면서 오이디푸스 콤플렉스가 재등장하는 시기이다.

1. 발달과정과 발달과제

1) 신체적 발달

청소년기의 핵심적인 신체발달은 성적으로 성숙하는 사춘기(puberty)라는 현상으로 급속한 신체의 외형적 성장과 호르몬 변화에 따른 생식능력 획득이다(1급사회복지사기본서, 2014). 이 시기는 소화기, 폐, 심장 등 내부기관들의 기능이 완성되고, 2차 성징의 현상들이 나타난다. 2차 성징으로는 내분비선이 급속히 발달하여 남자나 여자 모두 골격이나 체형이 남자는 남자답게, 여자는 여자답게 완성되는 것을 볼 수 있다. 성 호르몬의 생성과 분비의 왕성함에 따라 남자는 음경의 확대, 전립선 발달, 사정능력이 완성되며, 여자는 가슴이 확대되고 자궁과 질의 성장이 완성되어 가임 여성으로서의 조건을 모두 갖추게 된다. 남자는 후두가 커지고 성대가 변하며 턱수염도 생긴다. 또한 골반에 비해 어깨가 넓어지며, 근육이 발달하여 남성다운 외모를 갖추고, 여자는 어깨가 좁고 골반이 넓어지며 피하지방이 발달하여 여성스러운 외모를 갖추게 된다(이근홍, 2006). 시각이나 청각도 20세 전후에 가장 예민하게 발달되며, 얼굴 윤곽도 변하면서 성인과 같은 모습으로 성숙한다. 신체적인 성숙의 속도는 개인 차이가 있다. 보통 성숙의 속도는 남자와 여자가 다른데 여자가 남자보다 2년 정도 더 빠르게 나타난다.

이러한 신체적인 발달로 인해 청소년기에는 여러 가지 혼란을 겪게 되는데, 급격한 신체변화에 대한 불안감을 느끼기도 하고, 신기해하며 즐거움의 감정을 갖기도 하면서 서로 다른 감정을 한꺼번에 겪으면서 혼란을 경험하기도 한다. 이와 같이 청소년기에 일어나는 급속한 신체적 변화는 청소년 자신이 성인에 가까움을 느끼며, 성역할에 대한 동일시를 강화하는 등 심리적으로 자아도취에 빠지는 경향이 있다.

안드로겐(androgen)은 주로 남성에게서 분비되고, 에스트로겐(estrogen)은 여성에게서 더 많이 분비된다. 안드로겐은 남성의 근육성장 및 체모, 기타 성적 특징들의 변화와 관계가 깊으며, 남성호르몬은 남학생의 감성을 자각하여 공격적 행동에 영향을 줄 수 있다. 또한 에스트로겐은 여성의 가슴, 자궁, 체형변화, 생리주기의 변화에도 영향을 미친다.

다음은 <표 12-1>은 청소년 전·후기 신체적 발달의 특징을 비교한 것이다.

〈표 12-1〉 남녀 청소년 전·후기의 기준 분류

기 준	남 자	여 자
청소년 전기	• 미성숙단계(9~12세) -사춘기에서 볼 수 있는 특징이 나타난다. • 성숙변화단계(13~17세) -음모가 발생하며, 색깔이 조금 짙어진다. -신장과 체중이 급속히 변화한다. -제2영구치가 나기 시작한다. -성기가 커지기 시작한다.	• 미성숙단계(9~12세) -사춘기에서 볼 수 있는 특징이 나타난다. • 성숙변화단계(12~16세) -음모와 체모가 발생하며, 색깔이 조금 짙어진다. -신장과 체중이 급속히 변화한다. -제2영구치가 나기 시작한다. -가슴모양에 변화가 있다. -월경이 시작된다.
청소년 후기	• 성숙단계(18~24세) -음모의 색깔이 짙어지고 꼬불꼬불해지며 풍부해진다. -턱수염이 발생한다. -신장과 체중의 급속한 성장이 정체되며, 거의 끝나간다. -제2영구치가 끝나간다. -후두가 커지며 성대가 변한다. -정액사출이 일어난다.	• 성숙단계(17~21세) -음모와 체모의 색깔이 짙어지고, 꼬불꼬불해진다. -신장과 체중의 변화가 끝나간다. -제2영구치가 끝나간다. -후두의 확대가 엿보인다. -골반이 커진다.

출처 : 김선아 외(2006) 재구성.

2) 인지적 발달

이 시기는 피아제의 형식적 조작기에 해당되며, 추상적 사고, 가설-연역적 추론, 조합적 사고, 모든 변수들의 관련성 파악, 가설설정과 미래사건 예측 가능 등이다. 사고방식에서 상상능력이 발달되고 논리적 사고가 가능하며, 경험이 없이도 인과관계를 추론할 수 있게 된다. 청소년의 자아중심성은 인지발달에 방해가 되기도 하는데, 자신의 감정과 욕구는 타인의 것과 비교될 수 없는 독특한 것이라고 생각하며 현실과는 다른 이상주의와 유토피아를 상상하기도 한다. 이러한 청소년기의 자아중심성은 사회적 경험에 의해 다른 사람과의 감정공유, 사회적 학습 등을 통하여 점차 줄어든다.

다음으로는 정서적 발달을 살펴볼 수 있는데, 낙관적·비관적, 자부심과 수치심 등의 양면적인 감정을 느끼게 되면서 고립감을 갖게 되어 감정의 기복이 심하다. 이 시기의 청소년들은 막연한 불안감, 고독감과 열등감, 성적 욕구에 대한 죄의식, 대인관계에서의 처신의 어려움과 같은 심리적 갈등을 겪게 되고 이유 없는 반항, 부모와 사회로부터의 독립 시도 등 다양하고 독특한 행동 양태를 보이기도 한다. 특히 감정표현이나 수용에 엄격한 청소년들은 자신의 감정 상태에 대해 수치심을 느끼고 표현을 지나치게 억제하여 사회적 고립이나 부적응 행동을 가져올 수 있다. 반대로 충동적이고 즉각적인 감정표현을 하는 청소년들은 비행의 위험이 쉽게 노출되어 있다. 이렇게 반복되는 비행은 스스로 통제하는 능력이 약화되어 비행을 증가시키거나 강도를 높일 수 있다.

청소년 후기에는 인지적 능력이 가장 높으며, 자아정체감이 확립되는 시기이다. 자아정체감의 형성은 아동기의 동일시의 경험에서 시작된다. 자아정체감이 확고한 사람은 개별성, 통합성, 지속성을 경험하게 되며, 이성과의 상호의존 능력이 높으며, 자신의 상실에 대한 두려움 없이 타인과 친밀한 관계를 맺을 수 있다. 정체감을 형성하는 데 있어서 특히 부모와의 관계가 중요한데, 부모에 대한 적대감 때문에 부모의 기대와는 정반대로 행동하려는 부정적 정체감(negative identity)을 형성하는 경우도 있다. 부모와의 자유로운 대화와 합리적인 통제가 있는 가정에서 성장한 자녀는 자주적이지만, 부모가 너무 제한적이거나 관용적인 경우 청소년은 부모로부터 가치체계를 분화할 능력을 방해받을 수 있다. 마르시아(Marcia)의 자아정체감의 구분과 범주는 다음과 같다(이근홍, 2006; 이윤로, 2006).

(1) 정체감 혼란(Identity Diffusion)

가장 미성숙한 상태로 청소년은 아직 정체감 형성을 위한 욕구를 경험하지 않는다. 즉, 아직 자신에 대한 의미 있는 대안을 탐색하지 않고 있다. 미래를 위한 가치나 계획, 태도를 형성하기 위해 어떤 노력도 기울이지 않는 상태이다.

(2) 정체감 유실(Identity Foreclosure)

청소년은 특별한 목적, 가치, 신념을 위해 노력한다. 그러나 이러한 것들은 주로 부모가 권위적으로 청소년에게 강요하는 것이다. 아직 청소년은 자신의 이상과 신념을 적절히 탐색할 기회를 갖지 못한다.

(3) 정체감 유예(Identity Moratorium)

청소년이 자신의 가치와 이상, 신념을 탐색하기 시작하는 상태로 정체감 형성에 대한 욕구를 경험하고 있다. 그러나 아직 적극적인 노력이 부재한 상태이다. 자신이 어떤 능력이 있고 자신에게 무엇이 적합한지 아직 결정하지 못한 상태이다.

(4) 정체감 성취(Identity Achievement)

자신의 이상이나 직업을 위한 강력한 노력을 기울임으로써 정체감 달성단계에 도달하여 자신의 욕구를 해결하고 있는 상태이다.

3) 사회 · 정서적 발달

청소년기는 가족으로부터 지지와 보호, 그리고 지도가 필요한 동시에 자기충족과 독립을 준비하는 단계이다. 사회적 발달로 대인관계를 들 수 있는데, 청소년의 대인관계 중에서 가장 중요한 것은 또래집단(동년배 관계) 관계이다. 청소년의 소년들은 중학교에 입학하게 되면서 학업, 동아리 활동, 이성교제, 취미활동 등 또래집단의 영향을 많이 받게 되는데, 이들은 아동기보다 더 조직적인 성격을 띠고 있으며, 그 구성원들이 서로 다른 환경과 다양한 배경을 지니고 있다.

또한 이 시기에는 가족으로부터 점점 멀어져 친구와 자기 자신에게 의존하려는 성향이 강해진다. 부모에게 반항하는 행동을 보이기도 하고, 자신이 속한 '또래집단'을 중요하게 여기기도 한다. 청소년들은 우정을 통하여 타인을 이해하고 사회적 기술을 획득하게 된다. 이와 같은 청소년기의 발달 특징을 모르는 부모는 논리적으로 따지고 싶어 하는 자녀의 욕구에 부응하지 못해 자녀와 의견충돌이 있을 수 있다. 그러나 부모는 자녀가 청소년 시기에 자신의 정체성과 의견, 부모로부터 독립된 개체로서의 역할을 발달시키고 있다는 사실을 알 필요가 있다.

이 시기에는 부모보다 또래로부터 지지와 이해를 필요로 하는데 이를 통해 사회성이 발달한다. 또래집단은 청소년에게 소속감과 연대감, 지지와 수용 등의 긍정적인 요인을 제공하고, 규범과 행동기준을 제공하며, 이를 준수했을 때 집단으로부터 지지와 인정을 받는다. 특히 남자들의 경우에는 또래집단에서 인정을 받고 싶어 하는 욕구가 강하고, 소속감을 추구한다.

2. 청소년기와 사회복지실천

청소년기는 인간의 발달단계 중 가장 예민하고 격동적이며 불안정한 단계로, 장래의 삶의 방향을 결정하는 중대한 시기라고 할 수 있다. 완전한 성인도, 아동도 아닌 상태에서 부모로부터는 심리적으로 독립해 자신에 대한 정체감을 형성하고 진로를 결정해야 해야 할 뿐 아니라, 사회가 요구하는 역할을 잘 수행해야 하는 과업에 대한 부담이 있다.

첫째, 청소년의 정서적 문제에 대한 실천이다. 청소년기의 정서적 특징은 격정적이고 일관성이 없으며, 막연하고 불안정하여 정서를 자극하는 대상도 성의 차이에 따라 달라질 뿐 아니라, 기쁨이나 슬픔, 노여움에 대해서도 민감하게 반응한다는 것이다. 특히 죽음이나 운명, 학교생활의 실패, 희망의 좌절, 부모와의 마찰, 죄의식 등 추상적인 것 등이 더욱 많아진다(임원희, 2005). 이러한 청소년기에 겪는 여러 정서적 문제들은 다양한 정신장애를 일으킬 가능성이 높으므로 정신분열증, 불안장애, 공포증, 우울증, 자살, 물질 남용 등이 있을 수 있다.

이런 문제들에 대해서 우리는 정신건강과 건전한 정서적 발달을 지원하여야 하고, 이를 위하여 개별상담과 스트레스 예방 및 관리 방법, 약물교육 및 치료 프로그램, 청소년 가족을 위한 가족치료 프로그램 등의 임상 프로그램을 개발하여 실시하여야 한다(임은희, 2005).

둘째, 청소년의 성상품화 노출에 의한 음란물 접촉이 많아지고 있다. 이성 관계에 대한 관심도가 가장 높은 시기로서 성문제에 대한 올바른 이해와 가치관형성을 위한 프로그램 실시, 성의 변화로 인한 심리적 불안을 해결하기 위한 상담 수행, 미혼부모문제와 성폭력문제에 대한 개입이 필요하다. 예를 들어, 정확한 성 관련 정보 제공, 성적 위험들(Sexual risks)로부터 예방 및 대처 방법 제공, 성에 대한 사적 관심의 객관화와 가치관 점검, 성적 의사결정과정 조력, 성에 대한 부정적인 감정 및 상처의 치유 등이 포함된다.

청소년 미혼부모는 발달과업의 성취 단계에서 결정적인 역기능을 초래할 수 있다. 이를 예방하고 지원할 수 있는 개입이 요구된다. 특히 상담을 통해 심리적 적응과 미래 생활 계획의 수립을 지원하고 성폭력 피해자 치료적 접근을 강화, 신체 및 심리적 상해를 치료해 주고 보호시설을 알선, 지속적 관리를 통해 사회 재적응 과정을 원조, 가해자에 대해서도 성폭력의 재발을 방지하고 정상적 사회생활을 할 수 있도록 임상적 개입이 필요하다(임은희, 2005).

셋째, 비행 청소년 문제에 대한 예방과 지원이 필요하다. 청소년의 가출, 성매매 등이 우리사회에 문제로 부각된다. 특히 비행 청소년은 자기중심적인 경향이 강할 뿐 아니라, 자기 생활에 적절히 적응하지 못하고 정서적 불안이 높다. 그리고 자아 통제력이 결여되어 있으며, 강한 정서적 반응으로 소외감과 공격성이 나타나며, 도덕적 수준의 미발달로 반항적이며 반사회적 행동을 정당화시키려는 경향이 나타난다.

청소년 비행을 예방하기 위해서는 비행에 대한 철저한 예방교육을 실시하여 문제행동과의 접촉을 사전에 차단해야 한다. 또한 청소년이 바람직한 자아와 가치관을 정립할 수 있도록 도와주어야 한다. 아울러 청소년이 긴장과 불안을 해소하고 신체적·정신적으로 건강을 유지할 수 있도록 건전한 청소년문화를 지원해야 한다. 청소년 비행의 예방은 청소년과 가족, 학교, 지역사회의 협업과 노력이 필요하다(이근홍, 2015).

넷째, 가족관계의 어려움과 성문제에 대한 지원이 필요하다. 청소년과 그 가족을 대상으로 가족관계 강화 프로그램을 개발하여 실시하고, 가족상담이나 가족치료를 보다 강화해 나가야 한다. 또한 청소년기에는 급격한 신체 변화에 많은 심리적 갈등을 겪게 된다. 청소년을 위한 신체 변화에 대한 이해를 위한 교육 프로그램, 식이요법 지도, 체형관리 프로그램 등의 개발을 실시함으로써 청소년의 건전한 신체발달을 지원할 필요가 있다.

다섯째, 사교육과 학교부적응 청소년 지원이 필요하다. 우리 사회에서는 일반적으로 청소년기의 최대 과업이 대학 진학인 것처럼 받아들여지고 있다. 그렇기 때문에 학생들은 학원이나 과외에 많이 시달리고 있으며, 신체적으로나 정신적으로 지치고 힘든 상태에 있다. 그리고 빈곤 청소년들은 학원이나 과외를 받지 못해 교육적인 이득을 얻지 못하는 경우가 생기기도 한다. 물론 이러한 현상은 바람직한 것은 아니지만 현재의 사회적 현실인 만큼 사회복지기관에서는 청소년들의 인지발달을 지원하고, 체육활동, 문화 예술활동, 자원봉사활동 등 여가 및 인성개발 프로그램을 개발하여 실시함으로써(권중돈·김동배, 2005), 청소년의 전인적 성장을 지원하여야 할 것이다.

여섯째, 교육부 통계에 따르면 2008년부터 2012년까지 매년 6만~7만 명에 달하는 청소년들이 학업을 중단하고 학교 밖으로 나가고 있다. 국가 및 지방자치단체는 학교 밖 청소년 지원을 위해 2015년 5월 29일부터 시행(학교 밖 청소년 지원에 관한 법률)함으로써, 청소년 인권의 사각지대에 대한 '학교 밖 청소년 지원센터'를 통해 학업 및 직업준비를 위한 심리상담, 1 : 1 학습멘토, 인터넷

강의, 검정고시 대비반, 진로캠프, 직업체험활동, 자격증 취득 등 청소년의 특성과 적성을 고려한 맞춤형 서비스를 제공, 학교 밖 청소년들이 꿈을 향해 나아갈 수 있도록 지원한다는 방침이다.

Chapter 13

인간의 성장과 발달 : 청년기

학습목표

1. 청년기의 특징과 발달의 영향요인을 이해한다.
2. 청년기의 신체적 발달, 인지적 발달, 사회・정서적 발달을 이해한다.
3. 청년기 사회복지실천의 주요 과제들을 이해한다.

생각할 과제

1. 청년기 사회・정서발달 특징(부모 독립, 직업준비와 선택, 결혼과 가족형성)에 대해 사례를 들어 설명해 봅시다.
2. 청년기의 성역할 정체감의 확립에 대해 사례를 들어 설명해 봅시다.
3. 에릭슨은 청년기 발달과업을 친밀감 대 고립감으로 보았다. 청년기의 사랑에 대해 설명해 봅시다.
4. 청년기의 주요 과업인 직업과 직업발달에 대해 설명해 봅시다.

청년기는 성인 초기라고도 한다. 보통 만 19~34세까지로 구분하며 이 시기에는 부모로부터 심리적으로 독립하기 시작하여 대학에 진학하거나 군 입대 혹은 직업 준비, 직업을 갖게 되거나 결혼 준비, 결혼을 하게 되는 등 다양한 역할 탐색과 선택을 하게 된다. 청년기를 결정하는 기준으로 신체적 성숙도로 볼 때는 성적 성숙이 이루어지는 시기, 그리고 심리적 성숙도를 기준으로 했을 때는 자아정체감(ego identity)이 확립되는 시기를 청년기로 본다(이소희 외, 2004).

1. 발달과정과 발달과제

1) 신체적 발달

인간의 신체적 성숙은 청년기에 거의 완성되는데 최상의 신체적 상태를 유지하며 전 생애에 있어서 근육과 내부 기관의 기능, 시각, 청각과 같은 감각기관, 활기와 힘, 건강이 최고의 수준에 달한다.

청년기의 성장과 발달 중 신장과 체중, 골격, 생식기관의 발달, 그리고 호르몬의 변화 등이 나타난 이러한 신체 변화는 모두 다 같은 성장 속도를 갖고 있는 것이 아니며 서로 다른 성장 속도를 나타내며 차이가 있다. 신체적 능력과 기술을 규칙적으로 사용하면 청년기 이후에도 기능이 지속된다(1급사회복지사기본서, 2014).

첫째, 신장과 체중, 간과 신장 등을 포함하는 일반 곡선은 처음에는 서서히 증가하다가 12세경에부터 청년기에 이르기까지 급격한 변화를 보인다. 이처럼 청년기의 급속한 신장과 체중의 변화를 청년기 성장급등이라 한다. 둘째, 생식기관의 성장곡선은 청년기에 극적인 성장을 보인다. 이와 같은 급속한 발달을 보이는 이유는 청년기에 급격히 증가하는 성호르몬 때문이다. 셋째, 두뇌 곡선은 뇌, 눈, 귀 등의 발달을 포함하는데, 이 부분은 신체의 어느 부분보다도 일찍 성장하여 아동기를 거치면서 거의 발달이 완성된다. 이것은 머리 부분이 몸통이나 사지보다 일찍 발달한다는 발달 원칙의 영향 때문이다. 넷째, 아데노이드, 림프노이드 등의 파성 조직 곡선은 매우 독특한 양상을 보이는데, 이것은 청년기 이전에 절정에 도달하여 성인발달의 거의 두 배에 도달하였다가 청년기에 이르면 증가하는 성호르몬의 영향을 받아 급격히 감소한다(정옥분, 1998).

2) 인지적 발달

청년기의 인지발달에 대해서는 학자들 간에 합의된 바가 없다. 피아제는 청소년기에 형식적 조작 사고가 발달한 이후에는 인지발달이 거의 이루어지지 않는 것으로 보는 반면, 일부 학자들은 그 이후에도 인지발달은 지속적으로 이루어진다고 하였다. 최근 인지 능력은 기억, 반응 시간, 추리, 창의성에서 각각 다르게 나타나며 기계적 암기나 지적 과제의 수행 속도 등은 10대 후반에 가장 뛰어나지만, 판단, 추론, 창의적 사고 등은 전 생애를 통하여 발달하는 것으로 알려져 있다(이인정, 1999; 1급사회복지사기본서, 2014).

청년기의 인지발달은 피아제 이론에서는 감각운동기, 전조작기, 구체적 조작기, 형식적 조작기의 4단계 중 마지막 단계인 형식적 조작기에 해당된다. 청년은 구체적 사고에서 벗어나 추상적 사고가 가능한 형식적 사고를 할 수 있으며 자신의 견해뿐 아니라 타인의 견해에서 자신을 보고 평가할 수 있게 된다. 이 시기의 사고 특성으로는 추상적 사고, 가설적 · 연역적 사고, 체계적이고 조합적 사고, 은유적 의미를 이해할 수 있게 된다.

3) 사회 · 정서적 발달

(1) 부모로부터 독립

청년기는 자아정체감의 확립과 자율성의 발달, 부모로부터 독립이 주요 발달과제 중 하나이다. 그러나 청년기에 부모로부터 분리 · 독립하여 자율성을 찾는 과정에서 대부분의 청년들은 부모로부터 독립에 대한 갈망과 부모로부터 분리되는 것에 대한 양가감정(ambivalence)을 갖게 된다. 부모는 청년기 자녀의 양가감정을 최소화하고 자율성 획득을 지원하기 위하여 자녀들에게 부과하던 금지나 제한을 줄이고 가족의사결정에 자녀의 참여를 격려하고 자녀를 독립된 개인으로 인정하는 등 긍정적인 지지와 기회를 제공 하도록 한다.

(2) 직업준비와 직업선택

청년기에 성취해야 할 가장 중요한 발달과업은 직업을 선택하고 이에 따른 준비를 하는 것이다. 청년기에는 직업 선택에 따라 성인기의 삶의 방식이 결정되기 때문에 직업선택을 신중히 하고 자신이 원하는 직업을 갖기 위해 노력해야 한다. 직업을 선택하고 준비하는 과정을 직업발달이라고 하며, 이 과정은 개인의 특성과 직업적 현실과의 조화 속에서 형성된다(이소희 외 2004).

직업 선택을 위해서는 정보와 직장의 비전을 설정하고, 자신의 성격, 적성, 능력에 대한 이해를 바탕으로 한 직업선택이 필수이다. 직업선택 시 평가해야 할 것은 자신이 수행할 직무의 특징과 직무에 따른 역할, 그리고 직장의 비전이 자신의 가치와 일치하는지를 점검하고, 직장동료와 협동과 경쟁의 조화를 이룰 수 있는지와 리더십을 발휘할 수 있는지를 확인하는 것이다.

(3) 결혼과 가족형성

결혼은 성인남녀가 법적 · 사회적으로 자신들의 결합을 인정받는 것이다. 결혼은 자신이 태어나서 성장한 가족을 떠난 배우자와 새로운 가족을 형성하는 것이다. 이를 통해 가족 내외의 새로운 인간관계를 확대하며, 새로운 역할과 지위가 부여된다. 결혼의 의미는 시대와 역사에 따라 변화하여 왔다. 오늘날은 부부간의 애정과 동반자 의식, 행복추구 등의 개인적이며 정서적인 측면이 강조되고 있다(정현숙 외, 2003). 또한 결혼은 사회적 의미도 함께 갖는다. 예를 들어, 부부간의 성욕 충족과 자기보존을 위한 자녀출산 등이다(김명자 외, 2006).

(4) 배우자 선택

결혼은 인간의 생애에서 결정적인 전환점이므로 배우자 선택은 청년기의 직업선택 만큼이나 중요한 선택이다. 누구와 결혼하고, 어떠한 결혼생활을 하는가는 당사자의 행복과 불행뿐만 아니라 자녀 및 가족들, 그리고 사회에도 영향을 미친다.

배우자 선택을 위해서는 자기 자신을 알아야 하고, 상대자의 욕구, 성격, 관심, 가치관을 파악해야 한다. 그리고 두 사람의 관계가 타인에게 미칠 영향을 고려해야 하며, 서로의 일치성을 확인해야 하고, 사랑의 확인과 결혼의 지속성 여부를 고려해야 한다.

이 시기는 결혼을 하여 새로운 가족을 형성하는 시기이며, 가족원 간의 친밀감, 응집성을 토대로 성숙한 사회관계를 확립할 수 있다. 르위스(Lewis, 1973)는 배우자 선택과정을 6단계의 유사성(similarity) 단계, 라포(rapport) 단계, 자기공개(self-disclosure) 단계, 역할탐색(role taking) 단계, 역할조화(role fit) 단계, 상호결정 단계로 제시하였다(이소희 외, 2004).

① 유사성 단계 : 상대방의 사회적 배경, 가치관, 성격 등이 유사함을 지각한다.
② 라포 단계 : 상대방에 대해 긍정적인 평가를 하고 호감과 친밀감을 느낀다.
③ 자기공개 단계 : 상대방에 대한 신뢰감이 증진되며 서로 자유롭고 솔직한 자기표현을 하는 단계이다.
④ 역할탐색 단계 : 친밀한 관계에서 자신의 역할을 인지하고 상대방의 역할 기대를 형성한다.
⑤ 역할조화 단계 : 서로에 대한 역할기대와 역할수행에 대한 상호보완적인 조화를 이루어 간다.
⑥ 상호결정 단계 : 서로의 역할을 수용하여 확정하고 동반자로서의 정체감과 일체감을 느낀다.

배우자 선택 6단계를 여과이론에 접목하여 보면 근접성 여과, 매력 여과, 사회적 여과, 일치 여과, 상보성 여과, 준비성 여과 등으로 설명할 수 있으며, 여과망의 관계 중 개인 및 커플의 상황에 따라 차이가 있다.

① 근접성 여과 : 지리적으로 가까운 것을 의미한다.
② 매력 여과 : 현대사회에서 매력을 결정하는 특성들로 신장, 체중, 연령, 용모를 통한 여과를 의미한다.
③ 사회적 여과 : 사회경제적 배경요인이며 이는 당사자보다 부모들에 의해 강조되며 특히 중매결혼에서 절대적으로 고려되는 사항이다
④ 일치 여과 : 자신의 견해, 태도를 같이하는 사람들을 선호한다.
⑤ 상보성 여과 : 욕구 및 성격 특성에서 서로 보완되는 수준이며, 즉 반대되

는 것이 매력을 끈다는 통념과도 통한다.

⑥ 준비성 여과 : 결혼 상대자의 범위를 정하는 요인이다.

2. 청년기와 사회복지실천

첫째, 청년기의 주요한 사회적 욕구는 친밀성의 성취이다. 청년기 친밀성은 주로 결혼과 가족형성으로 나타난다. 건강한 가정을 위한 예비 부모모임이나 신혼기의 결혼생활 적응과 가족생활계획, 부부 갈등의 원만한 해결 등 부부간의 친밀한 관계를 성취하고 싶은 욕구를 지원해야 한다. 우리 사회는 여러 가지 가족문제로 인해 행복한 가족, 기능적인 가족에 대한 의문이 제기되고 있다. 즉, 가족 및 국가의 존속을 위협하는 저출산, 결혼기피, 이혼 및 유기 등 가족해체가 증가하는 것이다. 정부에서는 2004년 2월 건강가정기본법을 제정하였고, 2005년 건강가정기본법이 시행되면서, 정부 차원의 다양한 가족지원 정책과 서비스를 제공하고 있다.

둘째, 한국의 건강한 남성 청년들은 군대 생활을 해야 한다. 조직적인 군대 생활은 기존에 자신이 영위했던 행동양식과는 전혀 다른 새로운 행동양식을 요구하기 때문에 많은 부적응 문제를 발생시킬 수 있다. 군대 생활 중에 종종 일어나는 총기사건 등은 우리나라가 아직 군 복지(military welfare)가 제대로 이루어지지 않고 있기 때문에 발생하는 사건으로 볼 수 있다. 그러므로 군입대하기 전에 군에 대한 다양한 정보를 제공하고 군대 생활을 하는 청년들의 생활 실태를 파악하고 그들의 복지욕구를 분석하여 군 사회복지실천 모델을 개발하여야 한다.

셋째, 청년기는 직업선택과 준비가 중요한 과업 중에 하나이므로 자신의 적성, 취미, 흥미, 성격, 가치관, 태도, 자아 기대 등에 맞추어 자신에게 알맞은 직업을 선택할 수 있도록 직업에 대한 다양한 정보와 전문적인 자질을 기를 수 있도록 환경을 마련해 주는 것이 무엇보다도 중요하다고 본다.

20대 현실을 대표하는 신조어로 청년 실업자와 신용불량자의 앞 글자를 따서 만든 '청년 실신'이라는 단어가 유행한다(남수경, 2011). 청년들은 학자금이나 생활비 대출 받은 것을 충당하다 취업난이 겹쳐 빈곤한 생활을 하고 있다. 정부에서는 청년 1인 가구 지원을 위해 공동체주택지원(LH공사 행복주택사업), 학자금 지원정책(한국장학재단 학자금 대출 및 국가 장학금), 고용안정정책 등을 지원하고 있지만, 아직은 주거 문제, 문화생활 문제, 경제적 문제 등에서 결핍이 나타나고 있다.

Chapter 14

인간의 성장과 발달 : 장년기

학습목표

1. 장년기의 특징과 발달의 영향요인을 이해한다.
2. 장년기의 신체적 발달, 인지적 발달, 사회·정서적 발달을 이해한다.
3. 장년기 사회복지실천의 주요 과제들을 이해한다.

생각할 과제

1. 장년기의 특징과 사회적 발달에 대해 설명해 봅시다.
2. 베이비부머 세대의 가족관계와 주요 발달과업을 설명해 봅시다.
3. 장년기의 위기, '빈둥지 증후군'에 대해 설명해 봅시다.

장년기는 보통 35~65세의 비교적 긴 시기이다. 사회적 연령으로는 첫 자녀의 사춘기 시작부터 막내 자녀의 결혼 또는 직업생활에서의 은퇴까지라 할 수 있다. 가족 주기로 보면 막내 자녀가 초등학교에 들어가는 시기부터 직업생활에서의 은퇴 시기까지로 나눈다. 장년기 초기와 후기의 발달 영역에 있어 나타나는 특징에 차이가 있다. 이 시기는 인생의 절정기인 동시에 은퇴로 인한 혼란에 직면하기도 하는 시기이다. '빈둥지 증후의 세대', '샌드위치 세대', '제2의 사춘기', '정체성 위기의 시기', '전환적 결정기' 등으로 표현된다(이소희 외, 2004).

1. 발달과정과 발달과제

1) 신체적 발달

장년기의 신체적 발달은 생물학적으로 신체기능의 변화로 노화를 실감하는 시기이다. 신체기능의 변화는 다음과 같다. 첫째, 신체적으로 체력과 생식능력이 빠르게 쇠퇴한다. 장년기가 시작되면 활기를 잃고, 신진대사 활동이 둔화된다. 또한 질병에 대한 저항력이 약해지고 회복되는 시간이 길며, 성인병이 생긴다. 둘째, 체형과 외모의 노화가 빠르게 나타난다. 허리둘레와 체중이 늘기 시작하며, 흰머리가 생기고 탈모가 시작된다. 피부의 탄력이 줄고 주름이 생긴다. 셋째, 감각기관의 능력이 감소한다. 시력이 낮아지고 원시가 되며, 청각도 예민성이 줄며, 미각이 둔화된다.

한편 성별에 따라 신체변화에 다른 특성을 보인다. 중년 여성은 폐경 전후로 나타나는 갱년기 증상을 갖는다. 폐경은 개인적 차이가 있지만 대개 40대 중반에서 50대 중반의 나이에 나타난다.

갱년기 증상은 수태 능력의 감소, 신체 노화, 폐경 등이다. 이때 여성은 불안, 우울, 허무감을 경험하고 주변 자극에 과민해져 사소한 일에도 쉽게 마음이 상한다. 두통, 근육통, 성욕 감퇴 등도 일어나며 안면 홍조와 함께 불면증이 생기기도 한다. 증상은 개인차가 심해 정상적인 생활을 할 수 없는 경우가 있는가 하면, 전혀 자각 증상이 없는 경우도 있다. 그러나 단순히 폐경 등 생리적 요인보다는 자녀의 입시 및 출가, 경제적 문제, 가정에서의 역할 변화 등의 심리적 요인이 정신적 압박감을 일으키는 원인으로 밝혀졌다.

장년기 남성은 호르몬 분비 변동으로 심리적 폐경(psychological menopause)을 경험하는데 이 시기 노화에 대한 두려움을 갖는다. 즉, 남성의 갱년기는 여성의 폐경과 같은 증상은 없으나 남성의 정액과 정자 수 감소 등 신체적 또는 정서적인 여러 징후들을 보인다. 또한 직장 스트레스, 음주와 흡연 등으로 만성 피로와 의욕, 성욕 감퇴, 불면증, 고혈압에 따른 성인병이 나타난다(이소희 외, 2004).

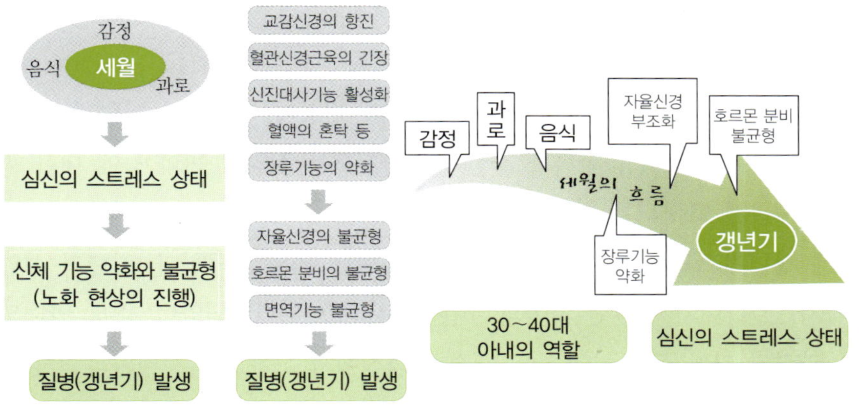

출처 : http://blog.naver.com/7factor/60056425493

|그림 14-1| 갱년기 발생의 원인

2) 인지적 발달

장년기의 인지 변화에 대해서는 상반된 견해들이 있다. 신체적 능력의 감소에 따라 인지적 능력이 하강한다는 견해와 함께 인지적 능력이 감소하지 않으며 이 시기 특정 측면의 인지능력은 상승한다는 견해가 대립하고 있다.

대체로 장년기의 성인들은 단기적 기억력이 약화되어 새로운 것을 배우거나 빠른 속도를 요구하는 과제에 대한 해결 속도가 느리지만, 가설을 세우고 추론하는 통합된 사고능력과 문제해결 능력이 탁월하다(이소희 외, 2004).

중요한 점은 장년기 성인이 정신기능의 잠재력은 거의 변함이 없지만, 스스로 부정적인 인지변화를 자각하여 잠재력에 비해 정신적·신체적으로 위축되거나 소극적 태도로 인해 일에 대한 수행능력이 떨어지는 결과를 낳을 수 있다. 장년기의 인지적 발달의 강점을 중심으로 창조적 생산성을 발휘할 수 있는 지원이 필요하다. 이를 통해 장년기에 인생의 결실을 맺을 수 있으며 인생의 경험과 연륜을 통합한 리더십을 발휘할 수 있다.

3) 사회 · 정서적 발달

장년기에는 인생의 유한성을 인식하고 시간 전망이 축소되어 어떻게 살 것인가에 대한 자아정체감 확립과 자신에게 다가오는 심리적 변화 등에 대한 적응력이 새롭게 요구되는 시기이다.

융은 장년기 심리적 발달을 '개별화'의 개념을 통해 접근한다. 장년기 성인은 가치 있게 여기지 않던 자아의 부분, 무시되고 위험시되었던 자아, 반대의 성과 관련된 자아 등을 수용하는 개별화 과정에서 고통스러운 전환과 좌절을 경험하기도 한다.

한편 장년기는 청년 시절에 꿈꾸던 인생의 목표와 성취에 한계가 있음을 깨닫고 자신이 늙어가고 있으며 결국 죽으리라고 인식하며, 삶의 무의미함과 공허감이 오는 과도기로 인식된다. 장년은 인생의 중반에 이르러 삶의 의미와 자신의 실체에 의문을 갖고 삶의 무의미와 공허, 절망, 침체, 무기력감 같은 정서적 혼란과 방황을 겪는다. 그래서 인생의 목표와 성취, 가치, 그리고 타인과의 관계 등 지나온 삶의 전반을 평가하게 된다(여성을 위한 모임, 1999). 첫째, 인생의 유한성과 실존적인 면에서, '얼마를 살았나'보다 '얼마나 더 살 것인가'를 생각하고 삶은 유한하다는 것을 느끼고 인식한다. 둘째, 장년이 되면 세대 간의 지위에 변화가 생긴다. 셋째, 이 시기는 신체적 능력의 감퇴와 노화를 실감한다. 넷째, 가족관계에서 역할 변화를 경험한다. 즉, 가족관계에서 정서적 상실과 긴장을 경험한다.

성격적으로는 남성은 여성성이 증가하고, 여성의 경우에는 남성성이 증가하는 경향이 있다. 중년기는 남성성, 여성성이 통합되어 성역할이 보다 융통성 있게 변화하는 시기이며, 남녀가 양성성(androgyny)의 성향을 보일수록 장년기 적응력이 높다.

한편 장년기 발달과업을 에릭슨은 생산성 대 침체(generativity vs self-stagnation)라 하였다. 사회적 발달에서 생산성은 자녀양육, 직업 성취, 사회적 공헌에서 성취한다. 장년기의 성인들은 부모역할, 직업적 성취, 사회봉사활동 등에 적극적으로 참여한다. 반면 침체는 자아정체감에 대한 확고한 신념을 가지지 못한 채 장년의 신체적 변화를 강점으로 전환하지 못하게 되는 것이다(이소희 외, 2004).

장년기는 사회체계(가족, 조직 등)의 과업수행 및 대인관계에도 영향을 미쳐 위기를 가져온다. 중년기의 이혼이 신혼기 이혼보다 높은 추세로, 예를 들어 장년기 성인은 부부간의 갈등과 이혼, 자녀와의 갈등, 노부모 부양 브담으로 인한 갈등, 비자발적 실직 등의 문제를 갖는다. 특히 가족관계에서의 중년기 부부의 역할 재조정과 역할 정립이 요구되는 시기로 슬기롭게 극복해야 한다.

첫째, 부부관계와 부모자녀 관계는 모든 가족관계에서 가장 기본이며 중요하다. 우리나라의 경우 장년기는 전 생애 과정 중 결혼만족도가 가장 낮은 시기이다. 이는 자녀가 성장하여 독립하면서 부모들은 중년 위기의 원인을 배우자에게 찾으면서 갈등이 증폭되기도 된다. 장년기 부부는 부부간에 책임과 권리를 공평하게 배분하고 합리적 의사결정을 할 수 있는 의사소통이 필요하다. 최근 중년의 이혼이 증가하는 추세에서 알 수 있는 것과 같이 부부생활을 중심으로 한 남편과 아내의 역할로 전환이 요구되며, 자녀를 독립된 성인으로 인정하고, 이들에 대한 역할과 권위보다는 부부관계 및 부모자녀 관계에서 동반자 의식을 갖고 상호 승-승을 위한 노력이 요구된다.

둘째, 장년기의 직업생활은 자아정체감 형성, 가족의 생계유지, 사회적 관계유지 등 생활 전반에 중요한 영향을 미친다. 장년기는 직업에서의 성취가 절정에 달하는 시기이나 사회경제 환경의 변화 이후 직업의 불안정으로 인하여 위기의 시기로 인식되고 있다(이소희 외, 2004). 특히 직업에서의 성공이나 높은 지위, 권력에 대한 환상을 가지고 살아온 장녀기 성인은 40대에 이르러 풍요한 성취감과 동시에 내면의 허무감을 경험하기도 한다. 특히 자발적인 직업 전환보다 비자발적으로 직업을 전환해야 할 경우 높은 스트레스를 경험한다. 또한 장년기 여성의 경우 재취업이 증가하고 있는 추세이나, 취업 구조나 보수승진 등 근로 여건은 남성에 비해 열악하여 스트레스도 중년의 사회정서적 적응에 부정적인 영향을 미치기도 한다.

셋째, 여가시간이 증가함에 따라 여가활동의 개발과 선택이 필요하다. 자녀 양육기간이 축소되고 평균수명 연장 등으로 여가시간이 대폭 증가하고 있다. 최근 장년기의 과제로 등장하고 있는 영역으로 이 시기의 장년기 성인은 유한한 삶의 의미 부여를 점차 여가활동에서 찾으려는 경향이 증가한다.

2. 장년기와 사회복지실천

평균수명이 증가함에 따라 장년기 이후의 삶을 어떻게 보낼 것인가에 대한 문제가 사회적 관심이 되고 있다. 가족의 부양기능이 현저히 약화되고 있으며, 경제적·심리사회적 지원체계도 부족한 상황에서 장년기 성인과 예비 노인들에게 불안이 더욱 커지고 있다. 특히 베이비부머의 은퇴는 경제활동의 인구가 비경제활동의 인구로 전환됨에 따라 노후준비와 은퇴준비 여부 및 실업과 같은 심각한 사회문제를 예방하기 위해 많은 관심을 가지게 되었다. 즉, 퇴직준비자에 대해 지속적으로 사회에 참여할 수 있는 기회의 제공을 통해서 개인과 지역이 발전할 수 있는 다양한 전략과 대안에 대한 탐색을 하고 있으며, 베이비붐 세대에 적합한 프로그램 개발 및 정책방안이 요구된다.

첫째, 장년기는 신체적 저하로 인해 성인병에 걸릴 위험성이 증가한다. 현재 지역사회의 보건소에서는 성인을 대상으로 성인병 예방 교육과 성인병 진단을 실시하고, 따라서 가족지원기관에서는 장년기의 신체적 특성을 고려한 성인병 예방을 위한 건강 교육이나 건강 지원 프로그램을 전문 병원과 연계하여 실시하여야 한다. 또한 교통사고나 뇌출혈 등 갑작스러운 위기로 인해 중도 장애인이 된 성인에게는 재활을 지원하기 위한 각종 재활 및 치료 프로그램을 소개하고 가족들을 위한 정서적 지원을 해야 한다(이소희 외, 2004).

갱년기 증상이 심한 경우 장년기 성인은 우울증, 불안 등의 대인기피, 알코올 중독 등에 빠질 수 있다. 이들을 위한 치료 프로그램을 제공하며, 갱년기 장애를 예방하기 위한 개인상담, 집단상담, 가족상담 등을 지원할 필요가 있다.

특히 알코올이나 마약에 중독된 장년기 성인을 위해서는 단주 집단 프로그램이나 약물치료 프로그램을 직접 실시하거나 전문 의료기관에 의뢰한다. 특히 폐경기 중년 여성에게는 폐경에 대한 심리적 두려움을 상담해 주고, 폐경기 이후에도 생산적인 일을 할 수 있다는 자신감을 갖도록 교육하는 것이 필요하다(이소희 외, 2004).

둘째, 성공적인 노화(successful aging)는 장년기 성인의 담론이다. 노년기를 준비하는 교육 프로그램을 통해 장기적인 생애 설계를 통해 삶의 질을 향상시킬 수 있도록 해야 한다. 또한 장년기 가족을 지원하는 가족복지 차원의 지원 프로그램을 개발해야 한다. 최근 증가하고 있는 가출한 청소년 가족, 가정폭력 가족, 알코올 가족 등에 전문가 집단으로 구성된 지속적 사례 관리가 필요하다. 또한 가족의 예상되는 문제를 중심으로 가정폭력방지법, 가족법 등의 예방교육을 실시하고, 장년기 역기능적 가족 기능을 보완하며 해체된 가족 기능을 대체할 서비스를 제공해야 한다.

셋째, 직업에서 발생하는 문제로 구조조정으로 인한 실직과 조직 안에서의 관계적 갈등, 그리고 직업 스트레스 등이 있다. 장년기의 실직은 경제적 손실과 이로 인한 정서적 및 가족관계의 문제가 되기도 한다. 실직한 성인은 휴식단계-구직노력 단계-구직에 대한 회의 단계-무기력 단계를 경험한다. 사회복지실천가는 실직기간 동안의 생활 안정을 위한 고용보험 혜택, 재정 지원에 관한 상담, 창업과 관련된 정보 제공 등의 고용 관련 서비스 등을 제공할 수 있다.

또한 장년기 성인이 재취업을 하거나 새롭게 취업을 할 수 있도록 직업훈련과 고용알선사업을 실시해야 한다. 직업 적성 심리상담 서비스, 직업 및 창업 정보 제공, 장단기 무료 직업훈련, 취업 알선, 사회적응 훈련 등의 서비스를 제공하고 있다. 새일센터, 여성인력개발센터와 고용지원센터 등에서는 경력단절 여성을 위한 취업과 창업을 요구하는 장년기 여성을 위한 전문기관과 전문가들의 모임을 마련하여, 이들을 위한 신체적·심리적 변화, 이중역할 갈등, 부부관계, 세대차, 취업 관련 고용법 등이 포함된 교육 프로그램이 지원될 필요가 있다.

넷째, 증가된 여가시간의 생산적 관리와 사용에 어려움이 있다. 가족생활주기의 안정기에 해당되는 장년기는 증가된 여가 시간의 생산적인 사용, 체력 유지를 위한 운동과 사회적 활동 증진, 노년기 준비를 위한 여가능력 개발 및 여가 시간의 선용이 중요한 발달과업으로 부각된다. 장년기 성인은 노년기를 준비하는 시기로 가족중심, 자기 계발, 사회 체험, 건강 추구, 저비용의 계획적 여가 유형 등에 참여할 수 있다. 예를 들어, 사회봉사활동이나 동아리활동, 사회교육 프로그램 등이 있다.

Chapter 15

인간의 성장과 발달 : 노년기

학습목표

1. 노년기의 주요 변화에 대해 이해한다.
2. 노년기의 발달과정과 발달과제를 이해한다.
3. 노년기 사회복지실천의 주요 과제들을 이해한다.

생각할 과제

1. 노년기의 변화에서 노화의 의미는 무엇인지 생각해 봅시다.
2. 에릭슨의 자아통합 대 절망감에 대해 설명해 봅시다.
3. 주변에서 일어나는 노인차별과 학대 사례를 수집·분석해 보고, 이에 대해 토론해 봅시다.
4. 당신의 부모가 노인이 되면 누가 부양해야 한다고 생각하는지 견해를 제시해 보고, 가족부양을 받는 경우와 시설부양을 받는 경우가 갖는 장단점에 대해 토론해 봅시다.

노인에 대한 기준은 역사적, 문화적으로 매우 다양하게 제시되어 왔다. 단순히 연령적으로 65세 이상을 노인이라 말하기보다는 실질적으로는 경제적 활동과 노동 현장에서 은퇴한 인구층을 노인이라 지칭하고 있음을 의미한다. 우리나라 노인복지법에서 노인을 65세 이상으로 규정하고 있으며, UN에서도 노인의 기준을 65세로 규정하고 있기 때문에 일반적으로 노년기는 65세에서 시작하여 임종 기간까지로 보고 있다. 보통 노년기는 신체적으로 건강하면서 자립적인 활동이 가능한 노년 전기('the younger old', 75세 미만)와 신체적 기능의 약화로 인해 일상생활을 타인에게 전적으로 의존할 수밖에 없는 노년 후기('the older old', 75세 이상)로 구분한다(Neugarten, 1974).

전 생애 발달의 관점에서 볼 때, 노년기는 인간의 전 생애에 걸친 긴 발달

행로 중의 한 과정이므로 그동안 학습하고 적응하는 과정에서 이미 성취해 놓은 것들을 심화시켜 나가며, 삶에 대한 전체적인 조망을 형성하는 시기이다. 이 시기에는 신체적 노화와 심리적 변화에 적응해야 하는 과업을 갖게 되며 이러한 노년기 발달에 적응하는 정도는 노인 개인의 신체적 건강상태와 성격, 과거의 경험, 그리고 현재의 사회적 지원과 관계가 있다. 고령화 사회에 진입한 우리 사회에서는 노인들을 신체적, 심리적, 사회적으로 불리한 장애를 지닌 집단으로 보는 부정적 이미지에서 벗어나, 노인들을 전 생애에 걸친 긴 인간발달과정의 존재로 긍정적 측면에서 조망하려는 시도를 해나가야 할 것이다.

1. 발달과정과 발달과제

1) 신체적 발달

(1) 신체적 변화

생리적 · 신체적 의미에서 노년기는 '신체적 변화가 개인으로 하여금 활동을 제한하고 운동성과 활동, 참여를 감소시키는 시기'로 정의된다(Peterson, 1983).

노인의 대표적 신체적 특성은 피부의 탄력조직과 지방층이 일부 상실하여 주름이 늘고, 기민성과 민첩성이 떨어지고, 어깨는 굽고, 검버섯이 생기고 흰 머리카락이 생기게 된다. 세포의 감소로 피부의 탄력이 없어지며 주름이 생기고 얼굴 윤곽도 변하며 창백해지고 건성화된다(이소희 외, 2004).

치아는 연령이 증가함에 따라 숫자와 강도가 줄어드는데 일반적으로 빠지고 남은 치아의 수는 60대에 14개, 70대에 11개, 80대에 6개 정도로 알려졌으나 개인에 따라 차이가 있다. 이가 빠지면 입 주위에 주름이 많아지고 전형적인 노인의 모습을 가져오게 되며 소화흡수를 저해하고 전신 영양상태를 유지하는데 나쁜 영향을 미치게 된다.

근육의 강도와 조직의 양도 변화하므로 근력 강화운동으로 근력 손상을 예방하는 것이 중요하다. 체모의 변화로 인해 체모 내의 멜라닌 색소의 감소로 체모의 탈색이 이루어지고 체모 발육이 억제되어 탈모로 인해 대머리가 되거나 머리숱이 줄어들게 된다.

나이가 들면서 키가 약간 작아지고 등이 굽기 쉬운 것은 서 있는 자세의 변화나 척추 사이에 있는 연골조직들이 얇아지면서 척추가 굽고 압축되기 때문이다. 성인기에는 척추가 고정되어 신장이 안정적이나 55세 이후에는 1인치 가량 신장이 감소되는 현상이 일어난다(Harris, 1998).

한편 노인은 전체적으로 시각, 청각, 미각, 후각, 촉각 등 다섯 가지 감각 모두의 쇠퇴가 진행되나 이 중 가장 대표적인 것은 시각과 청각의 변화이다(이소희 외, 2004).

오감 중에 가장 빨리 쇠퇴하는 것이 시각이다. 60세 이상이 되면 대부분 안경이나 콘택트렌즈가 필요하다. 시력감소는 대개 수정체, 각막, 망막, 조리개, 시신경의 약화를 초래한다. 어둠과 밝음에 적응할 수 있는 시력은 떨어지고, 색채 지각력 또한 줄어든다. 백내장은 노인에게 공통적으로 나타나는 현상이다. 백내장은 눈의 수정체와 막이 뿌옇게 흐려져 빛이 통과하지 않는 것을 말한다. 녹내장은 노안의 유동 안압이 높아질 때 생기는 것으로 만일 치료하지 않고 방치한다면, 안압으로 눈의 내부가 손상하거나 노인이 시력을 상실하기도 한다.

청각의 변화는 시각에 비하여 느리게 진행되어 50대 이후부터 청력이 조금씩 떨어지는 경향이 있으며 소리의 고저 및 강도의 감지 능력은 노화에 따라 저하되지만 소리 발생 간격에 대한 감지 능력은 노화에 따른 변화가 없다. 65~79세는 45~64세 때보다 청력의 손실이 5배 가량 높다. 그리고 남성이 여성보다 청력 손상을 더 경험하며 청력에 문제가 있는 사람은 대화에 쉽게 끼지 못하기 때문에 외로움과 고독감을 많이 느낀다.

나이가 들면서 혀에서 맛을 감지하는 기능을 하는 돌기인 미뢰의 수가 감소하고 입과 입술의 탄력이 줄어들며, 타액 분비가 감소함에 따라 기본적인 맛의 민감성이 저하된다. 상피 콧속의 후각돌기가 감소하면서 후각 상피세포의 퇴행성 변화와 중추신경 경로의 노화로 인해 80세 노인 중 80% 이상이 냄새 맡는 민감성에 주된 손상을 보인다.

(2) 신체 내부기능의 변화

노년기에는 대사기능이 휴식상태의 산소소모량인 기초대사율은 감소하는 반면 탄수화물 대사율은 증가하여 혈액 속에 혈당이 증가하여 당뇨병에 걸릴 가능성이 높아진다. 또한 노년기에는 폐조직의 탄성이 저하되고, 폐 용적이 감소되며, 죽은 공간(dead space)이 증가하는 반면 기관지는 약간 확장되고 기관지 점액선은 증가하며, 폐 속에 나쁜 공기가 남아 있는, 즉 잔기량이 증가하여 기관지 질환이나 호흡기 질환에 이환될 가능성이 높아진다(권중돈 · 김동배, 2005).

노화와 함께 심장근육 주변 모세혈관의 동맥경화에 의한 심장비대, 지방분 증가 등이 원인이 되어 심장의 중량은 늘어나는 반면 심박출량과 심장박동 능력이 감소하며, 심장판막의 석회화로 인하여 각종 심장질환에 이환될 가능성이 높아지게 된다. 노화에 따른 혈관계의 변화는 주로 동맥에서 관찰되는데, 동맥벽이 비대해지고 경화되고 탄력성이 줄어들어 혈액순환이 원활하지 못하여 고혈압, 동맥경화, 뇌졸중 등의 순환기계 질환을 앓게 될 가능성이 높아진다.

(3) 소화 및 내장기관의 변화

노년기에는 치아결손, 타액과 위액 등의 소화효소 분비량의 감소, 위 근육의 약화 등으로 인하여 소화기능이 감퇴한다. 그리고 소장과 대장의 조직변형과 운동성 저하로 인하여 변비나 숙변, 각종 장 질환에 이환될 가능성이 높아진다(김종일 · 최해지, 2003). 소화는 다양한 내장 기관이 개입된 행위이다. 노화가 진행됨에 따라 소화 기관의 근육 활동이 느려지고 산의 분비가 감소하여 지방, 단백질, 탄수화물의 소화력이 약화된다(Ausman & Russell, 1990). 그러나 소화력이 약화되는 것 자체가 문제이기보다 약 복용과 활동력 감소로 인한 소화력 감소와 각각 기능의 저하로 인한 식욕 감퇴가 더 심각한 문제이다(권중돈 · 김동배, 2005). 또한 신장에서 노폐물이나 독소를 여과하는 비율이 80세에는 30세의

50% 정도 수준으로 감소함에 따라, 각종 신장질환에 이환될 가능성이 높고, 방광이나 요도 기능의 저하로 인하여 야간에 소변을 보는 횟수가 증가하게 된다.

(4) 수면의 변화

노년기에는 수면에도 변화가 온다. 전체 수면 시간은 줄어들며 자주 잠에서 깨어난다. 노인들은 하룻밤에 평균적으로 약 20번 잠에서 깨어나며 밤 시간의 약 20%는 깨어 있는 것으로 보고되고 있다. 노인의 약 1/3이 불면증을 호소한다. 잠자는 동안 일시적으로 호흡이 중단되는 현상도 노년기 수면의 한 특징이다. 호흡중단은 한 번에 약 2초에서 2분간 지속되며 하룻밤에도 수백 번 나타날 수 있다.

(5) 생식기관의 변화

노화와 함께 성기능 또는 생식기능에 있어서의 저하현상이 나타나게 되는데, 여성의 경우 폐경으로 인하여 월경이 중단되고 생식능력이 상실된다. 폐경 이후의 성적 욕구 변화에 대해서는 상반된 연구 결과들이 제시되고 있다. 남성의 경우에도 생식기능이 저하되고 성교 능력이 저하되긴 하지만 여성보다는 그 기능저하가 덜하며, 70대 이상에서도 충분히 성적 관계를 유지할 수 있다는 연구들이 많이 있다(Matthias et al., 1997).

2) 인지적 발달

(1) 인지변화

노년기의 인지변화에서 중요한 것은 일반적인 지능의 변화와 기억력의 감퇴이다. 일반적인 지능은 노년기에 다소 떨어지지만 비교적 안정적으로 유지하고 있다. 그러나 이것은 개인차가 크고 환경적·문화적 요인에 의해 영향을 받는 것으로 나타나고 있다. 또한 노년기가 되면 감각능력과 반응시간이 쇠퇴하여 학습이나 문제해결에 느린 반응을 보인다. 노년기에 이르면 일반적으로 단기기억과 최근기억의 능력이 약화되며, 담기보다는 논리적인 것의 기억능력이 더 많이 감퇴되는 것으로 알려져 있는데, 보는 것보다는 듣는 것의 기억력이 뛰어나므로 노인의 학습능력 증진을 위해서는 청각을 활용한 교육방법이 효과적이다(권중돈, 2014).

노인들은 사회적 역할이 상실되어 사회참여가 감소하면서 사고가 점점 자아 중심성을 갖는 경향으로 변화되기도 하지만, 불확실한 인생사에 대한 현명한 판단과 인생문제에 대한 좋은 충고를 할 수 있도록 지혜로워진다는 것이다. 한편 지적 능력이 갑작스럽게 감퇴한 노인들이 능력의 감퇴가 적은 노인에 비해 더 일찍 사망하는 것으로 나타나고 있다(이근홍, 2006).

(2) 자아통합과 죽음

노년기의 자아정체감에 대해서는 여러 가지 이론이 있는데 밀러(1965)는 노년기의 은퇴로 자아기반이 와해되면서 정체성 위기에 달한다는 '정체감 위기 이론'을 제시하였다. 애칠리(1971)는 정체감은 여러 가지 원천에서 파생되므로 은퇴 이후에도 여러 역할을 통하여 정체감을 유지할 수 있다는 '정체감 유지 이론'을 제시했다.

에릭슨(1963)은 노년기에 심리사회위기인 '자아통합 대 절망'을 겪는다고 하였는데 '자아통합'이라는 것은 자신의 과거 및 현재의 인생을 바라던 대로 살았다고 받아들이고 만족스럽고 의미 있게 생각하면서 죽음을 인정하고 기다리는 태도를 나타낸다. 통합은 삶에서 일어나고 있는 사실을 받아들이는 능력과 큰 두려움 없이 죽음을 직면한다. 통합을 성취한 노인은 자신들의 과거를 현존하는 시각으로 조명하고 삶에서 이루어졌던 일들은 그대로 수용하며 즐겁지 못한 일을 부정하거나 특정 사건을 과장하지도 않는다.

반면에 자아통합이 이루어지지 않으면 절망에 빠지게 되는데 '절망'은 자신의 과거 및 현재의 인생이 불만스럽고 후회하며 기회가 주어진다면 다시 살겠다는 생각을 하게 된다. 이것은 자신의 과거에 대한 후회의 감정으로 특징지어진다. 보통 자아통합에 이르게 되면 자신이 살아온 인생을 수용하고 두려움 없이 죽음에 직면하는 능력이 높아지게 되고 절망에 이른 경우는 타인을 원망하고 우울증의 경향을 보인다(Charles Zastrow, 2002).

(3) 성격변화

노년기로 접어들면서 여러 가지 신체적·인지적 노화현상으로 인하여 성격적 특성에도 변화를 보이게 된다. 성격 특성은 원래부터 일정한 것이기 때문에 노년기가 되어도 젊은 시기의 성격을 그대로 유지한다는 주장과 변화한다는 주장이 동시에 제기되고 있다. 그러나 대개 노년기에 이르면 다소 변화되어 어떠한 독특한 성격 특성이 존재한다고 보고 있다. 이러한 성격 특성으로는 우울증 경향의 증가, 내향성과 수동성의 증가, 경직성의 증가, 조심성의 증가, 의존성의 증가, 생에 대한 회상의 증가, 친근한 사물에 대한 애착심, 생애의 나날이 짧아지고 있음을 느끼는 시간전망의 변화 그리고 유산을 남기려는 경향 등이 있는 것이다(이근홍, 2006).

3) 사회·정서적 발달

(1) 지위 및 역할상실과 적응

노인은 산업사회의 가장 중요한 직업역할을 상실하므로 지위로 인한 위엄과 명예는 낮아지게 된다. 노인은 퇴직으로 경제적 능력이 약화되고, 이에 따라 사회적 지위도 점차 저하한다. 따라서 사회적인 측면에서 노인은 공식적이고 제도적인 역할은 낮아지며, 비공식적이고 희박한 역할은 증가하는 특징을 보인다.

한편 퇴직 이후 사회적인 역할을 상실한 노인들이 남은 인생을 소일하는 형태는 건강상태, 경제적 능력, 학력수준 등과 밀접한 관련이 있으며 지위와 역할상실에 따른 노인들의 대처방식은 매우 다양하게 나타나고 있다. 계속적인 노동으로 건강과 인간관계를 유지하는 '근로형', 독서나 서예 등의 취미활동을 즐기는 '한거형', 골프나 낚시, 등산 등으로 취미, 인간관계 유지 및 정보교환을 하며 지내는 '사회오락형', 교양강좌, 세미나 등에 참여하여 자아실현을 기하는 '자기완성형', 자원봉사활동 등 각종 사회활동을 하는 '참여활동형', 건강상 거동이 불편하고 인생을 포기하고 집에만 있는 '폐쇄형' 등이며 노인들 각자가 다양하게 대처하고 있다.

(2) 역할 변화와 적응

① 조부모 역할

노년기가 되면 조부모의 역할을 수행하게 되며, 조부모로서의 역할을 통해 자신의 존재가치를 확인하고 상실감을 극복하며, 삶에 대한 의욕적인 자세를 가질 수 있다(정옥분, 2000). 조부모는 자녀양육에 대한 경험이 많으므로 손자녀를 잘 양육할 수 있으며, 그들에게 정서적 안정감을 제공해 줄 수 있다. 조부모는 손자녀에 대한 직접적인 의무감이나 책임감이 없기 때문에 순수한 애정적인 관계에서 유대감을 형성하고 그들을 돌볼 수 있다. 또한 조부모는 손자녀의 삶에 많은 영향을 미치며, 그들에게 노인에 대한 긍정적인 태도를 심어줄 수 있다(이근홍, 2006).

한편 손자녀의 양육과 관련하여 조부모는 자녀와 양육방법에 있어서 갈등을 경험하기도 하며, 손자녀의 양육보다는 노인 자신의 관심 추구에 시간을 보내기를 원하기도 한다(김태련 · 장휘숙, 1996).

② 배우자 사별로 인한 역할 변화

평균수명의 연장과 자녀 수의 감소로 자녀양육기간이 줄어들므로 노년기 원만한 부부관계의 유지는 삶의 만족도를 유지하는 데 필수적인 요인이 된다. 가장 힘든 새로운 역할에 대한 적응은 자신의 배우자를 상실했을 때 일어난다. 배우자와의 사별은 인생에서 가장 심각한 스트레스로서 정서적으로 우울증, 의기소침, 분노, 불안, 사망한 배우자에 대한 끊임없는 상념 등을 경험하게 된다. 따라서 사별에 대한 심리적 준비가 필요하며, 취미활동이나 사회적 관계를 통해서 적응해 나가야 한다.

③ 퇴직자 역할

노년기에 이르게 되면 신체 및 정신기능의 약화로 인한 노동능력의 저하 및 현대화에 따른 경제적 생산기술과 생산체계의 변화에 대한 적응능력의 부족 등으로 노인들은 노동시장에서 탈락하게 되는 경향이 있다. 이처럼 노년기에 어떤 사회적 지위에서 물러나 그 지위와 관련된 역할수행을 중단하게 된 현상을 '은퇴'라고 한다. 대부분 일상 활동, 사회적 관계, 자아정체감 등이 직업을 중심으로 형성되어 왔기 때문에 사회적 은퇴는 개인의 삶의 양식을 바꾸어 놓는 중요한 변화이다. 그러나 퇴직이라고 하는 것은 보통 예측된 일이므로 사전에 충실히 준비한 사람일수록 적응이 순조로운 것으로 나타난다(권중돈 · 김동배, 2005).

이러한 은퇴는 몇 가지 단계를 거쳐 이루어지며, 일반적으로 7단계를 제시하고 있다.

〈표 15-1〉 퇴직자의 역할적응 단계

구 분	단 계	적 응
1	퇴직 전 단계	자신의 직업 및 관련된 사회적 상황에서 자신을 분리할 준비를 한다.
2	허니문(밀월) 단계	퇴직 후 얼마 동안 직업 때문에 하지 못한 모든 일을 하고자 하면서 행복을 느낀다.
3	퇴직 후 일상생활이 자리를 잡는 단계	이때 만족스러운 방식으로 확립하면 미래의 삶이 일관된 방향으로 나아갈 가능성이 매우 크다.
4	휴식과 긴장완화의 단계	허니문 단계와 대조적으로 활동을 줄이고 쉬는 시기로 활동량이 감소한다.
5	꿈에서 깨어나는 단계	이 시기에 사람들은 퇴직생활에 적응하기가 어렵다고 한다. 자신이 생각하던 것과 다르다는 것을 알고 의기소침해지고 우울해 하기도 한다.
6	새로운 방향을 설정하는 단계	비현실적인 꿈에서 깨어나서 우울한 상태에 있던 사람이 자신을 수습하는 시기이다.
7	일상의 단계	어떤 변화든 손쉽게 다룰 수 있는 몇몇 기준을 개발한다. 퇴직 이후의 삶이 안정된 사람은 선택에 확립된 기준을 가지며 자신의 삶을 편안하고 예측할 수 있는 방식으로 다루게 해준다.

출처 : 김선아 외(2006).

(3) 노년기 주된 문제

① 우울증

〈표 15-2〉 우울증 진단받은 노인 현황

분 류	내 용
성 별	여자 75.7% 남자 24.3%
연 령	70대 39.6% 60대 31.4% 50대 29.0%
결혼상태	무배우자 91.7% 유배우자 8.3%
최종학력	국졸 이하 84.3% 중졸 이상 15.7%

출처 : 건강보험심사평가원(2006).

우울증은 노년기에 보편적으로 나타나는 증상이다. 노년기에는 대체로 건강이 약화되고 가정적·직업적·사회적 역할을 상실하면서 우울증에 빠지기 쉽다. 우울증이 심해지면 식욕부진, 심한 피로감, 불면증 등의 기능장애를 일으키며, 자살충동을 일으킬 수 있다. 노년기 우울증의 주요한 증상은 적어도 2주 이상 지속적으로 극단적인 슬픔을 느끼거나, 기쁨을 상실하거나, 의기소침해하거나, 비관적인 생각을 하거나, 무력감을 느끼는 것을 포함한다.

노년기 우울증은 가족, 친구, 이웃, 종교단체 등을 포함한 사회관계망을 형성하여 노인과 밀접한 관계를 맺게 함으로써 예방할 수 있으며, 인지행동치료를 통하여 부정적인 사고를 긍정적으로 인식하고 수정하도록 함으로써 해결할 수 있다(권중돈·김동배, 2005).

② **노인성 치매**

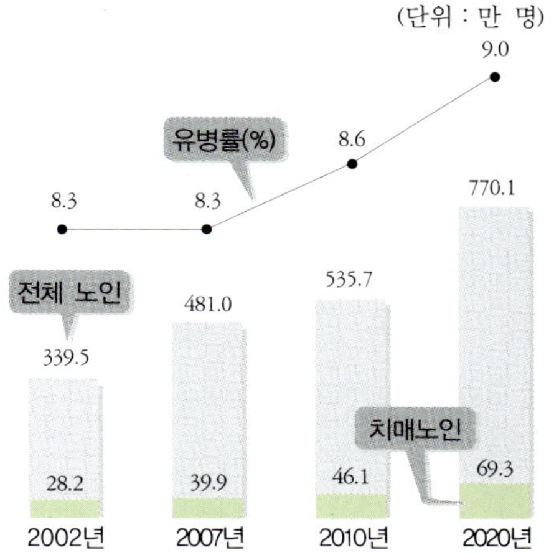

출처 : 건강보험심사평가원(2006).

|그림 15-1| 급증하는 치매노인

노인성 치매는 노인에게 나타나는 만성적 혼돈, 망각, 성격변화 등과 같은 인지적·행동적 기능장애를 의미한다. 노인성 치매의 원인은 치매의 유형에 따라 다르게 나타날 수 있다. 알츠하이머형 치매는 뇌세포의 점진적인 기능의 저하에 기인하는 것으로 대뇌 피질 내에 있는 세포의 퇴화에 원인이 있는 것으로 보고 있다. 그러나 아직도 알츠하이머형 치매의 정확한 원인은 잘 알려져 있지 않다. 혈관성 치매는 동맥경화, 고혈압, 당뇨, 심장질환, 흡연, 고지혈증 등이 있는 사람이 뇌혈관이 막히면서 뇌세포가 파괴되는 데 원인이 있는 것으로 나타나고 있다. 노인성 치매를 치료하는 방법은 아직 많이 개발되어 있지 않다. 그것은 손상된 뇌 세포의 기능이 치료에 의해서 회복되기 어렵기 때문이다. 치매를 근본적으로 치료하기보다는 치매노인이 가정과 지역사회에 잘 적응하며 살아갈 수 있도록 해야 한다(김선아 외, 2006).

③ **노인 학대**

노인 학대는 노인의 배우자, 자녀, 또는 다른 부양자에 의해서 노인에게 행해지는 신체적·정서적·경제적 학대 및 방임을 말한다. 이것은 노인이 가족과 함께 생활하거나 시설에 거주하는 경우에 발생하며, 점차 심각한 사회문제로 대두되고 있다. 노인 학대는 노인부양에 따란 시간적·심리적·경제적 문제로 인한 스트레스 때문에 발생하는 경우가 많으며 어떤 경우에는 어린 시절 부모에게 당한 학대의 보복일 수도 있다. 또한 노부모의 정서적 반응, 신체적 손상, 생활양식, 과도한 음주와 같은 개인적 습관 등에 동요하여 학대할 수 있으며, 노부모가 집에서 나가도록 강요하기 위해 계획적으로 학대를 하기도 한다. 노인 학대의 전형적인 피해자는 빈곤하고 허약한 노인들이며 자녀보다는 배우자에 의해서 학대를 받을 가능성이 높고 부양자가 우울증이 있을 경우에는 학대의 위험성이 더 증가한다는 것이다(이근홍, 2006).

2. 노년기와 사회복지실천

우리나라는 이미 2000년도에 노인인구가 전체 인구의 7%를 차지하는 고령화사회로 진입하였고, 오는 2018년에는 전체 인구의 14% 이상을 차지하는 고령사회, 2026년에는 전체 인구의 20% 이상을 차지하는 초고령사회로 진입할 것으로 예측되고 있다(통계청, 2013).

노인의 삶의 질을 향상시키기 위해 정부와 사회의 주도하에 이루어지는 공적 및 사적 제반 활동을 노인복지라 칭한다. 구체적으로는 앞에서 언급했던 노년기의 4중고 등의 주요 문제를 해결하는 동시에, 노인의 자기 유용감과 심신의 건강 유지를 위한 주변의 여건 조성, 저소득 노인의 기초생활보장, 건강관리, 재가복지서비스 및 여가 선용과 사회참여 기회의 확충 등을 위한 국가사회적 대책이라 볼 수 있다. 여기에서는 앞서 노년기 환경에서의 노인문제 실태나 욕구에서 거론되었던 측면들에 근거하여, 크게 심리체계 측면의 실천과 사회체계 측면의 실천에 대해 살펴보고자 한다.

1) 심리체계 측면의 사회복지실천

(1) 죽음에 대한 태도

노인들은 자신의 죽음뿐만 아니라 가족이나 친지의 죽음에 대해서도 수용해야 한다. 개인의 죽음은 다양한 정서적 반응과 예측할 수 없는 반응을 보일 수도 있으므로 죽음의 과정에서 원조하는 전문가는 광범위한 개인차를 인식하고 죽음을 수용하는 단계로 나아가 편안하고 준비된 죽음을 맞을 수 있도록 도와야 할 것이다.

(2) 자아통합과 죽음

자신의 과거 사건을 재구조화하는 인생회상(life review) 기법을 사용하여 과거 경험으로 점진적으로 되돌아감으로써 과거의 왜곡된 경험을 해결하고 통합할 수 있으며, 마지막 발달과업인 자아통합 대 절망의 위기를 해결할 수 있다. 이러한 방법은 사회복지실천현장에서 노인들을 대상으로 활발하게 적용할 수 있으며 노인들의 성공적인 노화과정을 원조할 수 있다.

(3) 호스피스

죽음을 앞둔 말기 환자에 대한 지원은 호스피스(hospice)가 있다. 호스피스 활동은 적절하게 고통을 조절하는 것으로 환자의 고통과 공포를 완화하며 환자에 대한 심리적 지원을 하는 것으로 죽어가는 환자에게 편안함과 평화를 주고, 사망 이전과 이후 유족에 대한 지원으로 도움이 필요한 경우 언제든지 호스피스 활동을 전개할 수 있어야 한다.

(4) 그 밖의 원조

노년기의 주요 심리적 위축 문제의 해결을 원조할 수 있는 지지적 상담 프로그램, 노인의 고독과 소외를 극복할 수 있는 사회교육 프로그램 등을 실시할 수 있다. 특히 치매 등과 같은 신체적 · 심리적 문제를 경험하는 노인과 그 가족을 위한 전문적 치료 프로그램, 주간보호 및 단기보호 프로그램, 각종 상담 및 교육 프로그램, 그리고 가정봉사원파견 프로그램 등을 실시할 수 있다.

2) 사회체계 측면의 사회복지실천

일반적으로 노년기에 경험하는 주요 문제는 노인의 4고(苦), 즉 빈곤, 질병, 고독, 역할상실을 의미하는데 구체적인 내용은 대략 다음과 같다.

(1) 소득감소와 경제적 의존

대부분의 노인은 경제적인 여건이 매우 어려운 형편이고, 우리나라 노인의 빈곤율은 OECD 국가 중에서도 최하위에 머물고 있는 형편이다. 이에 대한 대비로 공적 차원의 국민연금제도와 기초연금제도, 국민기초생활보장제도 등의 보다 포괄적이고 확대된 사회보장제도를 통해 경제적 빈곤문제를 해결해 나가야 할 것이다. 그러나 이러한 공적 보장체계만으로는 부족하기 때문에 사적 차원의 노후준비가 이루어져야 한다. 사회복지기관에서는 은퇴준비교육 프로그램, 노인일자리사업 등을 통하여 경제활동에 참여할 수 있는 기회를 부여하여 노년기의 역할상실의 문제를 해결함과 동시에 안정적 소득기반 확충에도 기여하여야 한다.

(2) 건강약화와 보호문제

만성질환 등을 앓고 있는 노인에게 가장 큰 문제가 되는 것은 의료비 부담으로 인한 경제적인 문제이며, 그 다음이 교통문제와 의료기관을 방문하고자 할 때 도와줄 사람, 간호와 일상생활을 수행하는 데 도움을 줄 사람이 필요하다는 것이다. 이에 국민건강보험제도, 의료급여제도, 노인장기요양보험제도 등의 확대 실시를 통해 이러한 문제를 해결해 나가야 할 것이다.

(3) 역할의 상실과 여가활동

노인들의 대표적인 여가활동 공간인 경로당과 노인복지관의 경우, 대부분 규모와 재정상태가 열악하고 비조직적으로 운영되고 있기 때문에 활성화된 여가활용 프로그램이 거의 없고 단순한 여가시설에 머물고 있는 실정이다. 따라서 노인들의 여가시설을 확대 설치하고 프로그램을 활성화하여 노인들의 여가활동 참여를 높여 나가야 할 것이다.

(4) 사회심리적 고립과 소외

역할 및 지위의 상실, 사회참여 기회의 상실 등으로 인한 문제는 노인들의 사회적 고립과 소외를 야기시키고 있다. 노인들의 자원봉사활동 참여 확대 및 고령자 취업알선 및 적합한 직종개발로 이러한 문제에 보다 적극적으로 대처해 나가야 할 것이다.

(5) 노인의 성문제

노인의 성에 대한 무지와 편견을 극복하고 문제를 해결하기 위한 다양한 사회적 체계를 마련하는 것이 필요하며, 사회복지적 측면에서의 대책으로 성에 대한 올바른 정보 제공, 재혼을 위한 상담사업 및 프로그램 제공, 노인의 성에 대한 전문상담소나 성상담전문가 육성을 제시하고 있다.

(6) 노인학대

노인보호를 위한 서비스 및 학대예방을 위한 제도적 장치의 보완이 필요하며, 노인학대를 방지하기 위한 가족의 수발을 보충하고 지원할 수 있는 체계적인 서비스체계의 정비가 필요하고, 노인부양에 관한 사회적 원조체계 구축이 요구된다.

참고문헌

1급사회복지사(2014). 인간행동과 사회환경-1급 사회복지사 기본서. 서울 : 나눔의집.

강경미 외(2003). 영유아 발달과 교육. 서울 : 양지출판사.

강위영 외(1999). 정서 행동 발달과 문제 예방. 경북 : 대구대학교출판부.

공계순 외(2006). 아동복지론. 서울 : 학지사.

곽형식 외(2002). 인간행동과 사회환경. 서울 : 형설출판사.

권민균 외(2006). 아동발달. 서울 : 창지사.

권석만(2004). 젊은이를 위한 인간관계의 심리학. 서울 : 학지사.

권육상(1998). 인간행동과 사회환경. 서울 : 유풍출판사.

권육상 · 이명재(2004). 인간행동과 사회환경. 서울 : 대영문화사.

권중돈(2005). 인간행동과 사회환경. 서울 : 학지사.

권중돈 · 김동배(2006). 인간행동과 사회환경(개정판). 서울 : 학지사.

______________(2008). 인간행동과 사회환경. 서울 : 학지사.

김규수 외(2002). 인간행동과 사회환경. 서울 : 나눔의집.

김선아 외(2006). 인간행동과 사회환경. 서울 : 대왕사.

김성민(2002). 융의 심리학과 종교. 서울 : 동명사.

김성이 · 조학래 · 노충래(2004). 청소년복지학. 서울 : 집문당.

김영모 외(2000). 인간행동과 사회환경. 서울 : 고헌출판부.

김영모 편(2001). 지역사회복지론. 서울 : 고헌출판부.

김영호 외(2005). 인간행동과 사회환경. 경기 : 양서원.

김운태(1984). 조직론. 서울 : 박영사.

김종일 외(2004). 사회문제론. 서울 : 정목출판사.

김태련 · 장휘숙(1998). 발달심리학. 서울 : 박영사.

김현택 외(2003). 현대 심리학의 이해. 서울 : 학지사.

김혜숙(2005). 가족치료 이론과 기법. 서울 : 학지사.

남수경(2011). 학자금 대출제도 개선을 위한 정책 제안.

노안영 · 강영신(2002). 성격심리학. 서울 : 학지사.

류상렬(2004). 지역사회복지론. 서울 : 형설출판사.

류종훈(2005). 사회복지 실천적 인간행동과 사회환경. 서울 : 동인.

문화관광부(2004). 청소년 백서. 문화관광부.

박경애(1997). 인지 · 정서 · 행동치료. 서울 : 학지사.

박랑규(2002). 아동발달과 발달장애. 서울 : 도서출판 특수교육.
박성연 외(1999). 아동발달. 서울 : 동문사.
박종수(2005). 분석심리학에 기초한 이야기 심리치료. 서울 : 학지사.
박태영(2003). 지역사회복지론. 서울 : 현학사.
배효선(2002). 인간행동과 사회환경. 서울 : 법무사.
설영환 역(2007). 융 심리학 해설. 서울 : 선영사.
성영혜 외(2003). 영유아 발달의 이론과 실제. 서울 : 동문사.
손병덕 외(2005). 인간행동과 사회환경. 서울 : 학지사.
송길연 외(2005). 발달심리학. 서울 : 시그마프레스.
송길연 · 유봉현 공역(2005). 발달의 이론. 서울 : 시그마프레스.
송 복(1991). 조직과 권력. 서울 : 나남출판.
심상영(2001). 한국교회의 영적 성장을 위한 융의 분석 심리학. 서울 : 쿰란출판사.
안병환 외 공역(2003). 행동수정. 서울 : 시그마프레스.
양옥승 외(2002). 영유아 보육개론. 서울 : 학지사.
엄신자(2007). 인간행동과 사회환경. 서울 : 인간과 복지.
예하미디어 편집부(2006). 요점 인간행동과 사회환경. 서울 : 예하미디어.
오세진 외(2001). 인간행동과 심리학. 서울 : 학지사.
오오무라 마사오(2004). 3일 만에 읽는 심리학. 박선무 · 고선윤 공역. 서울 : 서울문화사.
오태환 역(1987). 프로이트 심리학 비판. 서울 : 선영사.
윤순임 외(1995). 현대상담. 심리치료의 이론과 실제. 서울 : 중앙적성출판사.
윤영애(2007). 행동수정. 전문상담교사 1급 양성과정 강의안. 충남 : 백석대학교.
윤지로(2006). 인간행동과 사회환경. 서울 : 창지사.
윤현영 · 최해경 · 강진구(2005). 가출청소년 쉼터 실태조사. 한국청소년쉼터협의회.
이광자 · 엄신자 외(1999). 21세기의 사회학. 서울 : 학지사.
이근홍(2015). 인간행동과 사회환경. 경기 : 공동체.
이기환(2005) 생활주기영양학. 서울 : 신광출판사.
이무석(2003). 정신분석으로의 초대. 서울 : 이유.
이부영(1999). 그림자. 서울 : 한길사
______(2004). 분석 심리학. 서울 : 일조각.
이상로 · 이관용(1992). 성격의 이론. 서울 : 중앙적성출판사.
이소희 외(2004). 인간행동과 사회환경. 서울 : 현학사.
이소희 외(2005). 성경적 태교. 서울 : 양서원.
이소희 외(2004). 사회복지개론. 서울 : 현학사.
이소희(1998). 아동복지론. 서울 : 도서출판 양지.
이수원 외(1992). 심리학, 인간의 이해. 서울 : 정민사.
이시형 · 여인중(2002). 이시형과 함께 읽는 프로이트 2. 서울 : 중앙M&B.
이 영 · 조영순(1988). 영유아발달. 서울 : 양서원.
____________(1997). 아동의 세계. 서울 : 양서원.

이영돈(2007). KBS 특별기획 다큐멘터리 마음. 서울 : 예담
이윤로(2005). 인간행동과 사회환경. 서울 : 창지사.
이인정 · 최혜경(2004). 인간행동과 사회환경. 서울 : 나남출판.
이종복 · 전남련(2007). 인간행동과 사회환경. 서울 : 학현사.
이죽내(1995). 분석심리학적 정신치료. 윤순임 외편. 현대상담. 심리치료이론과 실제. 서울 : 중앙적성출판사.
이현섭(2002). 아동발달심리. 서울 : 학지사.
이효선(2003). 사회복지윤리와 철학의 이해. 서울 : 학지사.
이효선 & Garz, D.(2006). 사회복지 실천을 위한 인간행동과 사회환경의 이해. 경기 : 공동체.
________________(2007). 인간행동과 사회환경. 경기 : 공동체.
이훈구 역(1983). 성격심리학. 서울 : 법문사.
이훈구 외(2005). 인간행동의 이해. 서울 : 한미문화사.
임은희(2005). 인간행동과 사회환경. 서울 : 양서원.
임의영(1993). 스키너의 행동주의적 인간관. 서울 : 문학과 지성사.
임창재(1999). 교육심리학. 서울 : 학지사
장휘숙(2004). 청년심리학. 서울 : 박영사.
전윤식 외 공역(2004). 행동치료. 서울 : 시그마프레스.
정옥분(1998). 청년발달의 이해. 서울 : 학지사.
______(2003). 성인발달의 이해; 성인 · 노인심리학. 서울 : 학지사.
______(2004). 발달심리학. 전생애 인간발달. 서울 : 교육과학사.
______(2005). 영유아 발달의 이해. 서울 : 학지사.
정지웅 외(2000). 지역사회학. 서울 : 서울대학교출판부.
조복희(2002). 아동발달. 서울 : 교육과학사.
조선화 외(2003). 청소년과 인간관계의 이해. 서울 : 양지.
조은숙 저(2004). 현대인의 정신건강. 서울 : 법문사.
조흥식 외(2000). 여성복지학. 서울 : 학지사.
조희연(1993). 현대 한국 사회운동과 조직. 서울 : 한울.
지은구(2005). 사회복지행정론. 서울 : 청목출판사.
최경숙(2006). 아동발달 심리학. 서울 : 교문사.
최남순(1993). 인간행동과 사회환경. 서울 : 대경문화사.
최보가 외(2001). 영유아 발달. 대구 : 정림사.
최순남(2002). 인간행동과 사회환경. 서울 : 법문사.
최옥채(2001). 사회복지실천론. 서울 : 양서원.
______(2005). 인간행동과 사회환경. 서울 : 양서원.
최옥채 · 박미은 · 서미경 · 전석균(2002). 인간행동과 사회환경. 서울 : 양서원.
최윤미 외(2004). 현대청년심리학. 서울 : 학문사.
한은숙(2003). 영유아 발달과 교육. 서울 : 정민사.
홍경자(1995). 합리적 정서적 치료.

홍성화 역(1986). 융의 Tavistock 강의 분석 심리학. 서울 : 교육과학사.

Adler, A.(1956). *The Individual Psychology of Alfred Adler*. NY : Basic Books.

________(1979). *Superiority and social Interest : A Collection of later Writings*(3rd rev. ed.) H. L. Ansbacher, & R. R. Ansbacher, Eds.. New York : Norton.

Anderson, R. E., & Carter, I. E.(1984). *Human Behavior in the Social Environment*. NY : Aldine.

____________________________(1990). *Human Behavior in the Social Environment : A Social Systems Approach*(4th ed.). Chicago : Aldine.

Ashford, J. B., Lecroy, C. W., & Lortie, K. L.(2001). *Human Behavior in the Social Environment*(2nd ed.). Belmont : Brooks/Cole, Thomson Learning.

Bakalinsky, Rosalie(1995), The Small Group in Community Organization Practice. Jack Rothman, John L. Erlich, John E. Tropman, Eds. *Strategies of Community Intervention*. Illinois : F. E. Peacock Publishers.

Bandura & Walters(1963). *Social learning and Personality*. New York : Holt, Rinehar and Winston, Inc.

Bandura, A.(1977). *Social learning theory*. Englewood Cliffs. N. J. : prentice-Hall.

Bardill, D. R., & Ryan, F. J.(1973). *Family Group Casework*. Washington D.C. : National Association of Social Workers.

Barker, R. L.(1999). *The Social Work Dictionary*(4th ed.). Washinton D.C : NASW Press.

Bloom, M.(1984). *Configuration of Human Behavior*. NY : Macmillan.

Bloom, B.(1994). Relationem Socialarbetare - Klient ur ett Sartre anskt perpektiv. *Nordic Sosialt Arbeid* 4 : 265-76.

Bradshaw, J.(2004). 상처받은 내면아이 치유. 오제은 역. 서울 : 학지사.

Bronfenbrenner, U.(1989). Ecological Systems Theory. *Annals of Child Development* 6 : 187-249.

Buckley, W.(1967). *Sociology and Modern Systems Theory*. Englewood Cliffs, N.F. : Prentice-Hall.

Chess, W. A., & Norlin, J. M.(1988). *Human Behavior and the Social Environment : A Social Systems Model*. Boston, MA : Allyn and Bacon.

Compton, B. R., & Galaway, B.(1989). *Social Work Processes*(4th ed.). Belmont, CA : Wadsworth Publishing Co.

Corey, G.(1998). 심리상담과 치료의 이론과 실제. 조현춘 · 조현재 공역. 서울 : 시그마프레스.

________(2000). *Theory and Practice of Counseling and Psychotherapy*(6th ed.). CA : Wadsworth Publishing.

Cournoyer, B.(2002). 사회복지실천기술 연습. 김인숙 · 김용석 공역. 서울 : 나남출판.

D. E. Super(1957). *The Psychology of Careers*. NY : Haper and Row.

Dawson, S.(1996). *Analysing organizations*(3rd ed.). London : Macmillan Press.

Drikurse, R.(1953). *Fundamentals of Adlerian Psychology*. Chicago : Alfred Adler Institute.

__________(1967). *Psychodynamics, Psychotherapy, and Counseling : Collected Papers of Rudolf Dreikurs*. Chicago : Alfred Adler Institute.

Engler, B.(1991). *Personality Theories*(3rd ed.). Boston : Houghton Miffilin Company.

Erikson, E. H.(1968). *Identity Youth and Crisis*. Toronto : George J. McLeod.

____________(1982). *The Life Cycle Completed*. NY : Norton.

Ewen, R. B.(2003). *An introduction to theories of personality*. Mahwah, N.J. : Lawrende Erlbaum Associates, Inc.(E-book)

Feist, J., & Feist, G. J.(2006) : *Theories of personality*(5th ed.). New York : McGraw-Hill Companies, Inc.

Fellin, P.(1995). Understanding American Communities. Jack Rothman et al.(eds.) *Strategies of Community Intervention*. Illinois : F. E. Peacock Publishers.

Forsyth, Donelson R.(1991). 집단역학. 홍성열 역. 서울 : 양서원.

French, Wendell L. et al.,(1985). *Understanding Human Behavior in Organizations*. New York : Harper & Row Publishers.

Freud, S.(1920). *General Introduction to Psychoanalysis*. New York : Boni and Liveright Publishers.

________(1923). *The Ego and the Id*. Standard Edition 19 : 13-59.

________(1925). *Autobiography*. Standard Edition 20 : 1-74.

________(1926). *The Question of a Weltanschauung*. Standard Edition 22 : 158-182.

________(1938). 정신분석학의 개요. 환승환 역. 경기 : 열린책들.

Garz, D.(1997) : Die Methode der Objektiven Hermeneutik. Eine anwendungsbezogeneEinfuehrung. In : Friebertshaeuser. B., & Prengel, A.(Hg.), *Handbuch Qualitative Forschungsmethoden in der Erziehungswissenschaft*. Weinheim : 535-543.

Gatchel, R. J., Mears, Frederick G.(1982). *Personality : Theory, Assessment and Research*. New York : St. Martin Press Inc.

Gates, B. L.(1980). *Social Program Administration*. NJ : Prentice-Hall, Inc.

Germain, C. B.(1973). An Ecological Perspective in Casework Practice. *Social Casework,* 54(6), 323-323.

_____________(1987). Human Development in Contemporary Environments. *Social Service Review*, 565-580.

_____________(ed)(1979). *Social Work Practice : People and Environment*. NY : Columbia University Press.

_____________(1991). *Human Behavior in the Social Environment : An Ecological View*. New York : Columbia University Press.

Germain, C. B., & Gitterman, A.(1976). Social Work Practice : A Life Model. *Social Service Review, 50*(4), 1-3.

____________________________(1981). Education for Practice : Teaching about the Environment. *Journal of Education for Social Work, 17*(3), 44-51.

____________________________(1980). *The Life Model of Social Work Practice*. New York : Columbia University Press.

____________________________(1995). Ecological perspective. In R. L. Edwards(Ed. In Chief),

Encyclopedia of social work(19th ed.), pp. 816-824). Washington, DC : National Association of Social Workers.

Goldenberg, I., & Goldenberg, H.(1980). *Family Therapy : An Overview*. CA : Brook/ Cole.

__________________(1991). *Family Therapy : An Overview*(p. 38). Monterey, CA : Brooks Cole Publishin.

Goldstein, E. G.(1984). *Ego Psychology and Social Work Practice*. NY : The Free Press.

Gouldner, A.(1960). The Norm of Reciprocity. *American Sociology Review, 25*, 161-68.

Goode, W. J.(1982). *The Family*. Englewood Cliffs, N.Y. : Prentice-Hall.

Gortner, H. F., Mahler, J., & Nicholson, J. B.(1987). *Organization Theory : A Public Perspective*. Chicago : The Dorsey Press.

Greene, R. R.(1991a). "General Systems Theory". In R. R. Greene & P. H. Ephross. *Human Behavior Theory and Social Work Practice*. NY. : Aldine de Gruyter.

_______(1991b). "The Ecological Perspective". In R. R. Green & P. H. Ephross. *Human Behavior Theory and Social Work Practice*. New York : Aldind de Gruyter.

Greene, R. R., & Ephross, P. H.(1991). *Human Behavior Theory and Social Work Practice*. NY : Aldine de Gruyter.

Guntrip, H.(1965). *Schizoid Phenomena. Object Relations and the Self*. New York : International Universities Press.

Hall, G. S.(1985). 융 심리학 입문. 최 현 역. 서울 : 범우사.

Hall, G. S., & Nordby, J. V.(2004). 융 심리학 입문. 김형섭 역. 서울 : 문예출판사.

Hartford, M.(1972). *Groups in Social Work*. NY : David McKay.

Hartman. A., & Laird, J.(1983). *Family Centered Social Work Practice*. New York : Free Press.

Hearn, G.(1969). *The General Systems Approach : Contributions toward an Holistic Conception of Social Work*. New York : Council on Social Work Education.

Hjelle, L. A., & Ziegler, D. J.(1976). *Personality Theories*. New York : McGraw-Hill International Editions.

_________________(1981). *Personality Theories : Basic Assumption Research and Application* (2nd ed.). New York : McGraw-Hill Book Co. 이훈구 역(1994). 성격심리학. 서울 : 법문사.

J. M., O'neil, C., Tollefson, N., Barke, C., Pigott, T., & D. Watts(1980). Factors. Correlates, and problem areas affecting career decision marking of a cross-sectional sample of students. *Journal of Counseling Psychology, 27*, 571-580.

Jacobi, L.(1985). 융 심리학. 홍성화 역. 서울 : 교육과학사.

John W. Santrock, Anne Mackenzie-R, Kwan Ho Leung, T. M.(2003), Life-Spon Development : First canadian Edition.l McGrow-Hill Ryerson Limited.

Jung, C. G.(1954). *Collected Works 17*. Pars 174-181. New York : Princeton University Press.

______(1960). "The stage of life". In The collected works of C. G.(Vol. 8), London and Henle y : Routledge & Kegan Paul.

______(1961). *Memories, dreams. reflections*. New York : Pantheon.

__________(1973). *Man and His Symbols*. New York : Doubleday & Co.

Kirst-Ashman, K. K.(2000). *Human Behavior, Communities, organizations & Groups in the macro social environment*. CA : Brooks/Cole.

Kearney, J.(1986). A Time for Differentiation : The Use of a Systems Approach with Adolescents in Community-based Agencies. *Journal of Adolescence, 9*(3), 243-256.

Kernberg, O. F.(1975). *Borderline Conditions and Pathological Narcissism*. New York : Aronson.

Kohlberg, L.(1948). Beds for Bananas. *The Menorah Journal, 36*, 285-299.

__________(1976). Moral Stages and Moralization. In T. Lickona(ed.), *Moral and Behavior*. New York : Holt, Rinehart & Winston.

__________(1981). *The Philosophy of Moral Development*. San Francisco : Haper & Row.

Kuhn, A. & Beam, R. D.(1982). *The Logic of Organization : A Systems-Based Social Science Framework for Organization Theory*. San Francisco : Jossey-Bass.

Lazarus, R. S.(1980). The Stress and Coping Paradigm. In L. A. Bond, & J. C. Rosen(eds.), *Competence and Coping During Adulthood*. NH : University Press of New England, 28-74.

Leshan. Eda J.(1992). 손상된 아동기 : 우리가 함께 나누어야 할 책임. 서울 : 양서원.

Lena Doninelli(2007). 세계화와 사회복지실천. 한인영 · 김성천 공역. 학지사.

Liebert, R. M., & Spiegler, M. D.(1990). *Personality : strategies and issues*. Pacific Grove, California : Brooks/Cole Publishing Co.

Linton, R.(1936). *The Study of Man*. NY : Appleton Century Croft.

Maluccio, A.(1979). Competence and Life Experience. In C. G. Germain(ed.). *Social Work Practice : People and Environments*. NY : Columbia University Press, 282-302.

Mancoske, R.(1980). Sociological perspectives on the ecological model. *Journal of Sociology and Social Welfare, 8*(4), 710-32.

Maronne, M.(2005). 애착이론과 심리치료. 이민희 역. 서울 : 시그마프레스

Martin, P. Y. & O'Connor, G. G.(1989). *The Social Environment : Open Systems Applications*. White Plains. NY : Longman.

Maslow, A. H.(1970). *Motivation and Personality*(2nd ed.). New York : Harper & Row.

Masters, W., & Jonson, V.(1970). *Human Sexuality*. Boston : Little Brown.

Mattaini, M. A.(1993). Behavior Analysis and Community Practice : A Review. *Research on Social Work Practice, 3*(4), 420-427.

McGlashan, T. H., & Miller, G. H.(1998). The Goal of Psychoanalysis, psychoananalytic Psychotherapy. *Archives of general Psychiatry, 39*, 377-388.

Messinger, L.(1984). *Remmarige : A Family Affair*. N.Y. : Plenum Press.

Meyer, C. H.(1983). *Clinical Social Work in the Ecosystems Perspective*. New York : Columbia University Press.

Minuchin, S.(1974). *Family and Family Therapy*. Cambridge, MA : Harvard University Press.

Mosak, H.(1989) : Adlerian Psychotherapy. In R. J. Corsini & D. Wedding(Eds.), *Current Psychotherapies*(4th ed.). Itasca. IL : E. E. Peacok.

Nichols, M. P., & Schwartz, R. C.(1991). *Family Therapy : Concept and Method*(1st and 2nd eds.). Boston : Allyn & Bacon.

Norlin, Julia M., Chess, Wayne A.(1997). *Human Behavior and the Social Environment : Social System Theory*. Boston : Allyn and Bacon.

Northen, H.(1988). *Social Work with Groups*(2nd ed.). NY : Columbia University Press.

Nye, R. D.(1981). *Three Psychologies : Perpectives from Freud, Skinner, Rogers*(2nd ed.). Monterey, CA : Brooks/Cole Publishing Co. 이영만 · 유병관 공역(1991). 프로이트 · 스키너 · 로저스. 서울 : 중앙적성출판사.

P. B. Baltes, & K. W. Schaie(1974). "Aging and the IQ : The Myth of the Twilight Years". *psychology Today, 7*, 35-40.

Parsons, T.(1956). Suggestions for a sociological approach to the theory of organizations. *Administrative Science Quarterly, 1*, 63-85.

__________(1961). "An Outline of a Social System". In T. Parsons et al.(Eds.), *Theories of Society*. New Work : Free Press.

Petr, C. G.(1988). The Worker-Client Relationship : A General Systems Perspective. *Social Casework, 69*, 60-26.

Piaget, J.(1964). *The Moral Judgement of the Child*. NY : Free Press.

Piaget, J., & Inhelder, B.(1969). *The Psychology of the Child*. NY : Basic Books.

Pillari, V., & Newsomes, Moses J.(1998). *Human behavior in the social Environment(Families, Groups, Organizations, and Communities)*. CA : Brooks/Cole.

Pinderhughes, E.(1983). Empowerment for Our Client and fo Ourselves. *Social Casework, 64*(6), 331-338.

Polsky, H.(1969). System as Patient : Clent Needs and System Function. In G. Hearn(ed.), The General Systems Approach : Contributions toward a Holistic Conception of Social Work. NY : Council on Social Work Education, 5-11.

Rhodes, S. L.(1980). "A Development Approach to the Life Cycle of the Family". In M. Bloom(ed.), *Life Span Development*. NY : Macmillan.

Rogers, C. R.(1961). *On Becoming a person : A therapist's view of psychotherapy*. Boaston : Houghtin Minfflin.

Rogers, C. R.(1977). *Carl Rogers on personal power : Inner Strength and Its Revolutionary Impact*. NY : Delacote.

S. L. Bem(1975). Sex-role adaptability : One consequence of psychological androgyny. *Journal of personality and Social Psychology, 31*, 56-62.

Satir, V.(1972). *Peoplemaking*. Palo Alto, CA : Science and Behavior Books.

Santrock, J. W. & MacKenzie-Rivers. A. & Leung, K. H. & Malcomson, T(2003). *Life-Span Development*. NY : McGraw-Hill.

Schriver(2004).

Schriver, J. M.(1995). *Human Behavior and the Social Environment : Shifting Paradigms in Essential*

Knowledge for Social Work Practice. Boston : Allyn and Bacon.

Schultz, D.(1977). *Growth Psychology : Models of the Healthy Personality*. New York : D. Van Nostrand Co. 정종진 역(1990). 건강한 성격의 소유자란. 도서출판 그루.

Schultz, D., & Schultz, S. E.(1994). *Theories of Personality*(5th ed.). Pacific Grove, CA : Brooks/Cole Publishing Company.

Schunk, D. H.(1984). Sequential attributional feedback and Childrens's achievement behaviors. *Journal of Educational Psychology, 76*, 1159-1169.

Shaffer, D.(2000). 발달심리학. 송길연 외 공역. 서울 : 시그마프레스.

Shafritz J. A., & Ott, J. S.(2001). *Classics of organization theory*(5th ed.). Fort Worth, TX : Harccurt, Brace College Publishers.

Sherman, R., & Dinkmeyer, D.(1987). *Systems of Family Therapy : An Adlerian Integration*. New York : Brunner/Mazel.

Simmons, R. G., & Blyth, D. A.(1987). *Moving into Adolescence*. NY : Aldine & de Gruyter.

Siporin, M.(1980). Ecological Systems Theory in Social Work. *Journal of Sociology and Social Welfare, 7*, 507-532.

Strean, H. S.(ed.)(1971). *Social Casework Theories in Action*. NJ : Scarecrow Press.

Suttert, H.(2005). Entwicklungsorientiertes Fallverstehen eine zur Entwicklung moralischer Urteilsfaehigkeit. Socialer sinn.

Thompson, V. A.(1961). *Modern organizations*. New York : McGraw-Hill.

Tönies, F.(1957). *Community and Society*. C. Loomis(Trans, and Ed.) Lasing, Mich : Michigan State Press.

Toseland, R. W., & Rivas, R. F.(1984). *An Introduction Group Work Practice*. NY : Macmillan Co.

Von franz, Marie-Louise(1995). *Individuation in Fairy Tales*(rev). Boston & London : Shambhala.

Warren, R. L.(1978). *The Community in America*. Chicago, ILL : Rand McNally & Commany.

Zastrow, C., Kirst-Ashman, K. K.(2001). *Understanding Human Behavior and the Social Environment*. Belmont : Wadsworth/Thomson Learning.

________________(2003). 인간행동과 사회환경. 김규수 외 공역. 서울 : 나눔의집.

http://bbs.yonhapnews.co.kr/board/0211000000.asp?BoardID=1121&code=32&RecNo=14&SeqNo=112467&Gubun=14

http://blog.daum.net/yulim325/16143170

http://blog.naver.com/bsj5729?Rsdirect=Log&logNo=60055994795

http://blog.naver.com/Igjoayo?Rediret=Log&logNo=30035747833

http://blog.naver.com/mojawan/30012003672

http://blog.naver.com/mojawan/30012001655

http://blog.naver.com/raksi5?Redirect=Log&logNo=9002123021 (네이버 블로그)

http://cafe.naver.com/social86.cafe?iframe_url=/ArticleRead.nhn%3Farticleid=15481 (사회복지과 대학생 모임 [네이버 카페])

http://cafe.naver.com/social86.cafe?iframe_url=/ArticleRead.nhn%3Farticleid=1716 (사회복지과 대학생 모임 [네이버 카페])

http://cafe.naver.com/social86.cafe?iframe_url=/ArticleRead.nhn%3Farticleid=53980 (사회복지과 대학생 모임 [네이버 카페])

http://blog.naver.com/res08011?Redirect=Log&logNo=2174006 (집에서 하는 단계별 유아 발달 프로그램 활동법 [네이버 블로그])

http://cafe.daum.net/meongseog (다음 카페 : 멍석 서예랑)

http://cafe.naver.com/4679hj.cafe?iframe_url=/ArticleRead.nhn%3Farticleid=34 (네이버 카페)

http://drchoi.pe.kr/factfam-38.htm

http://imagesearch.naver.com/search.naver?where=idetail&query=%BC%BA%C0%CE%B1%E2&from=image&ac=1&sort=0&res_fr=0&res_to=0&merge=0&start=3&a=pho_l&f=tab&r=3&u=http%3A%2F%2Fcafe.naver.com%2Ffoods2004%2F114

http://news.naver.com/news/read.php?mode=LSD&office_id=003&article_id=0000613181&section_id=102&menu_id=102

http://news.naver.com/main/read.nhn?mode=LSD&mid=sec&sid1=102&oid=003&aid=0000632952

http://www.segye.com/Service5/ShellView.asp?TreeID=1052&PCode=0007&DataID=200710241755000014

http://www.pressian.com/scripts/section/article.asp?article_num=60071026181056

http://www.gnhc.go.kr

http://www.healthhype.com

http://drcho.pe.kr/develop4.html (최영정신과/학습증진센터)

e-mail : childpsy@drchoi.pe.kr)

저/자/약/력

■ 강기정
숙명여자대학교 대학원 가정학 석사, 이학 박사
중앙대학교 사회개발대학원 사회복지학 석사
현 백석대학교 사회복지학부 노인복지전공 조교수
천안시 건강가정지원센터장

■ 김혜숙
독일 퀼른대학교 사회복지학 석사
독일 퀼른대학원 특수치료대학원 교육학(가족상담 전공) 박사
현 백석대학교 사회복지학부 사회복지전공 조교수
서울가정법원 가사조정위원 부회장
마인드웰 가족상담센터 소장

■ 박경애
가톨릭대학교 사회복지대학원 사회복지학 석사
가톨릭대학교 대학원 사회복지학 박사
현 세한대학교 사회복지상담학과 교수

■ 이서영
청주대학교 대학원 사회복지학 석사
중앙대학교 대학원 사회복지학 박사
현 한경대학교 자연과학대학 아동가족복지학과 교수

■ 최덕경
숙명여자대학교 대학원 가정학 석사
중앙대학교 사회개발대학원 사회복지학 석사
숙명여자대학교 대학원 이학 박사
현 한경대학교 자연과학대학 아동가족복지학과 교수

인간행동과 사회환경 [제2판]

|공저자| 강기정 · 김혜숙 · 박경애 · 이서영 · 최덕경

|1판 1쇄| 발행 2009년 2월 28일
|1판 3쇄| 발행 2013년 2월 25일
|2판 1쇄| 발행 2015년 8월 31일
|2판 2쇄| 발행 2017년 3월 2일

|발행인| 김동훈
|발행처| 공동체

|주소| 경기도 고양시 일산동구 호수로 358-39, 동문타워 I 905호(백석동)
|전화| 031)920-8305(대표)
|팩스| 031)920-8308
|e-mail| compub@naver.com
|출판등록| 2005년 10월 6일
|등록번호| 제396-2005-36호

|ISBN| 978-89-6352-821-2
정가 17,000원